I0876067

Kohlhammer

THEOLOGISCHE AKZENTE

Veröffentlichungen der
Augustana-Hochschule Neuendettelsau

Band 7

Band 1

R. Riess (Hrsg.), Abschied von der Schuld?
Zur Anthropologie und Theologie von Schuld-
bekenntnis, Opfer und Versöhnung. 1996

Band 2

W. Sommer (Hrsg.), Zeitenwende – Zeitenende.
Beiträge zur Apokalyptik und Eschatologie. 1997

Band 3

D. Becker (Hrsg.), Globaler Kampf der Kulturen?
Analysen und Orientierungen. 1999

Band 4

W. Stegemann (Hrsg.), Religion und Kultur.
Aufbruch in eine neue Beziehung. 2003

Band 5

R. Jost/M. Nieden (Hrsg.), Hexenwahn.
Eine theologische Selbstbesinnung. 2004

Band 6

R. Jost/K. Raschzok (Hrsg.), Gender – Religion – Kultur.
Biblische, interreligiöse und ethische Aspekte. 2011

Martin Fritz/Regina Fritz (Hrsg.)

Sprachen des Glaubens

Philosophische und theologische Perspektiven

Mit Beiträgen von

Susanne Breit-Keßler, Moritz Fischer, Martin Fritz,
Regina Fritz, Matthias Hopf, Konstanze Kemnitzer,
Markus Mülke, Klaus Neumann, Peter L. Oesterreich

Verlag W. Kohlhammer

Umschlag: Gestaltungskonzept Peter Horlacher
Reproduktionsvorlage: Andrea Siebert, Neuendettelsau
Gesamtherstellung:
W. Kohlhammer Druckerei GmbH + Co. KG, Stuttgart
Printed in Germany

ISBN 978-3-17-022644-9

Inhalt

Einleitung
Zur Sprachlichkeit des Glaubens

Der Glaube lebt in der Sprache. Es bedurfte nicht erst eines *linguistic turn*, um diese grundlegende Einsicht zu gewinnen. Die Sprachlichkeit des Glaubens ist vielmehr von Anfang an ein Thema protestantischer Theologie.

Die Aufmerksamkeit auf die Sprache ergibt sich aus dem neuen Verständnis des Glaubens, zu dem Luther im Zuge seines reformatorischen Ringens gefunden hat. Die scholastische Durchbildung der mittelalterlichen Theologie hatte, zusammen mit der Konzeption der Kirche als einer hierarchisch-sakramentalen Heilsanstalt, dazu geführt, dass Glaube vordem im Wesentlichen als Kombination zweier Momente begriffen wurde: als Zustimmung zu einem Kanon autoritativ fixierter Lehren sowie als Teilnahme an den Handlungen des kirchlichen Ritus. Gegenüber dieser für allzu äußerlich befundenen Auffassung stellt Luther die unhintergehbare Subjektivität des Glaubens heraus: Entscheidend ist demnach weder die Annahme vorgegebener Dogmen noch die Partizipation an kirchlichen Heilsveranstaltungen, sondern das innerliche Vertrauen auf Gottes mir zugedachte Gnade.

Das Zustandekommen dieses Gottvertrauens denkt Luther nun aber als ein *sprachliches* Geschehen. Zwar verdankt sich der Glaube letztlich einem Wirken des göttlichen Geistes am inneren Menschen, aber der Geist bedient sich dabei des äußeren Wortes als Vehikel. Das Vertrauen auf Gott entsteht nicht wie durch einen mystischen Funken in der innigen Abgeschiedenheit der Seele, sondern im Vernehmen eines mir zugesprochenen Verheißungswortes. Der Glaube lebt in der Sprache, weil er aus dem Hören kommt, das heißt: er vollzieht sich im Modus des Verstehens.

Mit diesem hermeneutischen Konzept koppelt Luther den Glauben unmittelbar an die Bibel. Das Verstehen des Glaubens hängt am Verstehen der Heiligen Schrift. Der Glaube wird geweckt, indem sich mir der Sinn der Bibel erschließt. Das setzt voraus, dass zumindest deren zentraler Gehalt verständlich ist, was Luther mit dem Postulat der ‚Klarheit der Schrift' (*claritas scripturae*) zum Ausdruck bringt. Deshalb ist Luthers Neuformulierung des Glaubensbegriffs auch die Geburtsstunde der neuzeitlichen Hermeneutik. Um die postulierte ‚Klarheit' sicherzustellen, bedarf es einer methodischen Kunstlehre vom Verstehen der Schrift. Der Glaube lebt in der Sprache der Bibel, und daher ist seit jeher die theologische Hermeneutik ein Ort, an dem die Sprachlichkeit des Glaubens reflektiert wird.

Indes hat Luther unbeschadet der schrifttheologischen Fundierung des Glaubensbegriffs bemerkenswerterweise nicht die *Schriftlektüre* als die Schlüsselsituation der Glaubenskonstitution angesehen, sondern das *Predigthören*. Nach Luthers Überzeugung kommt der Glaube nicht aus dem Lesen der Bibel, sondern aus dem Angesprochenwerden durch die Kanzelrede. Er lebt in der Sprache der Bibel, *wie sie durch die Sprache der Predigt vermittelt wird.* Diese Bevorzugung des gesprochenen vor dem geschriebenen Wort ist bei Luther nicht etwa nur pragmatische Anpassung an die eigene Gegenwart mit ihrem Mangel an volkssprachlichen Bibeln und an lesekundigen Zeitgenossen, sondern sie hat ihren theologischen Grund in der Vorstellung der schlechthinnigen Lebendigkeit Gottes. Der lebendige Gott schafft den Glauben durch die *viva vox evangelii*, die lebendige Verkündigung des Evangeliums. Von daher stellt sich mit einiger Dringlichkeit die theologische Frage nach deren rechter Gestalt. Entsprechend ist die Homiletik der zweite klassische Ort für die Reflexion der Sprachlichkeit des Glaubens.

Die Zielvorstellung dieser reformatorischen Homiletik ist unschwer anzugeben: Die Predigtrede hat die ‚Klarheit' der Schrift zu aktualisieren, indem sie die Botschaft der Schrift dem Hörer wiederum klar und eindringlich vor Augen stellt, auf dass sich dieser als Gottes Kind verstehen kann. Die dogmatisch postulierte und hermeneutisch wie homiletisch zu bewährende Verständlichkeit der Schrift ist nun freilich nur eine Seite der *claritas scripturae.* Luthers hermeneutischer Glaubensbegriff lässt sich in seiner charakteristischen Doppelseitigkeit erst in der Korrelation von *claritas externa* und *claritas interna* fassen. Demnach ist das äußere Verstehen von Schrift und Predigt nur die Voraussetzung eines inneren Verstehens, das – methodisch unverfügbar – im Herzen des Einzelnen durch den Heiligen Geist gewirkt wird. Mag auch das äußere Wort, der „Buchstabe" des Evangeliums, klar sein – dass ich durch ein inneres Wort des Geistes vom „Geist" des Evangeliums ergriffen werde, auf dass ich auf Gottes Gnade vertrauen kann, das geschieht allein, mit Melanchthon gesprochen, *ubi et quando visum est deo* (CA V). Stellt man die protestantische Sprachtheologie einem Glaubensverständnis gegenüber, bei dem die kognitive Zustimmung zu kanonisierten Lehren sowie die Verrichtung kirchlicher Sakramente im Zentrum steht, springt noch einmal ins Auge, dass Luthers reformatorische Einsichten innerhalb der Theologiegeschichte einen epochalen Subjektivierungsschub darstellen.

Die menschliche Sprache in Schrift und Verkündigung ist notwendiges Medium des Geistes, aber das entscheidende *innere* Verstehen, die innere göttliche Anrede bleibt unhintergehbar kontingent. Indem die Sprache in Gestalt der biblischen Verkündigung zum zentralen Heilsmittel avanciert – dem auch das Sakrament als ‚sichtbares Wort' zugeordnet wird – und das glaubensweckende Verstehen der Verkündigungsrede zum maßgeblichen Heilsvollzug, sind alle institutionellen und persönlichen religiösen Akte gleichsam unter einen hermeneutisch-pneumatologischen Vorbehalt gestellt: Dass sich das entscheidende (Selbst-)Verständnis des Glaubens tatsächlich einstellt, lässt sich nur bis zu einem gewissen Punkt – durch adäquate Schriftauslegung und homiletische Bemühung – operationalisieren. Liegt das Heil im unvertretbaren Herzensglauben aus dem Verstehen des Wortes, so entzieht es sich trotz aller Vermittlungsleistungen letztlich jedem institutionellen wie persönlichen Zugriff. Freilich behält dieses „subjektivistische" Glaubensverständnis einen objektiven Gegenhalt in der Vorstellung einer methodisch aus der Bibel zu erhebenden göttlichen Botschaft, der die christologische Idee der Inkarnation des Gotteswortes und die pneumatologische Idee der Inverbation des Heiligen Geistes zugrundeliegen.

Wir haben damit das reformatorische Modell von Sprachtheologie in seinen wesentlichen Zügen umrissen: Die Sprache der Bibel und die Sprache der Predigt rangieren darin als Vermittlungsgestalten des göttlichen Wortes, das einst in Jesus Christus inkarniert wurde, um gegenwärtig durch den Heiligen Geist in den Herzen der Menschen zu wirken. Das Evangelium von der göttlichen Gnade vermittelt sich sprachlich. Die sprachtheologische Leitvorstellung in diesem Modell ist die Übermittlung oder *Verkündigung* einer Botschaft – der Botschaft von der Rechtfertigung der Gottlosen.

Diese Feststellung erscheint einigermaßen trivial, weil das fragliche Verkündigungsparadigma mindestens innerhalb der protestantischen Normaltheologie nach wie vor das Grundmuster sprachtheologischer Reflexionen abgibt, wie sich auch an der kirchlichen Standardformel von der „Verkündigung des Evangeliums" ablesen lässt. Man kann sich dabei auch auf große Vorbilder in der Dogmatik des 20. Jahrhunderts berufen; liegt doch das nämliche Muster einer mehrfachen sprachlichen Vermittlung noch Karl Barths Lehre von der „dreifachen Gestalt des Wortes Gottes" in den Prolegomena der *Kirchlichen Dogmatik* zugrunde.

Freilich hat die protestantische Theologie in der Neuzeit auch ein alternatives sprachtheologisches Modell ausgebildet. Mit dem großen Paradigmenwechsel in der Theologie des 18. Jahrhunderts, den man als „anthropologische Wende" bezeichnet hat, vollzieht sich auch in der theologischen Sprachauffassung eine elementare Neuausrichtung.

Die Anfänge dieser Neuausrichtung liegen im Pietismus. So rücken mit dem Streben nach frommer Durchprägung des gesamten Lebens bei den pietistischen Theologen auch die menschlichen Affekte in den Fokus. Ein umfassendes Neuwerden des Menschen kann auch die affektiven Tiefenschichten der Seele nicht unberührt lassen. So wird – im Rückgriff auf die Affektenlehre der klassischen Rhetorik sowie auf entsprechende Ansätze innerhalb der lutherischen Predigtlehre – in der pietistischen Homiletik die Erregung religiöser „Leidenschaften" zu einem Hauptziel der Predigt. Dem entspricht in der Hermeneutik ein neuartiges Interesse für die Sprache gewordenen Affekte der „Heiligen Skribenten": Der Ausleger wird dazu angehalten, beim Textstudium nicht nur den sachlichen Sinn zu erheben, sondern sich auch die „gottseligen" Empfindungen des biblischen Schriftstellers zu vergegenwärtigen – um sie gegebenenfalls auch den Predigthörern mitteilen zu können. Die Sprache von Bibel und Predigt wird damit nicht mehr allein als Träger einer Botschaft, sondern auch als Träger religiöser Gemütsbewegungen verstanden.

Die religiöse Innerlichkeitskultur des Pietismus beeinflusst indessen nicht nur Hermeneutik und Homiletik. Neben der Predigt kommen auch andere Formen der sprachlichen Mitteilung frommer Empfindungen ins Blickfeld theologischer Reflexion. Vor allem erhält die religiöse Poesie als Medium gemeindlicher wie privater Andacht die Weihen theologischer Hochschätzung. Diese Aufwertung strahlt dann auch auf die Aufklärungsästhetik aus, die der poetischen Darstellung und Erregung frommer Affekte seit ihren Anfängen im pietistisch geprägten Halle an der Saale bevorzugt ihr Augenmerk schenkt.

Die Wechselwirkung von theologischer Sprachauffassung und philosophischer Ästhetik findet ihren Niederschlag wiederum in der klassischen neuprotestantischen Gestalt von Sprachtheologie, wie sie von Friedrich Schleiermacher ausgebildet worden ist, in dem das Erbe von Pietismus und Aufklärung in engster Verschränkung nachwirkt. Die Entwicklung der Ästhetik im 18. Jahrhundert lässt sich schematisch als Wandel von der Inhalts- zur Ausdrucksästhetik beschreiben: Kreist das ästhetische Denken anfänglich vorzugsweise um die Frage der gelungenen sprachlichen Darstellung vorgegebener Gehalte, thematisiert es die Sprache (und neben ihr vor allem die Musik) unter dem Einfluss von Pietismus und Empfindsamkeit gegen Ende des 18. Jahrhunderts primär in ihrer Fähigkeit, innere Zustände des Subjekts zum Ausdruck zu bringen.

Diese ausdrucksästhetische Perspektive begegnet auch in der theologischen Sprachlehre Schleiermachers. Der „Herrnhuter höherer Ordnung" begreift die religiöse (und theologische) Sprache nicht als Medium einer göttlichen Botschaft, sondern als äußere Manifestation inneren menschlichen Lebens. „Christliche Glaubenssäze sind Auffassungen der christlich frommen Gemüthszustände in der Rede dargestellt", so die *Glaubenslehre* (2. Aufl. § 15), also Ausdruck des an sich vorsprachlichen religiösen Gefühls. Entsprechend wird auch die Bibel als sprachlicher Niederschlag religiösen Erlebens verstanden und die Predigt als Ausdruck und Mitteilung der religiösen Subjektivität des Predigers zum Zwecke der „Aufregung" entsprechender Gefühle bei den Predigthörern.

Es sind damit die beiden Grundmuster protestantischer Reflexion über die Sprachlichkeit des Glaubens in idealtypischer Weise beschrieben. Dem altprotestantischen Paradigma einer sprachlichen Vermittlung des offenbarten Evangeliums durch die biblische Verkündigung steht das neuprotestantische Modell von der Sprache als Ausdruck und Mitteilung religiöser Innerlichkeit gegenüber. Dass mit dieser Alternative weitreichende Differenzen im Verständnis von Glaube und Theologie verbunden sind, muss nicht eigens betont werden.

Setzt die Konzeption der Sprache als Vehikel der Verkündigung die Vorstellung einer übernatürlich-geschichtlichen Offenbarung des „Wortes Gottes" voraus, sucht die Idee von der Sprache als Ausdrucksgestalt frommer Subjektivität solche offenbarungspositivistischen Assoziationen gerade zu unterlaufen. „Offenbarung" findet hier allenfalls im Mitteilungsstrom des inneren Lebens des Erlösers statt, wie es sich im Jesusbild der Evangelien abzeichnet und in der geschichtlichen

Wirkung Jesu manifestiert, nicht aber in Form einer lehrhaft fixierbaren Botschaft, in der sich der göttliche Heilswille kundtut. Letztlich hängt an der in Rede stehenden Alternative – Offenbarungs- vs. Ausdrucksmedium – die Frage, ob dem Glauben durch die Sprache ein irgendwie erkenntnishafter Zugang zur transzendenten Sphäre, zum Sein oder Willen Gottes, und damit zugleich eine realistisch gedachte Gottesbeziehung eröffnet wird oder ob sich das Subjekt vermittels der Sprache „lediglich" seiner selbst ansichtig wird, und zwar seiner selbst in seiner transzendentalen Verwiesenheit auf ein (erkenntnismäßig entzogenes) Göttliches.

Im Rahmen dieser thematischen Hinführung kann es mit dem Aufweis der beiden klassischen Sprachmodelle sein Bewenden haben. Damit soll natürlich weder verschwiegen noch erst recht geleugnet werden, dass die Theologiegeschichte insbesondere des 20. Jahrhunderts bedeutsame Theorien zur Charakteristik, Problematik und Gegenwartsrelevanz religiöser Sprache hervorgebracht hat. Dies geschah im Zuge des *linguistic turn* in den Geistes- und Kulturwissenschaften fast zwangsläufig und vollzog sich vorwiegend im Modus der Rezeption zeitgenössischer philosophischer Ansätze. Es seien nur Heideggers existenzialanalytische und Gadamers überlieferungsgeschichtliche Hermeneutik, das Sprachdenken des späten Heidegger, Austins Sprechakttheorie, die angelsächsische Sprachanalyse, Wittgensteins Sprachspiel-Begriff, Ricœurs Metapherntheorie, die Peirce'sche und Eco'sche Semiotik, Cassirers Kulturtheorie der symbolischen Formen, die neuere Rezeptionsästhetik (Iser u.a.) sowie der französische Poststrukturalismus (Foucault, Derrida u.a.) genannt. Im Mittelpunkt der Debatten standen vor allem Schlüsselbegriffe wie Kerygma, Mythos, Symbol, Zeichen und Metapher, mit denen auf je unterschiedliche Weise versucht wurde, Bedeutung und Funktion der Sprache für die Religion zu erhellen.

Ein näherer Überblick oder gar eine Zusammenschau der angesprochenen Tendenzen in der theologischen Sprachtheorie wäre ein eigenes Großprojekt. An dieser Stelle soll die thesenhafte Feststellung genügen, dass sich jede protestantische Sprachtheologie in irgendeiner Form zu der überkommenen Alternative zu verhalten hat. Auch bei den betreffenden Versuchen aus dem 20. Jahrhundert und der Gegenwart handelt es im Wesentlichen immer um Ausführungen oder Modifikationen der beiden dargestellten Modelle. In irgendeiner Form bildet das offenbarungstheologisch grundierte Verkündigungsparadigma oder das subjektivitätstheoretische Ausdrucksparadigma immer den Untergrund bzw. die Negativfolie der sprachtheologischen Reflexionen.

Dies gilt ebenso für die Überlegungen innerhalb des vorliegenden Sammelbandes, auch wenn die jeweiligen Stellungnahmen kaum je explizit werden. Es handelt sich eher um Einblicke in die aktuelle Forschungsarbeit der Beiträgerinnen und Beiträger, die das gestellte Thema aus ganz unterschiedlichen Fächerperspektiven beleuchten. Dabei fallen die theologischen Positionen zwar recht unterschiedlich aus, der Umstand aber, dass sich alle auf das Sprachthema beziehen, lässt sich als einen Versuch verstehen, eine zeitgemäße Beantwortung der enzyklopädischen Frage nach dem inneren Zusammenhang der verschiedenen Fächer unter dem Dach der Theologie zu enthalten: Ein adäquates Verständnis der Sprachen des Glaubens zu gewinnen ist in jedem Falle ein maßgebliches Ziel, wozu die Disziplinen der Theologie in ihrem gemeinsamen „Interesse am Christentum" (Schleiermacher) produktiv zusammenzuwirken haben.

Der Band geht auf die interdisziplinäre Sozietät zum Thema „Sprache(n) des Glaubens" zurück, die im Sommersemester 2009 an der Augustana-Hochschule Neuendettelsau stattgefunden hat. Er versammelt Vorträge, die im Rahmen jener Sozietät von Dozentinnen und Dozenten der Hochschule gehalten wurden, einen öffentlichen Gastvortrag von OKRin Susanne Breit-Kessler aus demselben Semester sowie zwei ergänzende Originalbeiträge.

Der erste Beitrag des Bandes führt vor Augen, dass die Frage nach der Angemessenheit religiöser Rede bereits in der vorchristlichen Antike mit Nachdruck gestellt wurde. In seiner Studie *Lobreden auf einen Gott. Platons Symposiasten preisen Eros* unterzieht MARKUS MÜLKE den vielleicht populärsten platonischen Dialog einer religionsphilosophischen Relektüre, indem er die kritische Intention der Schilderung des großen Redewettstreits im *Symposion* herausarbeitet. In der Lesart Mülkes zeichnet Platon mit großem literarischen Geschick eine Sequenz von inhaltlich wie formal höchst disparaten Enkomien, um solch theo-logische Pluralität im Horizont des philosophischen Wahrheitsanspruches ad absurdum zu führen. Für Platon ist die Vielstimmigkeit in den heterogenen Beschreibungen von Wesen und Wirken des Gottes Eros kein „Zeichen wünschenswerter Pluralität". Die so unterschiedlichen Reden ergeben aus philosophischer Perspektive „in der Summe eben nicht einen Gott, sondern keinen einzigen". Mülke liest das *Symposion* mithin im Horizont der vorsokratischen Mythenkritik als Problematisierung der sprachlichen Darstellung des Göttlichen in der Redepraxis der altgriechischen Religion.

Rangiert bei Platon die durch Sokrates repräsentierte philosophische Vernunft als Korrektiv der widerspruchsvollen religiösen Gottesrede, zielt die zweite Abhandlung zur klassischen antiken Philosophie geradezu auf eine Apologie der „Sprache des Glaubens" gegenüber der wissenschaftlichen Vernunft. Unter dem Titel *Pithanologie* stellt PETER L. OESTERREICH *Fundamentalrhetorische Überlegungen zur Aktualität der rhetorischen Glaubenslehre des Aristoteles* an. Mag auch der Terminus ‚Glaubenslehre' zuerst spezifisch theologische Erwartungen aufrufen, dient die Konturierung der „Pithanologie" der aristotelischen *Rhetorik* zunächst dem Ausweis eines basalen anthropologischen Sachverhalts. So votiert Oesterreich vor dem Hintergrund eines kulturanthropologisch verallgemeinerten Begriffs des Rhetorischen („New Rhetoric") für die „pithanologische Grundthese, dass der Mensch als *Homo rhetoricus* in allen Bereichen seiner symbolisch konstituierten Kultur ein Wesen des rhetorisch erzeugten Glaubens sei". Demzufolge ist die sprachlich generierte ‚Glaubhaftigkeit' gewissermaßen das basale Fluidum des (inter-)personalen Lebens. Theologische Bedeutung gewinnt eine solche fundamentalrhetorische wie -anthropologische Glaubenslehre, insofern sie religiöse (wie ethische) Überzeugungen und die spezifische Gestalt ihrer Kommunikation als menschlich konstitutive Phänomene erweist und auf diese Weise vor szientifischer Fundamentalkritik bewahrt. Zeigt sich doch, dass die Überzeugungen wissenschaftlicher Vernunft grundsätzlich den gleichen pithanologischen Status einnehmen wie diejenigen der Religion.

Zeitlich führt der alttestamentliche Beitrag des Bandes in relative Nähe zu den beiden ersten Aufsätzen – kulturell und hinsichtlich der Eigenart des interpretierten Textes befinden wir uns mit einem Mal in einer anderen Welt. In seiner Untersuchung *‚Schreibe' und ‚Rede'* sammelt MATTHIAS HOPF *Indizien für eine Gestaltung des Hoheliedes entsprechend mündlicher Sprachkonventionen am Beispiel von Hld 5,2–6,3.* In Abgrenzung von Interpretationen, wonach die sprachlichen Eigentümlichkeiten des „Liedes der Lieder" allein auf die späte Entstehungszeit oder etwa auf die Herkunft aus bildungsfernem Milieu zurückzuführen seien, bringt Hopf das Erklärungsmodell fingierter Mündlichkeit ins Spiel. Anhand einer hebraistischen Analyse kann er plausibel machen, dass die im Titel angesprochene Alternative von ursprünglicher Schriftlichkeit (‚Schreibe') auf der einen und nachträglich verschriftlichter Mündlichkeit (‚Rede') auf der anderen Seite für die biblischen Schriften nicht unbedingt eine vollständige Disjunktion darstellt. Aufgrund mannigfacher sprachlicher Hinweise sei jedenfalls im Blick auf das Hohelied damit zu rechnen, „dass es sich um eine schriftliche Ausarbeitung handelt, die allerdings als solche versucht, den Text nach den Gestaltungsprinzipien mündlicher Redeformen zu formulieren" (19). Die Liebespoesie des Hoheliedes bezieht ihre geradezu betörende Kraft also nicht zuletzt aus dem „Duktus gesprochener Sprache" (19). Ob Entsprechendes auch für genuin religiöse Dichtungen der Bibel zu zeigen ist, wäre im Anschluss an diese These weiter zu erforschen.

Bietet Hopf ein Beispiel alttestamentlicher Auslegungskunst, sind die Überlegungen des Neutestamentlers KLAUS NEUMANN unter dem Titel *„Die Worte und die Dinge und die Hermeneutik". Die Geschichte der Hermeneutik mit Michel Foucault gelesen* auf einer schrifthermeneutischen Metaebene angesiedelt. Wie Neumann anhand der drei „Epistemen" der wissensgeschichtlichen Epochentheorie Foucaults zeigt, herrscht in der theologischen Exegese eine verkürzte Sicht der Hermeneutikgeschichte vor, welche die Grundprinzipien der modernen Bibelauslegung unmittelbar auf die Aufklärung (Semler, Lessing, Gabler) zurückführt. Dabei bleibe der „epistemische Bruch" (Foucault) unberücksichtigt, der sich in den Jahrzehnten um 1800 vollzogen habe. Während die Aufklärungstheologen noch der Meinung waren, sie könnten durch die hermeneutische Unterscheidung zwischen dem göttlichen Gehalt und seiner geschichtlichen Akkommodation auf subtraktivem Wege einen zeitlos gültigen „Wahrheitskern" aus der historischen Schale der biblischen Texte herausschälen, entsteht erst mit dem Aufkommen des modernen Wissensparadigmas der ‚Geschichte‘ die Auffassung, die theologische Aufgabe der Exegese sei die „Übersetzung“ des im interpretatorischen Nacherleben zu ergreifenden „ursprünglichen Sinnes“ des historischen Bibeltextes „in die eigene Sprache und Denkwelt“. Dass mit dem historistischen Paradigma der Theologie auch das Problem der Relativität alles Verstehens gestellt ist, verschweigt Neumann nicht. „Der Historismus, die Episteme der Geschichte ist und bleibt unser Schicksal.“

Mit der „anthropologischen Wende“ in der Theologie schiebt sich vor die Frage nach der Wahrheit der historisch relativen Glaubensgehalte mitunter diejenige nach der Authentizität religiöser Rede. Wenn sich die Religion nicht mehr primär als Vorgang der Aneignung überlieferter Glaubenssätze versteht, sondern als basale Realisierungsform menschlicher Subjektivität, die sich in der Glaubensrede Ausdruck verschafft, stellt sich auch das Problem der adäquaten Form dieser Rede. So erhebt Friedrich Schleiermacher in den *Reden über die Religion* (1799) die Forderung, das religiöse Gefühl solle authentischen Ausdruck nur in *ästhetischer* Sprachgestalt finden. Die Wurzeln der Reflexion auf die notwendige ästhetische Form der Sprache des Glaubens reichen freilich historisch tiefer. Das zeigt der Aufsatz von MARTIN FRITZ mit dem Titel *Erbauung durch Poesie*, in dem *Die Anfänge einer Ästhetik der religiösen Sprache in Pietismus und Aufklärung* vermessen werden. Spuren der betreffenden ästhetisch-religiösen Fragestellung, die erstmals in Zusammenhang mit dem pietistischen Ideal der „Erbauung des inneren Menschen“ traktiert wird, lassen sich bis in die Fundamente der wissenschaftlichen Ästhetik hinein verfolgen, die von dem pietistisch geprägten Aufklärungsphilosophen Alexander Gottlieb Baumgarten zur Mitte des 18. Jahrhunderts begründet wird. Nach der einhelligen Überzeugung der einschlägigen Autoren, so das systematisch-theologisch relevante Ergebnis der historischen Untersuchung, hat die Sprache des Glaubens „eine essenzielle ästhetische Dimension“, die nicht die Dogmatik, sondern eine theologische Ästhetik näher zu beschreiben hätte.

Die sprachästhetische Gestalt der Glaubensrede steht auch in der Studie von REGINA FRITZ zur Debatte, allerdings wird hier insbesondere das *Ethos* des Glaubens fokussiert. In ihrem Aufsatz *Sittliche Evidenz* erörtert die Systematische Theologin *Die Funktion der Rhetorik für die ethische Bildung*. Dazu stellt sie zunächst die ethische Theorie des Zürcher Theologen Johannes Fischer vor, derzufolge sittliche Orientierung durch ein Wechselspiel von rational begründeten Normen und präreflexiven Intuitionen erfolgt. Werden Intuitionen nach Fischer durch reales oder imaginiertes Erleben tradiert, kommt für die Frage der Vermittlung eines Ethos die rhetorische Kategorie imaginationsfördernder Sprache in den Blick. Fritz zeigt auf, dass diese bereits in der antiken Rhetorik durch das evidentia-Konzept beschrieben und in der Ästhetik-Diskussion des 18. Jahrhunderts etwa von Johann Georg Sulzer auch auf die Moralentwicklung übertragen wurde. Der historische Rückgriff auf rhetorisch-ästhetische Konzepte kann – so die These des Aufsatzes – Genese und Prägung eines Ethos plausibilisieren sowie homiletische Schlussfolgerungen für die ethische Predigt fundieren.

Die Predigtlehre als ein klassischer Ort protestantischer Reflexion auf die Sprachlichkeit des Glaubens wird nun noch einmal eigens aus der Sicht der Praktischen Theologie traktiert. So handelt KONSTANZE KEMNITZER in ihrem Aufsatz *Von der Kunst, die anmutende Sprache des Glaubens als performativen Ereignisraum zu inszenieren.* Sie stellt darin Trends und Tendenzen der jüngeren Homiletik vor, die wiederum mit dem Stichwort ‚Ästhetik' charakterisiert werden können. Im Zuge des „cultural turn" zeichnet sich in den gegenwärtigen Predigttheorien ein „ästhetisches", soll heißen: wahrnehmungsgeleitetes Verständnis der Kanzelrede ab. Reflektiert werden die „sinnenhaft-sinnlichen Phänomene des Predigtgeschehens", die aus der Perspektive verschiedenster theologischer und nicht-theologischer Disziplinen wie Liturgik, Theaterwissenschaft oder Semiotik ausgelegt werden. Die zentrale homiletische Pointe dieser Entwicklung ist Kemnitzer zufolge darin zu erblicken, dass sich die Rollen sowohl der Produzenten als auch der Rezipienten im Predigtgeschehen nunmehr deutlicher in ihrem freiheitlichen Agieren profilieren lassen. Die einladende, Freiheit gewährende Sprache der Predigerinnen und Prediger ermöglicht den Hörenden die eigenständige Entfaltung einer neuen Sicht der Dinge. Abschließend zeigt Kemnitzer auf, dass eine ästhetische Predigttheorie auch Rückwirkungen auf die Didaktik der Homiletik hat, insofern auch im Prozess des Predigtschreibens die Perspektivenvielfalt und die kreative Freiheit Berücksichtigung finden.

Ebenfalls unter dem Leitbegriff der „Performativität" steht die Abhandlung aus der Interkulturellen Theologie, die den Blick naturgemäß über den „alteuropäischen" Horizont hinaus auf Formen religiöser Sprachpraxis richtet, die aus der Sicht deutscher Volkskirchenfrömmigkeit zunächst befremdlich anmuten dürften. MORITZ FISCHER berichtet in seinem Aufsatz *Gottes Wort „im Rausch des Rituals". Beobachtungen zur Performanz eines christlichen Wunderheilungsrituals in seiner Praxis durch transnationale Pfingstkirchen* vom Gottesdienst einer pfingstlich-charismatischen Gemeinde in Frankfurt am Main mit Wurzeln in Zentralafrika. Die in dem analysierten Heilungsritual gebrauchte Rede ist performativ, insofern sie nicht Wirklichkeit repräsentiert, sondern eine mehrdimensionale geistige Wirklichkeit unter Verschränkung verschiedener kultureller Kontexte herstellt. Die rituelle Rede wird von Fischer mithilfe unterschiedlicher kulturwissenschaftlicher Konzepte (Sprechakt, Performanz, Liminalität, *embodiment*, *flow*) als ein komplexes Sprachgeschehen beschrieben, bei dem sich im Vollzug kultureller Transferprozesse die „welt-zerstörenden wie -schaffenden", die „sinnraubenden wie -konstituierenden Möglichkeiten von Sprache" in ambivalenter Weise realisieren können. Im Spiegel des charismatisch-pentekostalen Rituals sucht Fischer mithin der eigentümlichen „Dynamik auf die Spur zu kommen, die zwischen Sprechen und Glauben" generell „besteht".

Mit dem letzten Beitrag kehrt der vorliegende Sammelband wieder in die vertrauteren Gefilde europäischen Kirchentums zurück. Darin stellt Oberkirchenrätin SUSANNE BREIT-KESSLER Überlegungen zur *Kommunikation des Evangeliums in der Mediengesellschaft* an. Welche Gestalt hat die Sprache des Glaubens innerhalb der kirchlichen Medienarbeit zu gewinnen? Welche Gefahren drohen ihr aufgrund der Eigengesetzlichkeit der massenmedialen Kommunikation unserer Tage? Grundsätzlich hält Breit-Keßler fest, dass die Kommunikation des Evangeliums, genauer: die „vitale Vermittlung der Rechtfertigung allein aus Gnaden" dem Wesen der Kirche entspricht. Die kirchliche Kommunikation, auch und gerade in den Massenmedien, soll „Sprachschule der Freiheit" sein. Sie zielt darauf, die Menschen in der pluralen Gesellschaft in ihrem freien und verantwortlichen Leben zu unterstützen. Dies gelingt vor allem dann, wenn Repräsentantinnen und Repräsentanten der Kirche „Klartext mit Glaubwürdigkeit und Einfühlsamkeit" reden, wenn sie einen sensiblen Umgang mit den Sinnfragen innerhalb der komplexen Problemlagen der Gegenwart pflegen. Den „Expertinnen und Experten für die rechten Worte und rechten Gesten zur rechten Zeit" kann dann freilich bisweilen auch ein „gehaltvolles Schweigen" die angemessene Antwort auf die Fragen der Zeit sein. „Meist jedoch muss" – leider, so möchte man hinzufügen – „gesprochen werden."

Abschließend ist allen, die dabei geholfen haben, den vorliegenden siebten Band der Reihe *Theologische Akzente* aus der Taufe zu heben, herzlich zu danken. Dies ist neben den Autorinnen und Autoren insbesondere Prof. Dr. Markus Buntfuß, der als Lehrstuhlinhaber für Systematische Theologie die Ringvorlesung initiiert und damit den innertheologischen Austausch an der Augustana-Hochschule belebt hat. Darüber hinaus gilt unser Dank Frau Andrea Siebert, die in gewohnter Souveränität, Geduld und Zuverlässigkeit die Druckvorlage erstellt hat, sowie Herrn Jürgen Schneider vom W. Kohlhammer Verlag, der als Lektor die verlegerische Verantwortung für die Drucklegung des Buches innehatte.

Neuendettelsau, im Januar 2013

Martin und Regina Fritz

Markus Mülke

Lobreden auf einen Gott

Platons Symposiasten preisen Eros

1. Einleitung

Wer die Religion, vielleicht gar die Theologie Platons kennenzulernen bestrebt ist, kann unterschiedliche Wege des Zugangs wählen. Unumgänglich ist die eingehende Beschäftigung mit dem, was als Ideenlehre in die Geistesgeschichte eingegangen ist und bis heute den zentralen Kern platonischen Denkens und seiner Wirkung darstellt. Möglich wäre aber beispielsweise auch der Zugang über die sogenannten „Mythen" Platons: Obgleich der Philosoph bekanntlich an unterschiedlichen Stellen seines Œuvres den auf ihn gekommenen griechischen Mythos kritisiert, der sich ihm nicht nur in der bildenden Kunst, sondern vor allem in den maßgeblichen Texten der archaischen und frühklassischen Literatur, besonders der Poesie, darbot, platziert er dennoch in gleich mehreren Werken, meist an prominenter Stelle, eigene mythische Entwürfe, um wichtige Inhalte seiner Lehre in anderer sprachlicher Fassung zu vermitteln.

Eben diese beiden Möglichkeiten der Annäherung spiegeln sich nicht zufällig auch in den Schwerpunkten der neueren Forschung. Diese widmet sich dann, wenn sie dem Religiösen bei Platon nachgeht, insbesondere Werken wie der *Politeia*, in der die Ideenlehre am ausführlichsten ausgebreitet wird, oder dem *Timaios*, dem in der späteren Antike wohl wirkungsmächtigsten Dialog, der in einer deutlich mythisch geprägten Sprache die Erschaffung der Welt durch den einen Demiurgen zum Thema hat. Allerdings: So verständlich diese Schwerpunktsetzung sein mag, es erscheint lohnenswert, Religion und Theologie, Gott, Göttern und menschlichem Glauben auch in solchen platonischen Schriften nachzugehen, die auf dieses Thema hin bislang weniger befragt worden sind – wie etwa im *Symposion*, das im folgenden einmal näher in Augenschein genommen werden soll.

Das *Symposion*, schon in der Antike eines der beliebtesten und meistzitierten Werke Platons, dann auch seit der Renaissance vielgelesen und bis in die Gegenwart in Literatur, bildender Kunst und Film ausgiebig rezipiert, spielt in den neueren religionsphilosophischen Studien der Platonforschung kaum eine Rolle – in Michael Bordts neuem Buch *Platons Theologie* etwa begegnet es nur in wenigen Fußnoten. Zwei Gründe mögen neben anderen zu dieser Vernachlässigung beigetragen haben: Zum einen findet man als Thema der Reden, mit denen sich auf dem Symposion im Haus des vornehmen, jungen Dichters Agathon eines Abends eine Gruppe ganz unterschiedlicher, aber allesamt hochgebildeter athenischer Männer unterhält, meist angegeben: ‚Eros' oder auf deutsch ‚Liebe'[1]; auch Titel von Untersuchungen, die sich dieser Schrift widmen, wie z.B. *Platonische Liebe*, *La théorie platonicienne de l'amour* oder *Eros und Unsterblichkeit* weisen in dieselbe Richtung. Dabei wird jedoch gemeinhin, wenn nicht unterschlagen, dann doch kaum angemessen berücksichtigt, dass es bei diesem Symposion nicht um ein bloß menschliches Empfinden oder einen daraus abgeleiteten Begriff, sondern um den *Gott* Eros geht (s.u.).

Zum anderen konzentrieren sich die neueren Interpretationen meist ausschließlich auf den Inhalt der Reden, welche die verschiedenen Teilnehmer des Athener Festes vortragen. Die Zwischenpartien hingegen, welche doch von Platon offenkundig mit größter Sorgfalt gestaltet worden sind, bleiben dabei häufig ohne genauere Untersuchung – und das, obwohl gerade die Forschung der jüngeren Zeit der dramatischen Wirkung der platonischen Dialoge besonderes Augenmerk geschenkt hat: Zwischenpartien erfüllen durchaus kompositorische Zwecke, etwa die Darstellung von Sprecherwechseln oder von thematischen Übergängen. Daneben bieten sie dem Autor aber zugleich – um an dieser Stelle nur weniges zu nennen – die Möglichkeit, ausdrücklich oder auch nur implizit das Handeln und Reden der Protagonisten in ein bestimmtes Licht zu rücken, vorzubereiten oder zu kommentieren sowie die Personen außerhalb ihrer direkten Reden wie von außen charakterisieren zu können[2]. Gewährt also Platon dem Leser auch im *Symposion* gleichsam zwischen den Zeilen Einblicke darauf, wie die so unterschiedlichen Reden der Teilnehmer auf den *Gott* Eros, wie vielleicht die zeitgenössische *religiöse* Rede im Allgemeinen bewertet werden sollen?

---

1 Vgl. aus neueren Arbeiten nur Reginald E. Allen, Comment, in: The Dialogues of Plato, Vol. 2: The Symposium, transl. with Comment by R.E. Allen, New Haven / London 1991, 7; Giovanni R. Ferrari, Platonic Love, in: Richard Kraut (Hg.), The Cambridge Companion to Plato, Cambridge 1992, 248–276, hier 249; Davide Susanetti, Introduzione e commento, in: Platone, Il Simposio, traduzione di C. Diano, introduzione e commento di D. Susanetti con testo a fronte, Venezia 1992, 9–58.187–235, hier 9; Herwig Görgemanns, Platon, Heidelberg 1994, 145; Rudolf Rehn, Der entzauberte Eros: Symposion, in: Theo Kobusch / Burkhard Mojsisch (Hg.), Platon. Seine Dialoge in der Sicht neuer Forschungen, Darmstadt 1996, 81–95, hier 84; Rossana Arcioni, Commento, in: Platone, Il Simposio, Introduzione, testo, traduzione e commento a cura di R. Arcioni, Roma 2003, 14; auch Frisbee C. C. Sheffield, Plato's *Symposium*: The Ethics of Desire, Oxford 2006, 15; treffender schon Gerhard Krüger, Einsicht und Leidenschaft. Das Wesen des platonischen Denkens, Frankfurt a.M. 1939, 5.7f. u.ö.; Barbara Zehnpfennig, Platon zur Einführung, Hamburg 1997, 135f. und Dies., Kommentar, in: Platon, Symposion, übers. u. hg. v. B. Zehnpfennig, Hamburg 2000, 26.145.

2 Vgl. treffend Georg Picht, Platons Dialoge „Nomoi" und „Symposion". Mit einer Einführung von W. Wieland, Stuttgart 1990 (= Ders., Vorlesungen und Schriften 6), 352f.

2. Die ersten fünf Reden

a) Einleitung oder die Wahl des Themas

Die Entscheidung, bei nur mäßigem Weingenuss den Gott Eros in Reden preisen zu wollen, wird von den anwesenden Symposiasten gleich zu Beginn, auf Vorschlag des Eryximachos, unter Zustimmung aller, gemeinschaftlich getroffen (177a/b):

> „Phaidros pflegt mich nämlich bei jeder Gelegenheit zu schelten: ‚Ist es nicht arg, Eryximachos', sagt er, ‚dass auf alle anderen Götter von Dichtern Hymnen und Paiane gedichtet worden sind; auf den Eros aber, der doch ein so mächtiger und großer Gott ist, hat noch nie unter all den vielen Dichtern auch nur einer ein Loblied gesungen. Und wenn Du sehen willst, wie es die tüchtigen Sophisten machen, so sind es Herakles und andere, deren Lob sie in Prosa abfassen, wie zum Beispiel der vorzügliche Prodikos. Und das ist ja noch nicht allzu verwunderlich; aber ich las schon das Buch eines gescheiten Mannes, in dem das Salz mit einem wunderbaren Lob bedacht war, im Hinblick auf seinen Nutzen; und noch viele andere Dinge kannst Du finden, die man gepriesen hat. Für derartiges hat man sich große Mühe gegeben; aber das Lob des Eros auf würdige Weise zu singen, das hat bis auf den heutigen Tag noch kein Mensch gewagt, und so ist ein großer Gott unbeachtet geblieben.' Ich glaube, Phaidros hat da ganz recht. Einerseits habe ich nun den Wunsch, ihm einen Dienst zu erweisen und eine Freude zu machen; zugleich aber glaube ich, es zieme sich in diesem Augenblick für uns Anwesende hier, den Gott zu feiern. Wenn ihr also einverstanden seid, dann könnten wir wohl in solchen Reden genügenden Stoff zur Unterhaltung finden; ich meine, es sollte ein jeder von uns, rechts herum, eine Lobrede auf den Eros halten, so schön er nur kann. Den Anfang aber soll Phaidros machen, da er auch den ersten Platz einnimmt und zugleich der Vater unseres Themas ist"[3].

Der auffällige Kunstgriff, nicht den jungen Phaidros, der sich dies seit langem gewünscht habe, selbst, sondern den älteren Eryximachos den Vorschlag vorbringen zu lassen, sei hier nicht näher untersucht; verwunderlich freilich erscheint die Begründung für dieses Vorhaben, Eros sei bislang weder von den früheren Dichtern noch von den Sophisten, also den Prosarednern, angemessen gepriesen worden. Diese Feststellung hat der neueren Forschung nicht selten großes Kopfzerbrechen bereitet, begegnet doch Eros in der frühgriechischen Dichtung, und zwar gerade in der sympotischen Literatur, allenthalben[4] – sie erweist sich jedoch als völlig zutreffend, wenn die *religiöse* Markierung des Themas ernstgenommen wird: In der gesamten vorplatonischen Literatur findet sich kein Text, der mit

---

3 Übers. (wie auch im Folgenden): Olof Gigon.

4 Vgl. allgemein Ezio Pellizer, Outlines of a Morphology of Sympotic Entertainment, in: Oswyn Murray (Hg.), Sympotica, A Symposium on the *Symposion*, Oxford 1990, 177–184, hier 180f.; Claude Calame, L'Éros dans la Grèce antique, Paris 1996, passim und Ders., Introduzione, in: Ders. (Hg.), L'amore in Grecia, Bari 1997, XXVIII–XXXVIII; Silvana Fasce, Eros Dio dell'amore, in: C. Calame (Hg.), a.a.O., 121–134, passim; E. Pellizer, Forme di Eros a simposio, in: Charalampos Orfanos / Jean-Claude Carrière (Hg.), Symposium. Banquet et Représentations en Grèce et à Rome, Colloque international Université de Toulouse-Le Mirail, mars 2002, Toulouse 2003, 111f.; Wiebrecht Ries, Platon für Anfänger. Symposion, Eine Leseeinführung von W. Ries, München 2003, 37 sowie Richard Hunter, Plato's *Symposium*, Oxford 2004, 16–20.

eigenem Recht als ein Lobpreis, ein Hymnus auf Eros als *Gottheit* bezeichnet werden könnte.[5] Insbesondere im Hinblick auf die griechischen Götterhymnen, die in der Sammlung der sogenannten *Homerischen Hymnen* zusammengefasst sind, aber auch auf die Chorlyrik, die Chorlieder des griechischen Dramas und die noch erhaltenen prosaischen Preisreden des fünften Jahrhunderts trifft die Beobachtung des jungen Phaidros zu.

Zugleich ergeben die frühgriechische Literatur und Kunst dort, wo Eros ausdrücklich als Gott besondere Aufmerksamkeit erfährt, ein heterogenes Bild: Ist er etwa für Hesiod in seiner einflussreichen *Theogonie* einerseits eine kosmogonische Kraft, die am Anfang der Welt steht, andererseits später, gemeinsam mit Himeros, im Gefolge der Liebesgöttin Aphrodite, so benennt ihn der Dichter Simonides als Sohn des Kriegsgottes Ares und der Göttin Aphrodite[6]. Die bildenden Künste hingegen stellen ihn, z.B. in der Vasenmalerei, für lange Zeit als einen geflügelten Epheben dar, bevor sich sein Bild im Ausgang des fünften Jahrhunderts zu verändern und die Gestalt als puttenhafter Junge mit Flügelchen, die in hellenistisch-römischer Zeit dann dominieren sollte, vorzudringen beginnt. Doch war auch sein unbehauener Kultstein in Thespiai[7] weithin bekannt, ebenso wie ein ikonographisches Motiv, das ihn als Geburtshelfer (!) der Aphrodite zeigte[8].

Warum die griechischen Autoren Eros als Gott zu besingen vermieden, lässt sich heute nicht mehr eindeutig erhellen. Die Religionsgeschichte liefert die Erklärung, die olympische Göttin Aphrodite habe durch ihren weitverbreiteten und wirkungsmächtigen Kult die eigenständige Verehrung des mit ihr assoziierten Eros gleichsam unterdrückt[9] – ein nicht recht befriedigender Erklärungsversuch, steht doch gerade in der Dichtung nicht selten Eros im Mittelpunkt, weniger die

---

5 Vgl. G. Krüger, Einsicht und Leidenschaft (Anm. 1), 19; G. Picht, Platons Dialoge (Anm. 2), 493–500; R. Arcioni, Commento (Anm. 1), 92 z.St., deren Hinweis auf die aristotelische Distinktion von ἔπαινος und ἐγκώμιον hier jedoch nicht trifft, sowie F.C.C. Sheffield, Plato's *Symposium* (Anm. 1), 15 mit Anm. 9; kritisch etwa Robert G. Bury, Commentary, in: The Symposium of Plato, ed. with Introduction, Critical Notes and Commentary by R. G. Bury, Cambridge ²1932, 19 z.St.; Christopher J. Rowe, Commentary, in: Plato, Symposium, ed. with an introduction, translation and commentary by C.J. Rowe, Warminster 1998, 135 z.St. und W. Ries, Platon für Anfänger (Anm. 4), 37.

6 Vgl. R.G. Bury, a.a.O., 22 z.St.; Giovanni Reale, Commento, in: Platone, Simposio, a cura di G. Reale, Milano 2001, 171 z.St. und R. Arcioni, Commento (Anm. 1), 94 z.St. (mit weiteren Verweisen); anders Stanley Rosen, Plato's *Symposium*, New Haven / London 1968, 45.

7 Vgl. dazu Silvana Fasce, Eros. La figura e il culto, Genova 1977, 15–21 und (mit neuerer Lit.) Fritz Graf, Der Kult des Eros in Thespiai, in: Plutarch, Dialog über die Liebe. *Amatorius*, eingel., übers. und mit interpretierenden Essays vers. von H. Görgemanns, B. Feichtinger, F. Graf, W. Jeanrond und J. Opsomer, Tübingen 2006, 191–207, passim.

8 Vgl. zur Ikonographie Bernhard Neutsch, Vom Steinmal zur Gestalt. Zum Wandel griechischer Götterbilder am Beispiel Hermes, Eros und Aphrodite, in: Brinna Otto / Friedrich Ehrl (Hg.), Echo. Beiträge zur Archäologie des mediterranen und alpinen Raumes, J.B. Trentini zum 80. Geburtstag, Innsbruck 1990, 245–258, passim und Harvey A. Shapiro, Personifications in Greek Art. The Representation of Abstract Concepts 600–400 B.C., Kilchberg/Zürich 1993, 27f.110–124 u.ö. (mit Lit.), dessen Überlegungen allerdings nicht vollkommen überzeugen.

9 Vgl. G. Krüger, Einsicht und Leidenschaft (Anm. 1), 18–29; G. Picht, Platons Dialoge (Anm. 2), 496 und W. Ries, Platon für Anfänger (Anm. 4), 37.

große Aphrodite. Psychologisch ließe sich beobachten, dass die frühgriechischen Autoren gern der überwältigenden, marternden, unkontrollierbaren, ja zerstörerischen Macht des Eros Ausdruck verleihen, die ja eher mit dem deutschen Wort ‚Verlangen' als mit ‚Liebe' zu beschreiben ist und welcher sich der Mensch willkürlich, ohne wirksame Mittel zur Gegenwehr ausgesetzt sieht[10]. Allein darin ein Hindernis auszumachen, diesen Gott zu besingen, mag zwar der Umstand widersprechen, dass ähnliche Antagonismen segenshaften und verderblichen Wirkens geradezu einen Grundzug der griechischen Götter bedeuteten, doch dürften es die Unberechenbarkeit und zwanghafte Willkür, die zum Wesen des Eros unabdingbar zu gehören schienen,[11] in der Tat erschwert haben, ihn in enkomiastischer Rede, die ja das Segensreiche, Preiswürdige eines Gottes zum Ausdruck bringen möchte, gleichsam zu bändigen und zu feiern[12] – nicht umsonst betont Eryximachos, bis in die Gegenwart hinein habe es noch „kein Mensch gewagt" [!] (μηδένα … ἀνθρώπων τετολμηκέναι), eine Lobrede auf den Gott Eros zu halten.

Aufschlussreich ist jedenfalls, wie bei Platon eben Eryximachos über den Wunsch des jungen Phaidros hinaus, dem er selbst, um ihm eine Freude zu bereiten, ausdrücklich zustimmt, die Wahl des Themas motiviert: „Zugleich aber glaube ich, es zieme sich in diesem Augenblick für uns Anwesende hier, den Gott zu feiern"! Diese beiläufige Begründung hat durchaus Gewicht, da sie einerseits dem Leser die Stimmung des Augenblicks nachzuempfinden hilft: Das Essen ist beendet, gerade haben die Festteilnehmer das Trankopfer dargebracht – und bereits, vor dem Beginn des sich anschließenden Trinkens, „dem Gott", also Dionysos, zu Ehren gesungen. Überdies sind Weingenuss beschränkt – kein Rausch, sondern nur „zum Vergnügen" (176e: πρὸς ἡδονήν) – und die Flötenspielerin des Raumes verwiesen, zwei Maßnahmen, die, wie man stets gesehen hat, die dionysische Prägung des Symposions zugunsten einer nüchternen, ernsthafteren, intellektuelleren Stimmung zurückzudrängen scheinen.[13]

Andererseits, und diese Erklärung liefert Sokrates umgehend ausdrücklich nach, erweisen sich die prominenten Symposiasten geradezu als prädestiniert für das

---

10 Vgl. dazu G. Krüger, a.a.O., 10f.; mit Textbeispielen R.E. Allen, Comment (Anm. 1), 7f.11; Kevin Corrigan / Elena Glazov-Corrigan, Plato's Dialectic at Play. Argument, Structure, and Myth in the *Symposium*, University Park/Pennsylvania 2004, 44f. und R. Hunter, Plato's *Symposium* (Anm. 4), 17f.

11 Noch Gorgias bedient sich in seinem *Lob der Helena* dieses Gedankens (15–19): „… wenn der ein Gott ist und göttliche Macht sogar über Götter hat, wie könnte ein Geringerer diesen von sich stoßen und abwehren?" (Übers. Schirren/Zinsmaier).

12 Durch die Gattung des Enkomions ist die Darstellung des Gottes und seines Wirkens also Einschränkungen unterworfen – was im *Symposion* selbst wiederholt angedeutet wird. So betont etwa Pausanias nachdrücklich (180c/181a): „Nun gibt es aber nicht nur einen [sc. Eros], und weil es nicht nur einen gibt, ist es richtiger, wenn wir zunächst bestimmen, welchen es zu loben gilt. Ich will also versuchen, das richtigzustellen: zuerst gebe ich an, welchen Eros man loben muss, und dann preise ich ihn, wie es des Gottes würdig ist … Preisen soll man zwar alle Götter … und nicht jeder Eros ist schön und wert, gepriesen zu werden [!], sondern nur der, der schön zu lieben antreibt"; vgl. auch Agathon über die rechte Art und Weise, den Gott zu loben (195a).

13 Vgl. Platon im *Protagoras* 347f. sowie Alfred Schäfer, Unterhaltung beim griechischen Symposion. Darbietungen, Spiele und Wettkämpfe von homerischer bis in spätklassische Zeit, Mainz 1997, 79.

Thema – Sokrates, der sich „auf nichts anderes zu verstehen" behauptet „wie auf die Dinge der Liebe", Eryximachos und sein Geliebter Phaidros, Pausanias, der redegewandte Liebhaber des „schönen", jungen Tragikers Agathon[14], der Komödiendichter Aristophanes, der es ja sowieso „nur mit Dionysos und Aphrodite zu tun" habe. Das Publikum durfte also gespannt sein, wie diese anerkannten Größen der zeitgenössischen Dichtung, Rede, Gelehrsamkeit und Philosophie dem bis dato „unbeachteten Gott" zum Lobpreis sprechen sollten. Übrigens: Dass Phaidros und Eryximachos Eros in ihrer Festlegung des Themas als Gottheit voraussetzen, dem wird an dieser Stelle von niemandem widersprochen[15]!

Mit seiner Gestaltung dieses Eingangs lenkt Platon sogleich die Aufmerksamkeit des Publikums auf die Bedeutung, welche die Sprache, die Rede während des folgenden Symposions haben werden. Erstens bedeutet die Abmachung, Eros *als Gott* preisen zu wollen, auf literarischer Ebene ein kompositorisches Element: Die ersten fünf Reden des Symposions, deren Sprecher dieser Festlegung folgen, stehen damit thematisch eng zusammen, bevor erst Sokrates gegen diese Übereinkunft verstößt, indem er Eros nicht mehr als Gott, sondern als Daimon ansieht (202b/204a)[16].

Zweitens trägt das atmosphärische Setting, wie gesehen, dazu bei, auch die sprachliche Form der folgenden Reden festzulegen. Vorgetragen werden sollen „Reden" (λόγος), genauer „Lobreden" (ἔπαινος, ἐγκώμιον), also keine Hymnen, Paiane oder Loblieder. Die Symposiasten werden damit auf eine vergleichbare Form der sprachlichen Aussage verpflichtet – eine Bedingung, die einigen der Anwesenden, etwa dem Sophisten Pausanias, entgegenkommt, anderen, namentlich den beiden Dramatikern Agathon und Aristophanes eine gewisse formale Beschränkung auferlegt, zugleich ein geschickter Kunstgriff Platons, beim Leser spannende Erwartung zu erzeugen, wie denn diese beiden Dichter rhetorisch ihre Aufgabe zu lösen suchen.

Drittens verschafft die Aussicht, mit Eros einen Gott loben zu können, der zuvor weder von Dichtern noch von Rednern würdig gepriesen worden ist, den Anwesenden eine bemerkenswerte Offenheit und Raum für eigene Ausgestaltung

---

14 Vgl. R.G. Bury, Commentary (Anm. 5), 20 z.St.; Kenneth Dover, Commentary, in: Plato, Symposium, ed. by Sir K. Dover, Cambridge u.a. 1980, 89 z.St.; B. Zehnpfennig, Kommentar (Anm. 1), IXf. und R. Arcioni, Commento (Anm. 1), 94 z.St.

15 Dass Sokrates dem nicht widerspricht, mag verwundern, stellt er doch später fest, dass Eros kein Gott, sondern ein Daimon sei. Es hat den Anschein, als habe er – der selbst in seiner Jugend, also vor Diotimas Offenbarung, über den Eros dachte wie Agathon (201e) – zunächst die anderen Redner gewähren lassen wollen, um durch die eigene Gegenposition, pädagogisch geschickt, seine Ablehnung der vorangegangenen Reden noch deutlicher hervortreten zu lassen (anders Christoph Eucken, Isokrates. Seine Position in der Auseinandersetzung mit den zeitgenössischen Philosophen, Berlin / New York 1983, 108). Auch gegen die Regeln des gemeinsam – also auch von ihm selbst! – vereinbarten Redewettstreits verstößt Sokrates in seiner Replik (199a/b) ja ganz bewusst. Platon charakterisiert ihn dadurch nicht zuletzt als den anderen Gesprächspartnern auch in der Gesprächsführung haushoch überlegen.

16 Vgl. dazu B. Zehnpfennig, Kommentar (Anm. 1), XXVI.

und eigenverantwortliche Kreativität (vgl. auch Prot. 347f.)[17] – dort, wo keine überkommene schriftliche Tradition die mythische Überlieferung festschreibt und wo kein älteres, womöglich einflussreiches poetisches oder rhetorisches Vorbild zu beantworten ist, eröffnet sich ein gleichsam noch auszulotender und zu bestimmender Raum sprachlichen Lobpreises des Gottes.

b) Vielfalt und Tradition

Was bei der Lektüre des platonischen *Symposions* vor diesem Hintergrund verständlicher wird, aber dennoch gerade den modernen Leser immer wieder erstaunt, ist die divergierende Vielfalt, ja inhaltliche Widersprüchlichkeit der fünf Reden, welche die Anwesenden auf den einen Gott Eros vortragen: Ist er für Phaidros der älteste Gott überhaupt, so stellt Pausanias fest, es gebe in Wirklichkeit gar nicht nur einen, sondern zwei Götter mit diesem Namen[18]! Eryximachos sieht in ihm ein kosmisches Prinzip, während Aristophanes ihn als den existenziellen menschlichen Mangel und das Verlangen, eine in ferner Vergangenheit verlorene Ureinheit mit der anderen Hälfte des eigenen Selbst wiederzuerlangen, beschreibt, ihn also ganz an den Menschen hängt, ja seine Entstehung von einem ganz bestimmten dramatischen Moment der menschlichen Entwicklung abhängig macht und ihn damit im Grunde auch endlich denkt, nämlich in dem Moment, da diese Wiedervereinigung des Menschen mit sich selbst vollendet sein wird und somit das Verlangen befriedigt.

Die Beobachtung, dass dabei die Redner in der formalen Gestaltung ihrer Entwürfe durchaus bestimmte traditionelle Spielregeln beachten, welche durch die literarischen und die rhetorischen Bedingungen des rednerischen Götterlobs vorgegeben waren, verstärkt diesen Eindruck weitgehender Pluralität eher, als dass sie dadurch eingeschränkt würde; es hat fast den Anschein, als wolle Platon hier bereits aufzeigen, wie wenig inhaltliche Bindekraft solche formalen Vorgaben der Tradition eigentlich auf die Intellektuellen seiner Zeit auszuüben imstande waren. Dafür nur zwei Beispiele:

Zum einen thematisieren alle Redner die Abstammung und Geburt des Gottes und berücksichtigen damit ein typisches Element hymnischer Dichtung und enkomiastischer Preisrede, das sowohl in der frühgriechischen Poesie als auch in der späteren Prosa[19] allenthalben anzutreffen ist. Doch führt die Beachtung dieses

---

17 Der Dichter des homerischen *Hymnus auf Apollon* fragt sich dementsprechend in der genau entgegengesetzten Situation (V. 19): πῶς τ' ἄρ σ' ὑμνήσω τάντως εὔυμνον ἐόντα.

18 Vgl. W. Ries, Platon für Anfänger (Anm. 4), 41: „Vor allem aber erweist sich seine Zugehörigkeit zur Sophistik an jener Selbständigkeit des Denkens, welche die Anerkennung mythischer Macht – hier ist es die des Eros – durch die Autonomie des menschlichen Urteils relativiert."

19 Gorgias fügt in sein *Lob der Helena* einen kurzen Abschnitt über ihre Herkunft ein (3f.); vgl. auch Isocr. Hel. 14. 16f.; Bus. 10 sowie K. Dover, Commentary (Anm. 14), 12.123; R.E. Allen, Comment (Anm. 1), 12; K. Corrigan / E. Glazov-Corrigan, Plato's Dialectic (Anm. 10), 46 und R. Hunter, Plato's

formalen, traditionellen Elements keineswegs zu einer einheitlichen Auffassung von der Herkunft des Gottes – für Phaidros ist er der „allerälteste" der Götter, nach dem Chaos entstanden, ohne Eltern (178a/b), Pausanias und Eryximachos lassen ihre beiden Eroten von den beiden Aphroditen abstammen (180c/181b. 185b/c. 186a/b. 187c/e), Aristophanes bestimmt in seiner Geschichte des Kugelmenschen die Entstehung des Eros als den Moment, in dem „die Liebe zueinander den Menschen eingepflanzt" (191c/d) worden sei, um nach Wiedervereinigung des von Zeus Zerspaltenen zu streben, und Agathon feiert Eros schließlich als den „jüngsten der Götter" (195a). Im Verhältnis zur frühgriechischen Tradition in Dichtung und bildender Kunst (s.o.) tragen die ersten fünf Reden im *Symposion* also keineswegs dazu bei, eine allgemein anerkannte Anschauung über diesen Punkt zu gewinnen.

Zum anderen beziehen sich die Redner ausdrücklich auf die ältere Literatur, um durch Verweise und Zitate den eigenen Vortrag gleichsam anzureichern. Insbesondere die maßgebliche Autorität der religiösen Überlieferung, der frühgriechische Dichter Hesiod, wird in einer Art Beglaubigungsstrategie gleich mehrfach ins Feld geführt – jedoch erneut nicht als einheitsstiftender Bezugspunkt, der für alle Vorträge eine unbestreitbare Norm darstellte, sondern als ein Referenztext, der in unterschiedlicher Weise für den eigenen, von den anderen Entwürfen abweichenden Lobpreis des Gottes in Anspruch genommen werden kann. Während Phaidros gleich als erster (178b) aus Hesiods *Theogonie* die berühmten Verse zitiert, in denen der Gott Eros vorgestellt wird (V. 120/22)[20], rekurrieren Pausanias[21] und Eryximachos implizit auf dieses Vorbild, indem sie, ähnlich wie im Prooemium (V. 11/26) der hesiodeischen *Werke und Tage* die Eris in eine gute und eine schlechte zweigeteilt wird, dichotomisch einen gewöhnlichen und einen himmlischen Eros voneinander unterscheiden[22]. Agathon hingegen tritt in seinen Ausführungen der älteren Tradition kritischer entgegen und bezieht gegenüber Hesiod eine distanziertere Position (195c): „Ich behaupte im Gegenteil, er sei der Jüngste unter den Göttern und selbst ewig jung. Die alten Göttergeschichten aber,

Symposium (Anm. 4), 34f. zu der *Rhetorica ad Alexanderum* (1440b 16/28). Zu bedenken ist freilich, dass gerade unter den Sophisten in der Debatte über die angemessene epideiktische Rede die Bedeutung von Abstammung und Geburt auch kritisch überprüft wurde, so etwa durch Lykophron (vgl. Aristot. fr. 91 Rose).

20 Vgl. R.G. Bury, Commentary (Anm. 5), XXV.22 z.St.; S. Rosen, Plato's *Symposium* (Anm. 6), 47; D. Susanetti, Introduzione (Anm. 1), 191; B. Zehnpfennig, Kommentar (Anm. 1), 146 z.St.; Rainer Thiel, Irrtum und Wahrheitsfindung. Überlegungen zur Argumentationsstruktur des platonischen *Symposions*, in: Stefan Matuschek (Hg.), Wo das philosophische Gespräch ganz in Dichtung übergeht. Platons Symposion und seine Wirkung in der Renaissance, Romantik und Moderne, Heidelberg 2002, 5–16, hier 8; W. Ries, Platon für Anfänger (Anm. 4), 39f.; R. Hunter, Plato's *Symposium* (Anm. 4), 40f. und F.C.C. Sheffield, Plato's *Symposium* (Anm. 1), 17.

21 Zur weiteren Hesiod-Nutzung in 180d vgl. R.G. Bury, Commentary (Anm. 5), 31 z.St.; K. Dover, Commentary (Anm. 14), 96 z.St. und G. Reale, Commento (Anm. 6), 177 z.St.

22 Vgl. schon ähnlich Albin Lesky, Vom Eros der Hellenen, Göttingen 1976, 88. Die Distinktion ist also nicht notwendig als ein sophistisches Merkmal, etwa in der Manier des Prodikos oder der *Dissoi Logoi*, anzusehen, auch wenn etwa Hippias in der Unterscheidung zweier φθόνοι eine ähnliche Unterscheidung vornimmt (vgl. Fragment B16 Diels-Kranz).

die Hesiod und Parmenides erzählen, sind der Ananke und nicht dem Eros widerfahren, wenn jene überhaupt die Wahrheit [!] gesagt haben".

c) Unterhaltung

Dass die Reden insgesamt dem Zeitvertreib und, wie Eryximachos ausdrücklich betont (177c: γένοιτ' ἂν ἡμῖν ἐν λόγοις ἱκανὴ διατριβή), der Unterhaltung dienen sollen, darf dabei nicht überraschen: Gerade der Vortrag von Dichtung und Rede hatte bei den Griechen seit früher Zeit die wichtige Aufgabe, die Festversammlung zu zerstreuen, zu unterhalten, zu erfreuen. Es genügt in diesem Zusammenhang auf das frühe Zeugnis der homerischen *Odyssee* hinzuweisen, in welcher der Held Odysseus auf seinen Irrfahrten zu den sagenhaften Phäaken gelangt und dort auf einem zu seinen Ehren veranstalteten Gelage den hochangesehenen Sänger Demodokos zu hören bekommt. Schon diese Stelle belegt überdies, dass die Götter in ebensolchen Vorträgen eine prominente Rolle spielten – Demodokos' Gesang von dem Ehebruch der Aphrodite mit Ares und der List des betrogenen Gatten Hephaistos war schon in der Antike hochberühmt. Doch auch aus anderen, insbesondere archäologischen Quellen erhellt, dass selbst Götterhymnen bei Symposien der archaischen und klassischen Zeit zum Vortrag kommen konnten[23]. Die Verbindung von Unterhaltung beim Gelage und Lobpreis der Götter, die manchem heute wohl befremdlich vorkommen mag, war den antiken Griechen also ganz geläufig und gewiss nicht anstößig.

d) Agonales Gotteslob

Fundamental für das Verständnis des platonischen *Symposions* ist die Tatsache, dass sich Symposiasten nicht durch den bloßen Redevortrag in festgelegter Reihenfolge unterhalten, sondern mit ihren Beiträgen in einen Wettstreit eintreten. Schon die Worte, mit denen der Gastgeber Agathon den (zu) spät gekommenen Sokrates begrüßt, kündigen eine Auseinandersetzung „über die Weisheit" an (175e), und auch in der folgenden Darstellung des Redeablaufs erinnert Platon immer wieder an seinen agonalen Charakter, indem er einerseits in den dialogischen Zwischenpartien auf ihn verweisen, andererseits die Redner selbst in ihren eigenen Vorträgen kritisch auf die vorangegangenen Bezug nehmen lässt. Zunächst erklärt sich aus diesem Wettbewerbscharakter der Umstand, dass „jeder" der Anwesenden eine möglichst schöne Rede zum Lob des Eros – wie er es vermöge – halten solle (s.o.) und dass Eryximachos sofort bei seinem Themenvorschlag eine festgelegte Reihenfolge der Vorträge empfiehlt: rechts herum, ange-

23 Vgl. A. Schäfer, Unterhaltung (Anm. 13), 44 mit Anm. 334 (Lit.).

fangen mit dem jungen Phaidros, der als erster obenan liege und ja Vater des Themas sei. Auch Sokrates verweist, noch bevor Phaidros mit der ersten Rede anhebt, auf eben diesen Wettbewerbscharakter der Vorträge (177e): „Freilich sind wir, die wir hier auf den letzten Plätzen liegen, im Nachteil; doch wenn die vor uns geschickt und schön reden, wollen wir es zufrieden sein". Dieselbe Besorgnis, die erst am Ende der Reihe zu Wort Kommenden seien den ersten Rednern doch benachteiligt, wird auch später nach dem Vortrag des Aristophanes zwischen Eryximachos, Agathon und Sokrates noch einmal angesprochen (193e):

> „Du selbst hast ja sehr schön abgeschnitten in unserem Wettkampf [!], Eryximachos. Wenn du aber jetzt an meinem Platz ständest oder vielleicht eher noch dort, wo ich stehen werde, wenn auch noch Agathon eine gute Rede gehalten hat, dann wäre dir gewiss bange, und es würde dir ganz so zumute sein wie jetzt mir" (vgl. auch 198a/b),

also dort, wo Phaidros den aufkommenden Dialog zwischen Agathon und Sokrates unterbindet und an die Spielregeln des gemeinsam ausgemachten Redeagons erinnert (194d): „So gern ich aber Sokrates bei seinen Gesprächen zuhöre, so ist es nun doch meine Pflicht, mich um das Lob des Eros zu kümmern und von jedem von euch eine Rede entgegenzunehmen". Überhaupt kommt es ja im gesamten ersten Teil des *Symposions*, also bevor Sokrates, der einzige ‚Philosoph' der Runde, das Wort ergreift, nicht zu irgendeiner wechselseitigen Diskussion über das gegebene Thema – „each of the speakers talks with authority, in a dogmatic fashion"[24].

Blickt man von hier aus in die griechische Geistes- und Kulturgeschichte, so offenbart sich dieser, dem heutigen Leser eher ungewöhnliche Redewettkampf zum Lobpreis auf einen Gott als nicht so seltsam, wie es zunächst den Anschein hat: Die Tradition belegt, dass der Rede- und Argumentationsagon in meist aus dem Stegreif eingebrachten, oft auf prüfende Fragen hin antwortenden Vorträgen zum festen Programm der sympotischen Unterhaltung und Literatur gehörte[25], verbunden gerade auch mit herber Kritik und Spott an misslungenen Leistungen. Daneben galt die religiöse Rede von alters her als besonders prädestiniert für den Agon[26]: Götterhymnen wurden auf Festen vor großem Publikum ebenso im Wettstreit ausgetragen wie etwa auch die attischen Tragödien, als mythisch-religiöse Dichtungen wichtige Teile des Dionysoskults, an den großen Dionysien in Athen[27]. Dennoch wird man diese Tradition wohl kaum gegen die von Platon

---

24 Ludwig Edelstein, The Role of Eryximachos in Plato's *Symposium*, in: TAPA 76 (1945), 85–103, hier 101.

25 Vgl. E. Pellizer, Outlines (Anm. 4), 179; D. Susanetti, Introduzione (Anm. 1), 11.14; A. Schäfer, Unterhaltung (Anm. 13), 18ff.27ff.; Andrew Ford, The Origins of Criticism: Literary Culture and Poetic Theory in Classical Greece, Princeton 2002, 32f. (mit einem erhellenden Hinweis auf Anon. Eleg. 27 IEG, VV. 7f. [vgl. auch z.B. Theognis 491–496; Hdt. 6, 129], wo die wechselnde Rede beim Symposion als ἀρετὴ συμποσίου bezeichnet wird!) und R. Hunter, Plato's *Symposium* (Anm. 4), 5f.

26 Vgl. z.B. das *Certamen Homeri et Hesiodi*.

27 Vgl. mit Belegen (etwa hom. Hymn. III Apoll. 146–150 und 169f.; hom. Hymn. IV Herm. 52–62; hom. Hymn. VI Aphrod. 19ff.) Filippo Càssola, Introduzione, in: Inni omerici, a cura di F. Càssola, Milano

entworfene *Ausnahme*situation seines *Symposions* ins Feld führen wollen: Dass hier gleich sechs Reden auf Eros hintereinander gehalten werden und somit in unmittelbare Konfrontation geraten, ist in der griechischen Überlieferung einzigartig, und es steht außer Frage, dass die intellektuelle und künstlerische Autorität der Redner, die Platon hier versammelt, diesem fiktiven Agon eine Exzeptionalität verleiht, die den Vorgang als solchen in exemplarischer Weise dem Publikum vorführen soll.

Sowohl die Reden der Festteilnehmer selbst als auch die entsprechenden Reaktionen des Publikums offenbaren diesen agonalen Charakter[28]: Zwar ist es richtig, dass sich die aufeinanderfolgenden Reden in manchem wechselseitig ergänzen – mancher Redner übernimmt ausdrücklich Gedanken vom jeweiligen Vorredner (z.B. Eryximachos von Pausanias) und spart dabei nicht mit Lob (186a. 193e usf.).[29] Auch Einladungen wie die des Eryximachos an Aristophanes: „Vielleicht nun, dass auch ich bei meinem Lob auf den Eros manches auslasse, doch gewiss nicht mit Absicht. Aber wenn ich etwas weggelassen habe, so ist es deine Aufgabe, Aristophanes, das zu ergänzen. Oder hast du die Absicht, den Gott auf irgendeine andere Art zu preisen? So preise ihn nur ...“ (188d/e), mögen in galanter Umgangsform dem Eindruck allzu ernsten Wettstreits entgegenwirken. Und doch: Nicht nur die auffällige inhaltliche Verschiedenheit der Vorträge an sich, sondern auch die offene Kritik, die gleich mehrfach von bestimmten Rednern am jeweiligen Vorredner geäußert wird, erinnert immer wieder daran, dass es um konkurrierende Lobreden auf Eros geht: Pausanias mokiert sich sogleich über die falsche Bestimmung des Redethemas, mit welcher Phaidros begonnen hat (180c: „Das Thema, Phaidros, ist uns offenbar nicht richtig aufgegeben worden, indem man uns schlechthin aufgefordert hat, den Eros zu preisen ...“)[30]; Eryximachos lobt zwar den Auftakt seines Vorgängers Pausanias, kritisiert aber dessen folgende Durchführung (185e/186a: „Nachdem Pausanias seine Rede zwar schön angefangen hat, aber doch zu keinem rechten Ende gekommen ist ...“),

1975, XV und Bruno Gentili, Poesia e pubblico nella Grecia antica. Da Omero al V secolo, Bari 1995, 213f.

[28] Vgl. dazu Hermann Koller, Die Komposition des platonischen Symposions, Diss. Zürich 1948, 51; David Sider, Plato's *Symposium* as Dionysian Festival, in: Quaderni Urbinati di Cultura Classica, Nuova Serie, 4 (1980), 41–56, hier 42f.; Manuela Tecuşan, *Logos Sympotikos*: Patterns of the Irrational in Philosophical Drinking: Plato Outside the *Symposion*, in: O. Murray (Hg.), Sympotica (Anm. 4), 239–260, hier 242f.; D. Susanetti, Introduzione (Anm. 1), 16f.; Andrea Wilson Nightingale, The Folly of Praise: Plato's Critique of Encomiastic Discourse in the *Lysis* and *Symposium*, in: CQ 43 (1993), 112–130, hier 117; A. Schäfer, Unterhaltung (Anm. 13), 87f.; C.J. Rowe, Commentary (Anm. 5), 8.136; Robert Wardy, The Unity of Opposites in Plato's *Symposium*, in: OSAP 23 (2002), 1–61, hier 26f. und F.C.C. Sheffield, Plato's *Symposium* (Anm. 1), 15.

[29] Vgl. F.C.C. Sheffield, a.a.O., 27f., dessen Folgerung „The accounts of each are incomplete, but taken together they can be seen as parts of an overall picture of the role of *erōs* in the good life“ jedoch zu stark kontaminiert, und Ders., The Role of the Earlier Speeches in the *Symposium*: Plato's Endoxic Method?, in: Ders. / James H. Lesher / Debra Nails (Hg.), Plato's *Symposium*. Issues in Interpretation and Reception, Washington 2006, 23–46, hier 26f.

[30] Vgl. dazu R. Arcioni, Commento (Anm. 1), 98 z.St.; ungenau G.R. Ferrari, Platonic Love (Anm. 1), 251.

Aristophanes und Agathon verwerfen im Folgenden gar alle vorangegangenen Ansätze (189c: „Und nun, Eryximachos, ... habe ich freilich vor, auf andere Art zu sprechen, als ihr beide, du und Pausanias gesprochen habt ...“ bzw. 194e!)[31].

Auch die mehrfach gehegte Erwartung, die eigene Rede könne wohl den Spott der Konkurrenten erregen (189a/b. 193d. 199b), ist nur dann verständlich, wenn die Abfolge der unterschiedlichen Vorträge gleichsam als Rededuell ernstgenommen wird. Bemerkenswert ist im Übrigen, dass Platon nur die Reden des Aristophanes und des Agathon mit einem allgemeinen Urteil als günstig, erfolgreich bewerten lässt – jene durch Eryximachos, der Aristophanes bescheinigt (193e): „Deine Rede hat mir ja auch ganz gut gefallen ...“, diese durch den rauschenden Beifall der Anwesenden (198a), durch welchen sie zunächst, wenn auch nicht ausdrücklich, als beste der bis dato vorgetragenen ausgezeichnet erscheint.

e) Schönheit

Den Gott Eros agonal zu loben gehorcht bei Platons Symposiasten bestimmten Spielregeln, nicht der bloßen Einhaltung einer bestimmten Redefolge und der Anerkennung eines πατὴρ λόγου. Gleichsam nebenbei informiert Platon den Leser über verschiedene Kriterien, denen die Enkomien auf Eros zu genügen hätten. An dieser Stelle seien nur drei genannt:

Erstens ist keiner der Konkurrenten auf das Thema vorbereitet. Ergibt sich diese Vorbedingung schon aus der Art und Weise, wie Eryximachos das Thema einführt, so wird später ausdrücklich an sie erinnert, wenn Pausanias seine Rede mit den Worten beschließt (185c): „Das ist es ..., was ich dir, Phaidros, als unvorbereiteten Beitrag zum Preis des Eros bieten kann“. Diese herausfordernde Art des Redevortrags war vor allem von den Sophisten vervollkommnet worden – der berühmte Gorgias soll sie als erster öffentlich gepflegt und mit großem Erfolg vorgeführt haben[32] – und stellte seit dem fünften Jahrhundert gerade auf den Symposien eine überaus beliebte Form der intellektuellen Unterhaltung dar.[33]

Zweitens hält es Eryximachos für eine außergewöhnliche Leistung der Redner, über den Gott Eros im Lobpreis πολλὰ καὶ παντοδαπά gesagt zu haben (193e): „... wenn ich nicht wüsste, dass Sokrates und Agathon in den Dingen der Liebe sehr bewandert sind, so müsste ich wohl befürchten, das Reden bringe sie in Verlegenheit, weil schon so manches und so Verschiedenartiges gesagt wurde“. Angestrebtes Ziel des Wettstreits ist also nicht, ein einheitliches, geschlossenes, gar theologisch-dogmatisches Lob und Wesensbild des Gottes zu erreichen. Ge-

---

31 Vgl. auch B. Zehnpfennig, Kommentar (Anm. 1), XXVII.

32 Philostrat. Vitae 1, 1; 1, 9, 3; vgl. auch die grundsätzlichen Bemerkungen in der Rede *Über die Sophisten* des Alkidamas.

33 Vgl. schon die V. 55–58 des homerischen *Hermeshymnus*.

rade die widerstreitende Vielheit und Vielfalt der Vorstellungen scheint im Sinne der *variatio* besonders attraktiv, unterhaltsam und gelungen zu wirken.

Drittens steht als maßgebliches Ziel und damit auch als den Wettstreit entscheidendes Kriterium von Anfang an die ‚Schönheit' fest – gleich Eryximachos fordert dazu auf, ein jeder solle den Gott so schön loben, wie er es nur vermöge (177), und niemand, auch Sokrates nicht, erhebt dagegen Einspruch. Dass die Symposiasten an ihren Lobpreis des Eros diesen Maßstab anlegen, verwundert dabei nicht: Zum einen war die auch später den Christen vertraute Auffassung, das angemessene Lob Gottes solle höchsten ästhetischen Ansprüchen genügen, schon den frühen Griechen durchaus fester Grundsatz; dies ließe sich in extenso an der religiösen Dichtung vorführen[34], gilt aber ebenso für die enkomiastische Prosarede[35]. Für den Gott Eros, der von den Rednern ausschließlich als schön, Schönes verheißend und Schönes verschaffend gepriesen werden soll, wirkt das Kriterium besonders angebracht. Zum anderen lässt Platon den Begriff des ‚Schönen' das gesamte Symposion leitmotivisch durchziehen, nicht nur in den Reden der Festteilnehmer, sondern auch in der äußeren Stimmung – so etwa gleich zu Anfang, wenn Sokrates feingemacht Aristodemos auf der Straße begegnet und sich mit den Worten erklärt (174a; vgl. 194c/d): „Darum habe ich mich ja auch so herausgeputzt, um als Schöner zu dem Schönen [sc. Agathon] zu gehen."

Worin nun eigentlich das ‚Schöne' der unterschiedlichen Reden auszumachen ist, das bleibt dem heutigen Leser allerdings seltsam unzugänglich – ausdrücklich bestimmt wird es ja von den Symposiasten nicht. Die neuere Forschung hat zwar eingehend nachweisen können, wie sich der Stil der Vorträge rhetorisch und stilistisch unterscheidet, doch versperrt die Unmöglichkeit, sie authentisch erklingen zu lassen, den Zugang zur antiken Hörerfahrung und damit zur angemessenen Einschätzung, wie sie denn dem Kriterium der Schönheit tatsächlich zu entsprechen suchen. Eine Ahnung mag man gewinnen aus dem letzten Vortrag Agathons, der wie kaum ein anderes Stück griechischer Prosa der poetischen Sprache nahekommt und im Schluss durch Wortdisposition, Rhythmisierung und Klangfiguren das Publikum schwer beeindruckt[36]; überhaupt scheint Platon in den bei-

---

34 Vgl. schon Hom. Od. 8, 62–92. 261–369 über des Sängers Demodokos „schönen Gesang". Im Prooemium der hesiodeischen *Theogonie* schenken die Musen dem Dichter „schönen Gesang" (V. 22), um die Götter, vor allem den höchsten Zeus, zu besingen.

35 Vgl. noch im *Symposion* selbst Eryximachos, der die Aufgabe der Lobrede, den schönen Gott Eros zu feiern, mit folgenden Worten formuliert (177c): κοσμῆσαι [!] τὸν θεόν, und Agathon (197e): „[Eros] … aller Götter und Menschen Zier, der schönste und beste Führer, dem jeder Mann mit Lobgesang folgen soll, schön einstimmend in das Lied, das er erklingen lässt, bezaubernd aller Götter und Menschen Gemüt" – eine Stelle, die zugleich in anmutigem Scherz auf die agonalen Eros-Enkomien der anwesenden Symposiasten anspielt.

36 Vgl. R.G. Bury, Commentary (Anm. 5), XXXV; K. Dover, Commentary (Anm. 14), 123f.; G. Picht, Platons Dialoge (Anm. 2), 361–364; Seth Benardete, On Plato's *Symposium* – Über Platons *Symposion*, München 1994, 60f.; G. Reale, Commento (Anm. 6), 205; R. Thiel, Irrtum und Wahrheitsfindung (Anm. 20), 13; R. Hunter, Plato's *Symposium* (Anm. 4), 71–75 und F.C.C. Sheffield, Plato's *Symposium* (Anm. 1), 25. Sokrates identifiziert den Stil der Schlusspartie im Folgenden als gorgianisch, und in der Tat galt der Stil des Gorgias schon den Zeitgenossen als äußerst prächtig und der poetischen

den letzten Vorträgen der beiden Dichter das Maß an Schönheit innerhalb der Redefolge zu steigern.

Der vielgeäußerte Vorwurf, es gehe den Rednern bei ihrem Agon schon deswegen bloß um die äußere Ästhetik einer möglichst wirkungsvollen rhetorischen Form, greift allerdings zu kurz und ist wohl vor allem eben von dem Eindruck der hochstilisierten Rede Agathons diktiert. Im Verlauf des Wettstreits markieren die Redner statt der stilistischen Vollendung vielmehr die inhaltliche Angemessenheit der verschiedenen Positionen. So kritisiert Pausanias, der Logos sei insgesamt nicht schön gestellt (180c); Eryximachos bezeichnet den Auftakt des Pausanias zwar als schön, seine Fortsetzung jedoch als nicht angemessen – das Begriffspaar ἱκανός/καλός, das schon Sokrates (177e) bei der anfänglichen Einleitung des Agons benutzt hat, begegnet hier aus seinem Munde wieder; und auch die deutliche Distanz, mit der sich Aristophanes und Agathon von all ihren Vorrednern absetzen, wird inhaltlich begründet – Agathon greift hier gar zum Wort ὀρθός, um das rechte Lob des Gottes zu charakterisieren (195a): εἷς δὲ τρόπος ὀρθὸς παντὸς ἐπαίνου περὶ παντός ...[37]

3. Zusammenfassung

Platon gesteht in seinem *Symposion* den fünf Rednern, die vor Sokrates ihren Lobpreis auf Eros vortragen, erheblichen Raum innerhalb des Werkes zu; die Vermutung liegt nahe, er verfolge damit eine ganz bestimmte Aussageabsicht, vor allem dann, wenn die Beobachtung zutrifft, dass alle Redner dadurch, dass sie Eros als Gott preisen, zu einer Einheit – gegen die sich dann Sokrates in seinem Auftritt ausdrücklich wenden wird – zusammengefasst sind. Mit Recht hat die neuere Forschung auf zweierlei hingewiesen:

Zum einen bietet Platon in den fünf Rednern ein Panorama unterschiedlicher sprachlich-stilistischer Formen, also einen Eindruck von der Vielfalt rhetorischen Ausdrucks,[38] zu dem die Prosarede im 5./4. Jahrhundert vor Christus gerade auch

---

Sprache nahekommend (vgl. Philostrat. Vitae 1, 9, 2f., wo im Übrigen Agathon als Rezipient gorgianischer Figuren ausdrücklich genannt ist). Dass Platon in seinem stilistischen Porträt Agathons dessen tatsächlichen Vorlieben zu entsprechen sucht, erhellt aus den überlieferten Fragmenten seines dramatischen Schaffens. Ob mit der wirkungsvollen Amplifikation, welche das Gotteslob in der Rede Agathons im Ganzen, abgesehen von einzelnen Formelementen, zum Abschluss des Reigens der ersten fünf Reden erfährt, tatsächlich nur eine „Karikatur rhetorischer Mache" (so C. Eucken, Isokrates [Anm. 15], 109) beabsichtigt ist, bleibe hier dahingestellt.

37 Später (198b–e) offenbart Sokrates aus seiner Sicht, womit – seines Erachtens verfehlt – die Redner den Gott zu schmücken suchten: Eigentlich nicht durch bloße Schönheit der Rede, welche Sokrates selbst durchaus nicht ablehnt, sondern dadurch, dass sie dem Wesen des vermeintlichen Gottes Eros wahrheitswidrig möglichst Großartiges und Schönes zuzuschreiben strebten.

38 Vgl. G. Picht, Platons Dialoge (Anm. 2), 502f.; dazu mit genaueren Angaben R.G. Bury, Commentary (Anm. 5), XXV.XXVII.XXIX.XXXIV.XXXV; D. Susanetti, Introduzione (Anm. 1), 17.197.198.205f. und R. Arcioni, Commento (Anm. 1), 17–22.

in religiösem Bezug fähig war und welche die Gelehrten offenbar auch in der religiösen Rede für gerechtfertigt und angebracht hielten.

Zum anderen scheint Platon bestrebt, durch die auch inhaltlich so vielfältigen Enkomien den jeweiligen Redner individuell besonders charakterisieren zu wollen: „Die Vorredner haben in Eros ihren eigenen Trieb vergöttlicht. Ihre ‚Liebe' ist selbstbezüglich … Alle Vorredner blieben im Bann ihres Interesses, gelangten über die Grenzen ihrer Subjektivität nicht hinaus"[39]. In der Tat mag das Verfahren, einen Gott so zu preisen, dass sein Lob zugleich auch zum Ausdruck der ganz eigenen, durch die persönlichen Vorlieben und Vorbedingungen bestimmten Theoria dieses Gottes wird,[40] aus der heutigen Perspektive einer systematisch-dogmatischen Theologie kritikwürdig erscheinen. Dabei bleibt zu bedenken, dass einerseits dieses Verfahren der antiken Religion und religiösen Rede im Allgemeinen nicht so problematisch war, wie man annehmen könnte – gerade ihr agonaler Charakter motiviert ja dazu, eigene, neue Akzente in die Anschauung eines Gottes zu integrieren[41] –, dass andererseits aber auch sowohl in der frühgriechischen Dichtung als auch in der Prosa die gelungene, große Lobrede immer beides zugleich befördert und zu befördern sucht, den Ruhm und die Ehre des Gelobten sowie des Lobenden selbst[42]. Schön greifen lässt sich dieser Grundsatz, der ohne Einschränkung auch für die religiöse Rede galt, in den durchaus rhetoriktheoretischen Überlegungen, die der berühmte Sophist Gorgias fortlaufend in sein *Lob der Helena* einflicht, vor allem in dessen Schlussworte (21)[43]: „Ich nahm mit meiner Rede den schlechten Ruf von der Frau, ich blieb bei dem Gesetz, das ich am Anfang der Rede aufstellte: Ich hatte versucht, die Ungerechtigkeit des Tadels zu beenden und die Unwissenheit der Meinung, ich wollte eine Rede schreiben, die ein Loblied der Helena wäre und ein Spiel für mich". Lob des Geehrten und Selbstdarstellung des Lobenden schließen sich bei einer solchen Prägung der

---

[39] B. Zehnpfennig, Kommentar (Anm. 1), XXIX.XXX; vgl. auch S. Rosen, Plato's *Symposium* (Anm. 6), 63; S. Benardete, On Plato's *Symposium* (Anm. 36), 40: „Der Lobpreis des Eros, wie die Redner ihn verstehen, schließt den Lobpreis der Befriedigung ein"; B. Zehnpfennig, Platon (Anm. 1), 135; Eva-Maria Kaufmann, Sokrates, München 2000, 79 und K. Corrigan / E. Glazov-Corrigan, Plato's Dialectic (Anm. 10), 54.62 (zu Phaidros und Pausanias), 62–68 (zu Eryximachos), 85–100 (zu Agathon), 103.

[40] Vgl. etwa auch R. Hunter, Plato's *Symposium* (Anm. 4), 56 (zu Eryximachos), 75f. (zu Agathon).

[41] Ein Blick sogar in die Hymnenliteratur selbst bestätigt diesen Eindruck: So leitet der Dichter des nur fragmentarisch überlieferten homerischen *Hymnus auf Dionysos* sein Stück mit der Zurückweisung von gleich fünf unterschiedlichen Überlieferungen über die Geburt des Gottes ein, bevor er feststellt (V. 6): ψευδόμενοι und seine eigene Version formuliert. Vgl. auch Thomas Buchheim, Kommentar, in: Gorgias von Leontinoi, Reden, Fragmente und Testimonien, hg. mit Übers. und Komm. v. T. Buchheim, Hamburg 1989, XXIII zu Pind. Olymp. 1, 25ff.

[42] Bei Xenophanes von Kolophon klingt in den unten S. 34 zitierten Versen eine ähnliche Überzeugung an. Vgl. auch T. Buchheim, a.a.O., XXII (zu Pindar) und A. Wilson Nightingale, The Folly of Praise (Anm. 28), 117.

[43] Vgl. Die Sophisten. Ausgewählte Texte, herausgegeben und übersetzt von Thomas Schirren und Thomas Zinsmaier, Stuttgart 2003, 27f.; auch R. Wardy, The Unity of Opposites (Anm. 28), 17f. Gorgias soll neben seiner berühmten öffentlichen Rede auf den olympischen Zeus auch eine pythische Rede in Delphi auf Apoll gehalten haben, von einem Altar aus, auf dem sein eigenes goldenes Standbild aufgestellt war (Philostrat. Vitae 1, 9, 5; vgl. Paus. 6, 17, 7; Cic. de or. 3, 32, 129 und Plin. nat. hist. 33, 83).

Rede nicht aus, sondern bedingen sich geradezu wechselseitig. Aufschlussreicher wäre die Frage, ob Platons Symposiasten mit dem Grundsatz, den Gott für den Nutzen zu preisen, den er dem Menschen verschaffe, nicht eigentlich hinter die religionskritischen Einwände zurückfallen, welche schon Xenophanes von Kolophon gegen den Anthropomorphismus und Prodikos, seinerseits ein berühmter Sophist, gegen den utilitaristischen Gottesbegriff vorgebracht hatten[44].

Nimmt man die ersten fünf Reden darüber hinaus mit der Frage in den Blick, wie denn Platon in ihnen grundsätzlich die religiöse Sprache und Rede zum Problem macht, dann lassen sich noch andere Beobachtungen anstellen. Einige Hinweise mögen hier zum Abschluss genügen:

Eryximachos beschränkt den Redewettstreit von Anfang an auf Lobreden in Prosa (s.o.). Und doch repräsentieren die verschiedenen Beiträge nicht nur eine einzige, einheitliche Gattung der (religiösen) Rede: Während beispielsweise Phaidros sowohl formal als auch gedanklich eher dem traditionellen mythischen Logos verhaftet bleibt und Eryximachos den Inhalt und den Stil seines Beitrags auf den medizinisch-naturwissenschaftlichen Ansatz seiner Ausführungen ausrichtet, stehen Aristophanes und Agathon der Poesie näher[45], wie beide in den entsprechenden Zwischenpartien selbst auch andeuten (189b. 194 a/d). Platon vollzieht also in den ersten fünf Reden den Kunstgriff, die unterschiedlichen Formen und Gattungen, in denen sich zu seiner Zeit religiöse Rede überhaupt artikulierte, in eins zu bringen, ja sogar in einem Wettstreit gegeneinander antreten zu lassen, und darüber hinaus durch die kritische Anbindung und Rezeption traditioneller Formen und Inhalte auch die ältere, frühgriechische Dichtung und Literatur mitzuumfassen. Die fünf Redner stellen also weder nur bestimmte rhetorische Kategorien und Formen noch nur individuelle Perspektiven auf den Gott Eros dar, sondern repräsentieren gleichsam paradigmatisch die inhaltliche[46] und formale Vielfalt religiöser Sprache und Rede vor Platon und zu seiner Zeit.

Nachdem Agathon seinen klingenden Beitrag zum Redeagon geleistet und mit dessen Schönheit offenbar einen Etappensieg im Wettstreit errungen hat, stehen fünf inhaltlich völlig unvereinbare Lobreden auf den Gott Eros nebeneinander, und es scheint nicht nur dem heutigen Leser, sondern offenbar auch den von Platon vorgeführten Symposiasten in diesem Moment ganz unentschieden, welcher Entwurf denn nun der richtige sei. Eine Festlegung, wie denn über die gedankliche Angemessenheit der divergierenden Anschauungen entschieden werden müsste, ist trotz der expliziten Kritik der Teilnehmer untereinander noch gar nicht thematisiert worden, geschweige denn erreicht, ja vielleicht nicht einmal gewünscht, wenn man die ausdrücklichen Nebenbemerkungen zum Agon (s.o.)

---

44 Vgl. zu Xenophanes unten S. 34 sowie zu Prodikos das Fragment B5 Diels-Kranz.

45 Vgl. auch G. Reale, Commento (Anm. 6), XXV und R. Thiel, Irrtum und Wahrheitsfindung (Anm. 20), 13: „Es ist offensichtlich, daß Platon mit der Agathon-Rede den zu seiner Zeit noch von vielen anerkannten intellektuellen Führungsanspruch der Dichtung zu karikieren … sucht."

46 Vgl. schon R.G. Bury, Commentary (Anm. 5), LVII und C.J. Rowe, Commentary (Anm. 5), 9.

ernstnimmt. Die Freiheit, welche die Redner sich gegenseitig einräumen und welche jedem einzelnen die Möglichkeit gibt, die eigenen Anschauungen über den Gott Eros ohne engere Beschränkungen einer überkommenen Tradition oder bestimmter dogmatischer Vorgaben vorzutragen, ist dabei durchaus als hohes Gut zu begreifen, als Vorzug einer Gesellschaft, die solche παρρησία überhaupt zulässt. Dass dabei alle Redner jeweils auch bedenkenswerte, ja überzeugende Gedanken, die im fünften Jahrhundert umlaufende, unterschiedliche Auffassungen vom Eros widerspiegeln[47], äußern, darf in diesem Zusammenhang nicht überraschen: Es wäre ja völlig absurd, sollte Platon diese fünf autoritativen Geistesgrößen seiner Zeit völlig unplausiblen, abwegigen Unsinn erzählen lassen; und auch die eigene intensive Erfahrung des Eros, die Platon ja bei allen Teilnehmern sorgfältig andeutet (s.o.), macht das Thema zu einem Gegenstand, der ihnen unmittelbar ist und bei dem „jeder unmittelbar von seinem Vorverständnis aus das Eigene beiträgt“[48]. Konsens jedoch, d.h. der für die Sophistik entscheidende Schritt zur intersubjektiven Wahrheitsfindung, der durch den von allen anerkannten Sieg der schönsten und überzeugendsten Rede hergestellt werden müsste, ist nicht gefunden. Noch bevor Sokrates überhaupt zu seinem scharfen Einwand gegen die Vorredner ansetzt, drängt sich der Eindruck auf,[49] dass diese offenkundige Widersprüchlichkeit der Erosreden für Platon nicht Zeichen wünschenswerter Pluralität, in der verschiedene Entwürfe eines Gottes gleichberechtigt nebeneinander träten, sein kann, sondern vielmehr die Unfähigkeit solcher religiösen Rede erweist, den Gott Eros überzeugend zu beschreiben und zu preisen – diese fünf derartig widersprüchlichen Eroten ergeben in der Summe eben nicht einen Gott, sondern keinen einzigen.[50]

Die Kritik, dass religiöse Rede dem Wesen des Gottes nicht gerecht werde, sondern ihm andichte und nachsage, was ihm nicht entspreche, ist viel älter als Platon. Sie findet sich in Ansätzen schon in der frühgriechischen religiösen Dichtung (s. Anm. 41), greift dann aber vor allem in der vorsokratischen Mythenkritik Raum, etwa bei Xenophanes von Kolophon oder Hekataios, dem frühen Vorläufer der Geschichtsschreibung. Gerade Xenophanes wendet sich mit großer Schärfe gegen die Göttergeschichten des Mythos, der durch die Autoritäten Ho-

---

[47] Vgl. auch F.C.C. Sheffield, The Role of the Earlier Speeches (Anm. 29), 39f.

[48] Kurt Sier, Die Rede der Diotima. Untersuchungen zum platonischen Symposion, Stuttgart/Leipzig 1997, XIII; vgl. auch S. Benardete, On Plato's *Symposium* (Anm. 36), 30: „Es sind beinahe alles Reden von Liebenden, die ihre eigenen Erfahrungen reflektieren.“

[49] Möglich, dass ein heutiger Leser, geprägt durch die zwischenzeitliche Religions- und Philosophiegeschichte, dies stärker empfindet als ein Zeitgenosse Platons, der von der Tradition der älteren griechischen Überlieferung und der Sophistik bestimmt war.

[50] Im Grunde bestätigen die Vorredner also durch dieses Ergebnis die gorgianische These, „dass nichts ist“, und ihre Begründung (vgl. B3 Diels-Kranz). Dazu steht nicht unbedingt im Widerspruch, dass im Folgenden auch Diotimas Anschauung des Eros den Leser ganz eigenständig, ja neuartig überrascht (vgl. schon E. Pellizer, Forme di Eros a simposio [Anm. 4], 113: „... la singolare tesi di Diotima ... era talmente contraria alle consuetudini diffuse in tutta la Grecia ... da apparire allora assai più paradossale di quanto non possa sembrare oggi a noi“). Sokrates legitimiert sie durch die kultische Autorität und Weisheit der Priesterin (210d u.ö.).

mer und Hesiod in wahrheitswidriger und auch moralisch zweifelhafter Weise festgeschrieben worden sei,[51] und mahnt, wie denn ein ernsthaftes Symposion eigentlich zu feiern sei: „Doch von den Männern rühme man den, der durch edle Gespräche zeigt sein Bemühen um Wert und des Gedächtnisses Kraft, nicht indem er von Kämpfen erzählt der Titanen, Giganten und Kentauren – das sind Fabeln (πλάσματα!) der Menschen von einst – oder von wütigem Streit, der keinen brauchbaren Sinn hat. Was man auch tue, es sei zweckvoll auf Gutes gestellt“[52]. Platon erweist im *Symposion*, ganz im Einklang mit seiner sonstigen Dichtungskritik, die angesehensten Geistesgrößen seiner eigenen Zeit als beschränkt, in religiöser Rede dem Wesen und dem Wirken des Gottes Eros überzeugend zu entsprechen und es angemessen zu feiern.[53] Stattdessen offenbart sich in ihnen eine Sprache, die gedankenreich und hochgelehrt, sprachlich, stilistisch und rhetorisch vielfältig, vollkommen und hochartifiziell daherkommt und schließlich doch über bloß widersprüchliche Konstruktionen der Gottheit nicht hinauskommt[54]. Oder: Der Konsens der versammelten Gäste, in der Geschichte des griechischen Symposions eine wichtige Funktion solch kollektiver Anlässe, an denen die entscheidenden gesellschaftlichen, politischen und auch religiösen Gegenstände verhandelt wurden[55], gelangt über den gemeinsamen ästhetischen Genuss und die variationenreiche Unterhaltung nicht hinaus zu einer für alle Teilnehmer annehmbaren inhaltlichen Lösung der gestellten Aufgabe.

Der Einwand, den Sokrates im Folgenden scharf und unmissverständlich gegen seine Vorredner vorbringt[56] – sie hätten in ihrem Agon dem Eros zwar Schönes

---

[51] Vgl. die Fragmente B11f. 14/16 Diels-Kranz.

[52] B1 Diels-Kranz (Übers. Wöhrle).

[53] Es wäre zu prüfen, ob Platon nicht schon in der Abmachung der Symposiasten, Eros als Gott (!) in Prosa-Enkomien zu preisen, andeutet, wie fragwürdig ein solches Gotteslob bleiben müsse. Selbst sagt er in den *Nomoi* (700b. 822b/c; vgl. rep. 607a), Götter seien in Hymnen, also in einer Gattung, die dem Gebet nahesteht, zu besingen, während die Lobrede bzw. das Loblied den Heroen und den guten Menschen, also nicht den Göttern, gelte – eine Unterscheidung, die auch bei Eryximachos (im Text s. oben S. 19) anklingt. In der Tradition der frühgriechischen Hymnen findet sich eine solch strenge thematische Unterscheidung nicht (vgl. F. Càssola, Introduzione [Anm. 27], XI).

[54] Die Lesart, gleichwohl ver*wirklich*ten die Symposiasten doch durch den Reigen ihrer Lobreden selbst, gleichsam performativ, den wahren Eros (vgl. dazu schon G. Krüger, Einsicht und Leidenschaft [Anm. 1], 3f. und mit neuerer Literatur R. Wardy, The Unity of Opposites [Anm. 28], 58) und seine Wirkung, muss sich an dem Verdikt messen lassen, das Sokrates über sie unmissverständlich ausspricht. Dass die Reden auf Eros gleichwohl als ein Dienst am Gott angesehen werden könnten, bliebe davon unberührt.

[55] Vgl. Wolfgang Rösler, *Mnemosyne* in the *Symposion*, in: O. Murray (Hg.), Sympotica (Anm. 4), 230–237, hier 233f. und A. Ford, The Origins of Criticism (Anm. 25), 41 (mit älterer Lit.).

[56] Das Bestreben neuerer Studien (vgl. etwa G. Picht, Platons Dialoge [Anm. 2], 506.507.519.537f. u.ö.; R.E. Allen, Comment [Anm. 1], 41; R. Thiel, Irrtum und Wahrheitsfindung (Anm. 20), 8.11 u.ö. sowie F.C.C. Sheffield, Plato's *Symposium* [Anm. 1] 27–39.207–224 und Ders., The Role of the Earlier Speeches (Anm. 29), passim, z.B. 29: „Socrates ... does not say that the accounts are actually false, just that the question of their truth or falsity seems to be of no importance to the speakers. This leaves room for the possibility that they may have hit upon the truth ...“, mit älterer Lit.), den Gegensatz zwischen Sokrates und seinen Vorrednern abzumildern und in den fünf ersten Reden zumindest einzelne ‚wahre‘ Gedanken zu finden, die dann hinterher bei Sokrates und Diotima in vollkommener Weise wiederbegegneten, muss sich am Text bewähren. Hingegen ist in der Formulierung des Sokrates, gegen den dann argumentiert werden müsste (vgl. so z.B. Herbert Eisenberger, Sokrates, Diotima und die

um die Wette angedichtet, aber nichts Wahres[57] –, kommt damit nicht so unvermittelt, wie die neuere Forschung zuweilen suggeriert, sondern ist dem Leser, der die Reden im Rückblick insgesamt überschaut, ganz naheliegend – sofern er wie Sokrates den Anspruch erhebt, das Wesen und Wirken des Gottes Eros aus einem allgemeingültigen Wahrheitsanspruch heraus zu beschreiben und zu loben. Die Frage, ob der zeitgenössische Leser das *Symposion* mit einem solchen Anspruch las, ist damit keinesfalls beantwortet; es könnte auch sein, dass Platon mit seiner Darstellung der fünf bedeutenden Reden vor Sokrates gerade die grundsätzliche Wende vorführen wollte, die mit dessen neuem Ansatz, den Eros zu bestimmen und zu preisen, nicht nur für die griechische Auffassung vom Eros, sondern auch für die Art und Weise, angemessen[58] von solch religiösen Gegenständen zu sprechen, eintreten sollte.[59]

‚Wahrheit' über ΕΡΘΣ, in: Freyr Roland Varwig [Hg.], ΑΙΝΙΓΜΑ. Festschrift für Helmut Rahn, Heidelberg 1987, 183–218, passim), die Wende in 198f. unmissverständlich und kompromisslos – und wird auch von den anderen Symposiasten nicht bestritten, im Gegenteil von Agathon ausdrücklich bestätigt.

57 Vgl. Agathons Eingeständnis in 201c. Damit blieben sie allein auf die δόξα beschränkt und gelangten nicht zur ἀλήθεια (198e u.ö.; vgl. schon R.G. Bury, Commentary [Anm. 5], LIII und Christoph Riedweg, Mysterienterminologie bei Platon, Philon und Klemens von Alexandrien, Berlin / New York 1987, 19). Gerade dieser Gegensatz, ein grundlegender der platonischen Philosophie, schließt nicht aus, dass ihre Meinungen über den Eros auch richtig sein, sehr wohl aber, dass sie voll der Wahrheit entsprechen könnten. Es ist sicher kein Zufall, dass nur wenig später (202a) im Gespräch zwischen Diotima und Sokrates eben diejenigen beispielhaft einführt werden, die mit ihrem richtigen Meinen zwischen Weisheit und Unwissenheit (μεταξὺ σοφίας/φρονήσεως καὶ ἀμαθίας) stehen. Eine genauere Untersuchung der Reden im Licht der sophistischen, platonischen und auch isokrateischen Bewertung der (ὀρθὴ) δόξα bleibt ein Desiderat.

58 Sokrates bedient sich dabei in Teilen durchaus derselben Formelemente, die schon von seinen Vorrednern eingesetzt worden sind, wie z.B. der mythischen Rede von der Herkunft des Eros. Die allein aus eigenen Gedanken und Erfahrungen gespeiste Rede, die, zumal wenn sie ästhetische Wirkung zu hoch veranschlagt, in religiösen und philosophischen Dingen die Wahrheit verfehlt, lehnt er jedoch, wie man längst gesehen hat, ausdrücklich dadurch ab, dass er selbst keine solche Rede mit einer aus sich heraus entwickelten Theorie des Eros vorbringt. Vielmehr gibt er eine Rede, mit der Diotima ihn seinerseits einmal unterwiesen habe, möglichst genau wieder (201d–e u.ö.), nachdem er sich zunächst im Wechselgespräch Agathon vorgenommen hat – in einer dialogischen Redeweise also, deren Form und Wirkung er selbst an eigenem Leib erfahren habe, als ihn einmal in jungen Jahren Diotima ganz ähnlich befragt habe. Dass dabei Diotimas Rede über den Eros „den schematischen Ablauf einer Mysterieninitiation als Tiefenstruktur" (C. Riedweg, a.a.O., 28 [mit Lit.]) evoziert, unterstreicht nur, welch zentrale Bedeutung Platon dem Religiösen und der religiösen Sprache im *Symposion* zumisst.

59 Wobei auch die skeptische Haltung gegenüber der widersprüchlichen Vielfalt des traditionellen Mythos, die sich etwa bei dem Milesier Hekataios äußert (vgl. dazu Markus Mülke, Die vielen Logoi und mein Buch. Zum subjektiven Wahrheitsanspruch bei Hekataios von Milet, in: Ders. / Peter L. Oesterreich [Hg.], Rhetorik und Subjektivität, Berlin / New York 2011, 51–68), nicht einfach fortgeschrieben wird.

Peter L. Oesterreich

Pithanologie

Fundamentalrhetorische Überlegungen zur Aktualität der rhetorischen Glaubenslehre des Aristoteles

Wie die Rhetorik-Renaissance des 20. Jahrhunderts vor Augen führt, lässt sich das Reich des Persuasiven und damit des Rhetorischen nicht mehr auf die von der Schulrhetorik vorgesehenen Standardsituationen artifiziellen Redens eingrenzen, sondern umfasst die gesamte kulturelle Lebenswelt und ihrer Symbolbildungen. So kommt dem Phänomen des Rhetorischen aus der kontinentaleuropäischen Sicht der rhetorikaffinen Phänomenologie Heideggers und Gadamers eine dem Hermeneutischen korrespondierende lebensweltliche ‚Ubiquität' zu.[1] Diese Allgegenwart des Rhetorischen reicht dabei so weit wie die sprachlich verfasste Lebenswelt des Menschen überhaupt. Auch in der angelsächsischen Tradition, insbesondere der New Rhetoric K. Burkes erstreckt sich der universalpragmatische Persuasionsbegriff auf alle Formen – verbaler oder nonverbaler, bewusster oder unbewusster – symbolischer Interaktion. Diese Entdeckung der lebensweltlichen Ubiquität und anthropologischen Universalität des Persuasiven erklärt schließlich auch die gegenwärtige Aktualität der Rhetorik in den Kulturwissenschaften bzw. den Cultural Studies.

Diese kulturanthropologische Infinitisierung des Persuasionsbegriffes stellt eine wichtige Differenz zwischen der modernen Philosophie der Rhetorik und der antiken Rhetoriktradition (Aristoteles, Cicero, Quintilian) sowie der an sie anschließenden Schulrhetorik dar. Auch die in jüngster Zeit im deutschsprachigen Raum entwickelte und neuerdings als „a new rhetoric approach"[2] rezipierte rhetorische Anthropologie der Gegenwart, welche den Menschen generell als Homo rhetoricus bzw. *animal rhetoricum* definiert, lässt sich als theoretische Konsequenz dieser Infinitisierungs- und Universalisierungstendenz verstehen.[3] Zum typischen Methodenstil dieser neuen rhetorischen Anthropologie gehört, wie z.B.

---

[1] Zur rhetorikaffinen Phänomenologie Heideggers und Gadamers vgl.: H. Niehues-Pröbsting, Überredung zur Einsicht. Der Zusammenhang von Philosophie und Rhetorik bei Platon und in der Phänomenologie, Frankfurt a.M. 1987, 203–266; P.L. Oesterreich, Fundamentalrhetorik, Hamburg 1990, 9–29; „Phänomenologie", in: HWRH Bd. 6, Tübingen 2003, 921–927; Heidegger and Rhetoric, hg. v. D.M. Gross / A. Kemmann, New York 2005; Heidegger über Rhetorik, hg. v. J. Kopperschmidt, München 2009.

[2] S. Henning, „A German version of Kenneth Burke", in: K.B. Journal, 5 (2009), 1.

[3] Einen Überblick geben: F.-H. Robling, „Was ist rhetorische Anthropologie? Versuch einer disziplinären Definition", in: Rhetorik. Ein internationales Jahrbuch 23 (2004), 1–10; P.L. Oesterreich, „Anthropologische Rhetorik", in: Rhetorik und Stilistik / Rhetoric and Stylistics. Ein internationales Handbuch historischer und systematischer Forschung / An International Handbook of Historical and Systematic Research, hg. v. U. Fix / A. Gardt / J. Knape, 1. Hbd., Berlin / New York 2008, 869–880.

das *Historische Wörterbuch der Rhetorik* oder die entsprechenden Abhandlungen in *Rhetorik. Ein internationales Jahrbuch*[4] zeigen, dass sie ihre moderne Theorie in der intensiven Auseinandersetzung mit der Begriffsgeschichte erarbeitet. Auch für die Fundamentalrhetorik stellen die Terminologie und Begriffsbildungen der klassischen Rhetorik eine historische Topik dar, deren heuristisches Potential oftmals den Ausgangspunkt für ihre eigenen, weiterführenden Überlegungen darstellt. Dazu möchten die folgenden fundamentalrhetorischen Überlegungen zur ‚Pithanologie' ein weiteres Beispiel geben.

1. Die rhetorische Anthropologie des Aristoteles

Im ersten Buch seiner *Politik* charakterisiert Aristoteles den Menschen durch zwei Grundbestimmungen. Auf der einen Seite ist der Mensch von Natur aus ein politisches Lebewesen (ζῷον πολιτικόν).[5] Auf der anderen Seite wird der Mensch als ein durch Rede bestimmtes Lebewesen (ζῷον λόγον ἔχον)[6] charakterisiert. Als einziges Lebewesen zeichnet sich der Mensch demnach durch den Besitz der Redefähigkeit aus. Das Politische und das Rhetorische gehören somit gleichermaßen zur Natur des Redelebewesen ‚Mensch'.

Um diesen anthropologischen Zusammenhang des Politischen mit dem Rhetorischen bei Aristoteles zu begreifen, ist es ratsam, seine *Politik* im Kontext mit seiner *Rhetorik* zu lesen. Zunächst besteht der Staat gemäß der aristotelischen *Politik* weder aus einer ethnisch homogenen Gemeinschaft noch aus einem bloß ökonomischen Interessenverbund. Die Polis bildet vielmehr eine Gemeinschaft von Bürgern, die ein redevermitteltes gemeinsames Verständnis des Nützlichen und Gerechten miteinander verbindet. Dabei ist es nicht in erster Linie das einsame Selbstgespräch oder die private Unterredung, sondern die öffentliche Rede, welche diese gemeinschaftsstiftenden Überzeugungen der Bürger ermöglicht. Die Polis als Überzeugungsgemeinschaft beruht somit auf einem Offenbarmachen (τὸ δηλοῦν) durch öffentliche Rede, die das jeweils Zuträgliche und Schädliche sowie das Gerechte und Ungerechte glaubhaft darzustellen vermag.[7]

Genau in diesem öffentlichen Offenbarmachen des Nützlichen, Gerechten, lobenswert Guten und ihrer jeweiligen Gegenteile, welche die Polis als Gemeinschaft der Bürger ermöglicht, besteht – wie Aristoteles in seiner *Rhetorik* erklärt – nun das eigentümliche Vermögen des rhetorischen Logos. Die Polis als Überzeugungsgemeinschaft der Bürger erweist sich somit prinzipiell durch den rhetorischen Logos konstituiert. Im redevermittelten Konsens der Bürgerschaft treffen sich somit das Rhetorische und das Politische. Es ist die Energie des im

---

4 Vgl.: Rhetorik und Anthropologie, hg. v. P. D. Krause (= Rhetorik, Bd. 23), Tübingen 2004.

5 Vgl. Aristoteles, Politica, hg. v. R. Kassel, London [5]1973, 1447[a].

6 Ebd.

7 Ebd.

Wesen des Menschen angelegten fundamentalen Redenkönnens, dessen öffentlich offenbarmachende und konsensstiftende Macht die Identität der Polis als Überzeugungsgemeinschaft erst ermöglicht.

Vor dem Hintergrund dieser hier nur kurz skizzierten politisch-rhetorischen Anthropologie des Aristoteles erscheint die bereits angesprochene Entgegensetzung von ‚Old Rhetoric' und ‚New Rhetoric' als problematisch. Insbesondere erweist sich die von K. Burke vertretene strikte Opposition von antiker Persuasionslehre einerseits und moderner Identifikationstheorie als fragwürdig.[8] Denn die durchaus bedenkenswerte persuasive Identifikationstheorie der *New Rhetorik* steht zur politisch-rhetorischen Anthropologie des Aristoteles in meinen Augen eher in einem explikativen als einem strikt oppositionellen Verhältnis. Lässt nicht schon die aristotelische Theorie der rhetorischen Genese politischer Überzeugungsgemeinschaften *in nuce* einen identitätstheoretischen Aspekt persuasiver Rede erkennen? Geht nicht schon gemäß Aristoteles von den drei öffentlichen Redegattungen der Gerichts-, Beratungs- und Lobrede eine identifikatorische Energie aus, welche – um den missverständlichen metaphysischen Terminus der ‚Konsubstantialität'[9] zu vermeiden – die ‚partizipative Identität'[10] der Polis ermöglicht? Da die intersubjektive Identität der Polis-Bürgerschaft demnach auch schon nach Aristoteles durch die identitätsstiftenden Aktionen öffentlicher persuasiver Rede eigens gestiftet und gepflegt wird, taugt der Burkesche Terminus ‚identification' wenig zur *ratio distinctionis* zwischen ‚Alter Rhetorik' und ‚Neuer Rhetorik'.

Abgesehen von dieser impliziten Identifikationstheorie des Aristoteles, die eher für die These einer explikativen Kontinuität zwischen ‚Alter Rhetorik' und ‚Neuer Rhetorik' spricht, wirft der Text der aristotelischen *Rhetorik* eine zweite und vielleicht noch grundlegendere Frage auf: Kann das in philosophischer Hinsicht vielleicht wichtigste Buch der klassischen Rhetoriktheorie überhaupt als ‚Persuasionstheorie' angesehen werden? Denn der für die spätere römische Schulrhetorik zweifellos wichtige lateinische Terminus *‚persuasio'* kommt im griechischen Originaltext selbstverständlich noch gar nicht vor. Stattdessen spielt bei der aristotelischen Definition der Rhetorik der Terminus *‚pithanon'*, d.h. das ‚Glaubenerweckende' eine zentrale Rolle. In der Absicht, das heuristische Potential des Pithanon für die fundamentalrhetorische Anthropologie auszuloten, werde

[8] Vgl.: „... the key term for the old rhetoric was ‚persuasion' ... The key term of the ‚new' rhetoric would be ‚identification'." K. Burke, „Rhetoric – Old and New", in: New Rhetorics, hg. v. M. Steinmann, New York 1967, 59–76, hier: 63.

[9] Durchaus im Sinne der ‚Alten Rhetorik' des Aristoteles expliziert K. Burke seinen modernen Begriff der ‚Konsubstantialität' folgendermaßen: „... men have common sensations, concepts, images, ideas, attitudes that make them consubstantial" (K. Burke, A Rhetoric of Motives, Berkeley / Los Angeles 1969, 21).

[10] Vgl. P.L. Oesterreich, Philosophie der Rhetorik, Bamberg 2003, 84ff.

ich deshalb im Folgenden versuchen, die *Rhetorik* des Aristoteles einmal konsequent als ‚Pithanologie‘[11] zu lesen.

2. Rhetorik als Pithanologie

Im zweiten Kapitel des ersten Buches definiert Aristoteles die Rhetorik bekanntlich als ‚das Vermögen, bei jedem Gegenstand das möglicherweise Glaubhafte (πιθανόν) zu sehen‘[12]. Fast jeder Terminus dieser Aristotelischen Definition der Rhetorik hat bis in die jüngste Gegenwart hinein zum Teil kontroverse Interpretationen erfahren.[13] Der Begriff des Glaubhaften, das ‚Pithanon‘ selbst, wurde allerdings bisher weitgehend unberücksichtigt gelassen. Dabei bezeichnet das ‚Pithanon‘, lat. *‚quod fidem facit, credibile‘*, dt. das ‚Glaubhafte oder Vertrauenserweckende‘, die spezifische Differenz der Rhetorik zu allen anderen Künsten, einschließlich der hinsichtlich ihres Gegenstandsbereiches ebenfalls universalen Dialektik (Topik). Das Pithanon bildet somit das eigentliche Definiens der Aristotelischen Rhetorikdefinition. Damit lässt sich zunächst in einem ersten Vorgriff festhalten, dass Aristoteles die Rhetorik in einem noch näher zu bestimmenden Sinne als ‚Pithanologie‘ versteht.

Mit diesem definitorischen Verweis auf die Erkenntnis des Pithanon weist Aristoteles zunächst das rhetorikrepugnante Argument aus Platons *Gorgias* zurück, dass die Rhetorik keinen eigenen Wissensbereich besäße und deshalb lediglich ein blinder ‚Kunstgriff der Überredung‘ sei. Die Macht und das Vermögen (δύναμις) des Rhetorischen reduziert sich gerade nicht auf das bloße Gespür für die zufällige Erzeugung von Publikumswirksamkeit, sondern gründet in einem bestimmten Wissen um die diversen Aspekte des Glaubenerweckenden bei jedem beliebigen Redegegenstand. Indem Aristoteles derart den eigenen Wissenscharakter des Rhetorischen hervorhebt, eröffnet er der Rhetorik den epistemologischen Status einer Kunst (τέχνη), die sich aus einem allseitigen Wissen um das Pithanon speist.

Hinblickend auf das Pithanon bildet die Erzeugung von interpersonal verbindli-

11 Mit dem Ausdruck ‚Pithanologie‘ versuche ich einen Terminus wiedereinzuführen, der im 19. Jahrhundert als das gr. Äquivalent für dt. ‚Überzeugungslehre‘ verstanden worden ist (S.J.H. Kaltschmidt, Kurzgefasstes vollständiges stamm- und sinnverwandschaftliches Gesammt-Wörterbuch der Deutschen Sprache, Leipzig 1834, 693).

12 Aristoteles, Ars rhetorica, hg. v. W.D. Ross, Oxford ^{5}1975, 1355^b.

13 Vgl. den Stellenkommentar von Ch. Rapp (Aristoteles. Rhetorik, 2. Hbd., Berlin 2002, 134ff.). Zu der ursprünglich von M. Heidegger ausgehenden aktuellen *dynamis*-Debatte (Grundbegriffe der Aristotelischen Philosophie [= *GA* 18], Frankfurt a.M. 2002), die von der Frage bewegt wird, ob Aristoteles die ‚Rhetorik‘ eher als eine *dynamis*, d.h. im fundamentalrhetorischen Sinn als allgemeinmenschliches Redevermögen oder als *techne*, d.h. im kunstrhetorischen Sinne als methodische Kunstlehre oder artifiziell ausgebildete Kompetenz versteht, siehe die Beiträge von J. Kopperschmidt, R. Dilcher, H. Niehues-Pröbsting, F.H. Robling, P. Thanassas und T. v. Zantwijk in: Heidegger über Rhetorik, hg. v. J. Kopperschmidt, München 2009.

cher Credibilität die eigentliche Absicht der Rhetorik. Von daher wird verständlich, dass die rhetorische Argumentation neben der reinen Sachdarstellung auch die interpersonale Redner-Hörer-Relation berücksichtigt. Dabei bilden die Zuhörer innerhalb der kommunikativen Redner-Sache-Hörer-Triade – wie Aristoteles eigens betont – das eigentliche Telos jeder rhetorischen Argumentation: „Aus dreierlei nämlich ist die Rede zusammengesetzt: aus einem Redner, dem Gegenstand, über den er redet, und jemandem, zu dem er redet; und das Ziel (des Redens) bezieht sich auf den letzteren, ich meine den Hörer."[14]

Das vom Orator intendierte Argumentationsziel besteht somit – anders als in der rein szientifischen Argumentation – nicht in einem bloßen propositional fixierbaren Wissen, sondern in einem rhetorischen Glauben (πίστις) des Auditors. Gegenüber einer bloß pathozentrischen Rhetorikkonzeption, wie sie z.B. der Sophist Gorgias vertritt, hält Aristoteles zwar daran fest, dass die ebenso von der Topik verwaltete propositionale Sachdarstellung auch eine *notwendige* Bedingung von rhetorisch erzeugter Credibilität sei. Auch aus der pithanologischen Perspektive erweist sich die Sachargumention als unverzichtbare *condito sine qua non*. So stellt Aristoteles eigens heraus, dass wir dann am meisten glauben, wenn wir annehmen, dass etwas sachlich bewiesen sei.[15] Daher sei der verkürzte Syllogismus, d.h. das Enthymem, ein geradezu ‚königliches' Mittel zur Erzeugung von Glaubhaftigkeit. Auf der anderen Seite hebt die aristotelische *Rhetorik* trotz dieser ihr eigenen Rationalisierungstendenz hervor, dass die bloße Sachargumentation für Genese rhetorischer Credibilität keineswegs *hinreichend* sei, sondern dass auch das Ethos des Redners und das Pathos der Hörer zu berücksichtigen seien. Demgemäß lassen sich drei Quellen zur Erzeugung rhetorischer Credibilität unterscheiden. So gibt es nach Aristoteles drei grundlegende Beglaubigungsquellen der Rede: erstens der *Charakter des Redners* (ἦθος), zweitens die *Stimmung* (πάθος) der Hörer und schließlich drittens die *Rede* (λόγος) *selbst*.[16] Die von Aristoteles hier vorgebrachte klassische Trias der Beglaubigungsgründe verbindet die sachaufweisende Rede (Logos) mit den beiden interpersonalen Aspekten des Erscheinungsbildes des Redners (Ethos) und der Stimmung der Zuhörer (Pathos).

Diese vielzitierte Ethos-Logos-Pathos-Trias bildet das Herzstück einer spezifisch rhetorischen Argumentationstheorie, die gegenüber der Logik oder Dialektik (Topik) ein erweitertes Arsenal von ethologischen und pathelogischen Beglaubigungsgründen vorsieht, deren Berechtigung sich allerdings erst aus der bereits angedeuteten pithanologischen Perspektive erklärt. Ginge es in der Rhetorik – auch wie in der rein szientifischen Argumentation – allein um die Wahrheit (*verum*) im Sinne propositionaler Urteilswahrheit, käme eine ernsthafte Berücksichtigung von Ethos oder gar Pathos als Argumentationsgrund selbstverständlich nicht infrage. Im Gegenteil, die Exklusion von Ethos und Pathos ermöglicht gera-

---

14 Vgl. Aristoteles. Rhetorik, übersetzt und erläutert v. Ch. Rapp, 1. Hbd., Berlin 2002, 1357^{b}f.

15 Aristoteles, Ars rhetorica (Anm. 12), 1355^{a}.

16 Aristoteles, Ars rhetorica (Anm. 12), 1356^{a}.

dezu die Ausdifferenzierung spezifisch wissenschaftlicher Rede aus den allgemeinen Möglichkeiten menschlichen Redenkönnens. Aus der Sicht einer allein dem *verum* verpflichteten spezifisch szientifischen Argumentationstheorie erscheint die rhetorische Inklusion von vermeintlich ‚irrationalen' Faktoren wie Ethos und Pathos als geradezu absurd. Dagegen weist die pithanologische Rhetorikdefinition des Aristoteles darauf hin, dass die Rhetorik im Unterschied zur wissenschaftlichen Argumentation einen anderen Zweck verfolgt, ein anderes argumentatives Geschäft betreibt und gar nicht mit ihr auf demselben Feld konkurriert. Die Rhetorik ist nämlich gar nicht wie die Logik und Dialektik in erster Linie dem *verum* oder in abgeschwächter Form der *verisimilitudo* verpflichtet, sondern dem *pithanon* oder dem *credibile*. Zwar spielt auch die Dimension der sachlichen Wahrheit bzw. Wahrscheinlichkeit in der topischen Sachargumentation in der Rhetorik die Rolle einer notwendigen pithanologischen Bedingung. Hinsichtlich ihres eigentlichen pithanologischen Telos, d.h. der Erzeugung interpersonal verbindlicher Glaubhaftigkeit und Zustimmungsfähigkeit, erweist sich das Organon der Logik und Topik aber als unzureichend und muss daher um die Klasse der ethologischen und pathelogischen Beglaubigungsgründe ergänzt und erweitert werden. Demgemäß gliedert sich die Pithanologie, die das systematische Herzstück der aristotelischen *Rhetorik* bildet, in die Triade der sachaufweisenden Pragmatologie, der rednerbezogenen Ethologie und der hörerbezogenen Pathelogie.

2.1. Pragmatologie

Der pragmatologische Teil der Pithanologie behandelt dasjenige Moment der Glaubhaftigkeit, das dem Logos als ‚artikulierter Rede'[17] allein für sich und damit analytisch herausgelöst aus seiner ursprünglichen interpersonalen Redner-Hörer-Einbettung entspringt. Dabei beruht die glaubenserweckende Energie, die allen Modi artikulierter Rede *per se* innewohnt, in ihrer deiktischen Grundkraft der ‚Zeigung' (διὰ τοῦ δεικνύναι)[18], die die zur Rede stehende Sache in ihrer Sachlichkeit allererst ‚zu Gesicht bringt'[19]. Ihre pithanologische Optimalform erreicht diese allgemeine deiktische Energie der Rede nach Aristoteles allerdings erst im speziellen Modus der syllogistischen Redeweise. Diese stellt nämlich als ‚Aufzeigung' (ἀπόδειξις)[20] die Bestform sachargumentativer ‚Zeigung' dar und bildet somit den eigentlichen ‚Beweis' im Sinne der Aristotelischen Argumentationstheorie und der an sie anschließenden schulrhetorischen *Argumentatio*-Lehre. So

---

[17] T. v. Zantwijk, „Logos bei Heidegger und Aristoteles", in: Heidegger über Rhetorik, hg. v. J. Kopperschmidt, München 2009, 273–299.

[18] Aristoteles, Ars rhetorica (Anm. 12), 1356^a.

[19] Vgl. M. Heidegger, Grundbegriffe der Aristotelischen Philosophie, *GA* 18, 131.

[20] Vgl. Aristoteles, Rhetorik (Anm. 14), 1355^a.

betont Aristoteles ausdrücklich, dass der Beweis in der enthymematischen Form des verkürzten Syllogismus, geradezu das ‚königlichste der Beglaubigungsmittel‘[21] sei. Es ist vor allem diese von Aristoteles präsupponierte pithanologische Primordialität der syllogistischen Redeweise in der verkürzten Form des Enthymems, welche die Aristotelische *Rhetorik* in die Nähe der ebenfalls syllogistisch fokussierten Logik und Dialektik (*Topik*) rücken lässt.[22]

Ferner erweist sich auch das endoxale Anknüpfungsprinzip, welches die Rhetorik als ‚korrespondierendes Gegenstück‘ zur Dialektik mit dieser teilt, als pithanologisch begründet. Ausgehend von der bereits allgemein anerkannten Meinung versucht auch die rhetorische Argumentation jeweils die von ihr vertretene ‚Sache‘ zu beglaubigen. Sie knüpft damit an das topische Glaubensreservoir ihrer jeweiligen geschichtlichen Lebenswelt an, um, ausgehend vom bereits allgemein Geglaubten und Geltenden, dem von ihr vertretenen jeweiligen ‚Pragma‘ Geltung und Zustimmung zu verschaffen. Dabei bezieht sich nach Aristoteles die rhetorische Sachargumentation auf insgesamt drei Arten allgemeiner sacherschließender und beweisdienlicher Gesichtspunkte (Topoi). Dazu gehören erstens die speziellen, zweitens die generellen und drittens jene Gesichtspunkte von höchstem argumentativen Allgemeinheitsgrad, die ich die ‚universellen‘ Topoi der Rhetorik nennen möchte.

Zunächst unterscheidet Aristoteles zwischen den generellen und den speziellen Topoi. Die speziellen Topoi beziehen sich jeweils auf ein beschränktes Fach- und Gegenstandsgebiet, wie z.B. das der Physik. Sie enthalten die allgemeinen Voraussetzungen, aus denen sich rhetorische oder dialektische Schlüsse innerhalb eines bestimmten Fachgebietes ziehen lassen. Dagegen ist das Anwendungsgebiet der generellen Topoi nicht auf bestimmte Fachgebiete limitiert, sondern kann sich auf alle möglichen Gegenstände beziehen. Als allgemeine Argumentationsgesichtspunkte lassen sie sich, wie Aristoteles betont, sowohl auf das Recht, die Natur, die Politik und als auch auf vieles andere beziehen.[23]

In der aristotelischen Lehre von den generellen Topoi wird die spätere schulrhetorische Lehre von den *loci communes* und den *sedes argumentorum* vorgebildet. Zu den generellen Topoi, die Aristoteles im zweiten Buch seiner *Rhetorik* nennt, gehören z.B. der Topos *aus dem Gegensätzlichen*, der Topos *aus den gleichen Fällen*, der Topos *aus der Definition* oder der Topos *aus der Analogie der Verhältnisse*.[24] Auch die generellen Topoi der aristotelischen Rhetorik besitzen nicht nur einen argumentationstheoretischen, sondern auch einen ontologischen und anthropologischen Sinn. Es ist nämlich aus philosophischer Sicht erst einmal

---

21 Aristoteles, Rhetorik (Anm. 14), 1355ª.

22 Diese pithanologische Privilegierung des deduktiv argumentierenden Enthymems, assistiert von der rhetorischen Induktion durch das Beispiel, lässt andere von Aristoteles durchaus thematisierte glaubenserweckende stilistische Momente des Logos wie z.B. die ästhetische Attraktivität der Lexis oder die durchaus erkenntnishaltige Figuralität der Similaritätsmetapher in den Hintergrund treten.

23 Aristoteles, Ars rhetorica (Anm. 12), 1358ª.

24 Aristoteles, Ars rhetorica (Anm. 12), 1397ª ff.

nicht selbstverständlich, dass die sublunare, politische Werdewelt des Menschen *per se* nicht als ein unaussprechliches, irrationales Chaos, sondern als ein in Rede fassbarer Kosmos des Definiblen, des in Teil und Ganzes Strukturierbaren und als ein durch Analogie Verbundenes erscheinen kann. Die generellen Topoi bilden demnach die allgemeinen heuristischen Gesichtspunkte, welche fallweise in allen möglichen Fachgebieten die methodische Auffindung von überzeugenden Sachargumenten ermöglichen. Sie erlauben so auf methodische und kunstvolle Weise, die sonst dem Zufall überlassene schwierige und gefahrvolle Navigation persuasiver Rede inmitten der veränderbaren politischen Lebenswelt und ihres öffentlichen Meinungsstreites.

Neben den speziellen und generellen Topoi hebt Aristoteles in seiner rhetorischen Topologie noch eine dritte, universelle Topoi-Klasse von höchstem argumentativen Allgemeinheitsgrad hervor. Diese dritte Klasse enthält zwei universelle Topoi, welche ubiquitär in allen Beratungs- und Gerichtsreden Anwendung finden. Gemeint ist erstens der Topos der Potentialität. „Alle müssen nämlich in den Reden das gebrauchen, was mit dem Möglichen und Unmöglichen zu tun hat, und zwar müssen die einen zu zeigen versuchen, dass etwas sein wird, die anderen, dass etwas gewesen ist.“[25] Der andere universelle rhetorische Topos ist der *der Größe und Kleinheit* bzw. des *Mehr und Minder*, der die rhetorische Amplifikation und damit die perspektivische ‚Vergrößerung‘ oder ‚Verkleinerung‘ der Dinge ermöglicht. „Auch das, was die Größe angeht, ist allen Reden gemeinsam; alle nämlich gebrauchen das Verringern und Steigern sowohl, wenn sie beraten (oder abraten), wenn sie loben oder tadeln, als auch, wenn sie anklagen oder verteidigen.“[26]

Diese beiden universellen Topoi charakterisieren überdies den spezifisch lebensweltlichen Charakter rhetorischer Argumentation. Die Potentialität bringt dabei die Seinsverfassung der menschlichen Lebenswelt als einer *Werdewelt*, d.h. einer sich verändernden Welt des Anderssein, -sehen und -redenkönnens zum Ausdruck. Der Amplifikationstopos der Größe und Kleinheit lässt die Lebenswelt auch als veränderbare *Wertewelt* erscheinen, die jederzeit in der Möglichkeit eines Anders-Einschätzen- und Anders-Umwerten-Könnens steht. Insgesamt umreißt die Topologie des Aristoteles mit ihrer Dreifachheit der speziellen, generellen und universellen Topoi die Seinsverfassung der geschichtlichen Lebenswelt. Damit umreißt sie den dreistufigen heuristischen Horizont für die methodische Invention überzeugender Sachargumentation inmitten einer sich verändernden Werde- und Wertewelt des Menschen.

---

[25] Aristoteles, Rhetorik (Anm. 14), 1391^b.

[26] Aristoteles, Rhetorik (Anm. 14), 1393^{a}f.

Der interpersonale Teil der Pithanologie gliedert sich ferner in die Pathelogie einerseits und die Ethologie andererseits. Mit der Pathelogie, d.h. der Lehre von den Stimmungen und Affekten, in die die Zuhörer versetzt werden können, erobert Aristoteles die Domäne der sophistischen Rhetoriktheorie. Wohl auch im Blick auf die Sophistik bemerkt Aristoteles, dass sich zeitgenössische Rhetoriktheoretiker ausschließlich mit diesem Pathos-Aspekt rhetorischer Beglaubigung beschäftigen würden.[27] Es spricht für die empirische Wahrnehmungskraft des Aristoteles, dass er, obwohl er selbst die Rhetorik in der Nähe der Dialektik verortet und zunächst die sachlogische Beweiskraft der syllogistischen Rede favorisiert, das Thema der Stimmungen nicht ignoriert oder nur peripher streift, sondern in seiner Rhetorik ausführlich behandelt.

Die Beobachtung, von der Aristoteles ausgeht, ist, dass wir unser Urteil nicht in gleicher Weise abgeben, wenn wir traurig bzw. freudig sind oder wenn wir lieben bzw. hassen.[28] Offensichtlich entscheidet über die Überzeugungskraft des rhetorischen Logos nicht nur seine sachlogische Beweiskraft, sondern auch seine Fähigkeit, die Hörer in eine bestimmte emotionale Verfassung zu versetzen. „Denn die Dinge scheinen für diejenigen, die lieben, und für diejenigen, die hassen, nicht dieselben zu sein, auch nicht für die, die zürnen, und die, die sich sanftmütig verhalten …: Dem Liebenden nämlich erscheint die Person, über die er das Urteil fällt, entweder gar kein oder nur ein geringfügiges Unrecht begangen zu haben, dem Hassenden jedoch erscheint das Gegenteil der Fall“[29] zu sein. Aristoteles macht hier darauf aufmerksam, dass in der menschlichen Lebenswelt das Sein der Dinge und der Anderen niemals unmittelbar, sondern immer mehr oder weniger durch das eigene Gestimmtsein der Menschen hindurch wahrgenommen werden kann. Dabei ist die ‚Färbung‘ der Stimmung oft ausschlaggebend für diejenige Ansicht, in der das betreffende Seiende für das urteilende Publikum erscheint.

Aufgabe der persuasiven Rede ist deshalb nicht nur die Darstellung des Sachverhaltes, sondern auch die Gestaltung und Formung der psychischen Verfassung der Hörer. In seiner Pathelogie geht Aristoteles deshalb speziell auf persuasionsrelevante Stimmungen wie den Zorn, die Sanftmut, die Liebe, den Hass, die Furcht, den Mut, die Scham, die Freundlichkeit, das Mitleid, den gerechten Unwillen, den Neid und den Ehrgeiz ein.[30] Allgemein definiert Aristoteles Stimmungen als „die Dinge, durch welche sich (die Menschen), indem sie sich verändern, hinsichtlich ihrer Urteile unterscheiden und welchen Lust oder Schmerz folgen,

---

27 Vgl. Aristoteles, Ars rhetorica (Anm. 12), 1356^a.

28 Aristoteles, Ars rhetorica (Anm. 12), 1356^a.

29 Aristoteles, Rhetorik (Anm. 14), 1377^b f.

30 Aristoteles, Ars rhetorica (Anm. 12), 1377^a ff. Zur puralistischen Pathelogie des Aristoteles vgl. meine Überlegungen in „Empfindenkönnen. Fundamentalrhetorische Pathelogie im Ausgang von Heidegger und Aristoteles“, in: „Und es trieb die Rede mich an …“ Festschrift zum 65. Geburtstag von Gert Ueding, hg. v. J. Knape / O. Kramer / P. Weit, Tübingen 2008, 287–312.

wie zum Beispiel Zorn, Mitleid, Furcht und was es sonst noch Derartiges gibt sowie die Gegenteile von diesen"[31].

Die Stimmungen erklären demnach, warum die Menschen bei gleicher Sachdarstellung doch zu ungleichen Urteilen kommen. Einen Hinweis auf die anthropologische Ursache dieser Wechselhaftigkeit im Urteil gibt die Beobachtung, dass die unterschiedlichen Stimmungen jeweils mit Lust- oder Unlustempfinden begleitet sind. Auch als Redender oder Hörender ist der Mensch trotz aller Logos-Bestimmtheit dennoch auch ein Lebewesen, das wie alles Lebendige in seinem Erleben dem Wechsel von Lust und Unlust ausgesetzt ist. Der gelungene oder gehemmte Akt seines Lebensvollzuges wird ihm präreflexiv durch seine jeweilige Stimmung vergegenwärtigt. Je nach Gelingen oder Misslingen seiner Entelechie und Selbstverwirklichung ist ihm sein Leben in der Form stimmungshafter Vollzugslust (ἡδονή) oder Verhinderungsschmerz (λύπη) präsent. So bekundet sich im Pathos die spezifische Lebewesenhaftigkeit des Menschen als eines Redelebewesens.

Allerdings ist das Pathos, wie es die *Rhetorik* Aristoteles' definiert, kein individuell isolierbares inneres Gefühl, sondern das redeerzeugte Gestimmtsein des Menschens als ‚politisches Lebewesen', das im interpersonalen Zusammenhang seines Gemeinwesens existiert. Die Pathelogie des Aristoteles erklärt deshalb die Entstehung von Stimmungen nicht individualpsychologisch aus dem subjektiven Inneren, sondern vielmehr gesellschaftlich durch typische stimmungserzeugende äußere Konstellationen von Personen, Handlungen und Umständen. Diese allgemeine Konstitutionsanalyse der aristotelischen Pathelogie analysiert dabei jede stimmungserzeugende Konstellation in Hinsicht auf drei Momente: erstens die spezifische Disposition des von einer Stimmung Betroffenen selbst, zweitens der stimmungsauslösende interpersonale Gegenpart und drittens die Umstände, angesichts derer er in eine bestimmte Stimmung gerät. So ist z.B. beim Zorn zu unterscheiden, in welcher Verfassung sich der Zornige befindet, gegenüber wem er üblicherweise zürnt und über welche Dinge er sich erzürnt.[32]

Die Rhetorik des Aristoteles überlässt das Gestimmtsein der Hörer damit nicht dem Zufall, sondern macht es zum Gegenstand methodischer rednerischer Kunstfertigkeit. Dabei kommt ihr entgegen, dass die Stimmungen als psychische Phänomene nicht an das äußere empirische Vorliegen der für sie typischen genetischen Konstellation gebunden sind, sondern sich ebenso gut und manchmal sogar besser im Element redegelenkter Imagination erzeugen lassen. Der Zorn ist z.B., wie Aristoteles bemerkt, von einem gewissen Lustgefühl begleitet, das aus der Hoffnung, sich rächen zu können, entsteht. Dabei ist es schon angenehm, sich lediglich vorzustellen, man werde sich rächen: Die dabei entstehende Phantasie (φαντασία) flöße eine ähnliche Lust ein wie bei den Träumen.[33]

---

[31] Aristoteles, Rhetorik (Anm. 14), 1378[a].
[32] Aristoteles, Ars rhetorica (Anm. 12), 1378[a].
[33] Aristoteles, Ars rhetorica (Anm. 12), 1378[b].

Vermittels dieser ihm eigenen Potenz imaginativer Bilderzeugung vermag der rhetorische Logos nicht nur allein bereits im Ansatz vorhandene Stimmungen zu vertiefen, sondern die Hörer auch in jede beliebige Stimmung zu versetzen oder umzuversetzen. So kann der Redende seine Hörer absichtlich in Zorn versetzen, indem er ihnen detailliert und eindringlich die Kränkung vor Augen führt, die ihm von bestimmten Menschen in der Vergangenheit zugefügt worden sind. Aus dem Schmerz über die Kränkungen wird in ihnen ein Trachten nach Rache entstehen, bei der sie dann, diese in Gedanken vorwegnehmend, lustvoll verweilen werden. Anthropologisch gesehen greift somit die rhetorische Pathelogie die stimmungserzeugende Kraft redegelenkter Imagination des Menschen auf, wie sie sich bereits in der kunstlosen Rede der Lebenswelt findet. Darüber hinausgehend ermöglicht wiederum ihr analytischer Zugriff die Potenzierung einer Alltagspraxis zu einer methodisierten Technik rhetorischer Stimmungserzeugung. Durch die theoretische Erfassung der für die öffentliche Persuasion bedeutsamen Stimmungen und der Regeln ihrer redetechnischen Erzeugung gelingt Aristoteles damit auch die Rationalisierung dieses scheinbar unbeherrschbar irrationalen Feldes der menschlichen Emotionen.

2.3. Ethologie

Unter Ethos oder dem Charakter des Redenden versteht Aristoteles nicht die innere moralische Qualität, sondern das öffentlich sichtbare sittliche Erscheinungsbild der Rednerpersönlichkeit, insofern dieses nicht der Rede vorausgeht, sondern in und durch sie selbst erzeugt wird. Rhetorikrelevant erweist sich in Hinsicht auf das Ethos nicht sein faktischer und inartifiziell feststehender, sondern sein genetischer und technisch erzeugbarer Anteil. Für die Aufnahme des Ethos in den Kreis der drei großen Überzeugungsgründe gibt Aristoteles folgende, aus empirischer Beobachtung resultierende pithanologische Erklärung: „Denn wir glauben den Tugendhaften in höherem Maße und schneller – und zwar im Allgemeinen bei jeder Sache, vollends aber bei solchen Fällen, in denen es nichts Genaues, sondern geteilte Meinung gibt.“[34] In den Angelegenheiten der politischen Lebenswelt, in denen es keine absolute Gewissheit geben kann, wirkt sich somit der öffentliche Charakter des Redners mitentscheidend auf seine Glaubhaftigkeit aus.

Nach Aristoteles stellt das Ethos ferner kein irrationales Faktum oder unergründliches Charisma dar, sondern erklärt sich aus der Hörerperspektive aus drei Beurteilungsgesichtspunkten. Im Allgemeinen gilt ein Redner glaubwürdig, wenn die Hörer meinen, dass er Einsicht (φρόνησις), Tugend (ἀρετή) und Wohlwollen (εὔνοια) besitzt.[35] Generiert sich das Pathos aus der unmittelbaren stim-

---

[34] Aristoteles, Rhetorik (Anm. 14), 1356ª.

[35] Vgl. Aristoteles, Ars rhetorica (Anm. 12), 1378ª.

mungshaften Selbstverortung des Hörers in der situativen Lebenswelt, so entsteht das Rednerethos aus der Fremdwahrnehmung und -einschätzung des Redenden vonseiten der Hörer. Diese blicken ihn während der Rede erstens ständig daraufhin an, ob er überhaupt etwas von der Sache versteht, über die er redet und über die er Rat erteilen will. Wenn die Rede ihn als einsichtsvoll erscheinen lässt, schließt sich zweitens die Frage an, ob der Redner auch tugendhaft und aufrichtig ist und auch das sagt, was er wirklich meint. Schließlich fragt sich das Publikum drittens, ob der Redende so wohlwollend ist, dass er nichts Wesentliches zurückhält und seinen Zuhörern wirklich das Beste sagt und rät. Somit besitzt der Charakter des Redners insgesamt Glaubwürdigkeit, wenn er seine Sache versteht, aufrichtig ist und sich vollständig im Sinne der Hörerinteressen mitteilt.

Die relative Kürze dieser Redner-Ethologie im Text der aristotelischen *Rhetorik* erlaubt allerdings keinen unmittelbaren Schluss auf ihr minderes pithanologisches Gewicht. Im Gegenteil, das Ethos ist, wie Aristoteles betont, keineswegs ein gegenüber dem Pragma und dem Pathos zweitrangiger Überzeugungsgrund. Ausdrücklich werden diejenigen Rhetoriktheoretiker getadelt, die glauben, dass der Charakter des Redners nichts zu seiner Glaubwürdigkeit beitrage. Vielmehr geht Aristoteles' pithanologische Hochschätzung der Rednerpersönlichkeit im zweiten Kapitel des ersten Buches seiner *Rhetorik* sogar so weit, dass er seiner eigenen, im ersten Kapitel getroffenen Feststellung, dass das Enthymem das Bedeutendste unter den Überzeugungsmitteln sei, zu widersprechen scheint. So finden wir im zweiten Kapitel die überraschende Bemerkung, dass nicht der enthymematische Logos, sondern das Ethos das sozusagen ‚königlichste' Beglaubigungsmittel darstelle.[36]

Aufs Ganze gesehen bezeugt sich auch in der Pithanologie des Aristoteles die Tendenz zur Rationalisierung des Rhetorischen, welche versucht, auch die scheinbar unvordenkliche und erstaunliche Macht der Peitho theoretisch durchschaubar und technisch verfügbar zu machen. Dabei stellt gerade die Pithanologie des Aristoteles zweifellos eine neue produktive Stufe der Selbstreflexion des rhetorischen Geistes dar. Sie macht die Genesis rednerischer Überzeugung durch die Trias der Überzeugungsgründe, d.h. Logos, Pathos und Ethos, im vollen Umfang theoretisch zugänglich. Durch diese dreidimensionale Pithanologie grenzt sich die Rhetorik von allen wissenschaftlichen Formen des Diskurses ab und sichert sich ein eigenes Gebiet, in deren Mittelpunkt der rhetorische Glaube steht, der die Lebenswelt des Menschen konstituiert. Mit seiner Pathelogie gibt er zugleich die Domäne der sophistischen Rhetorik, der Lehre von den Stimmungen,

---

[36] Aristoteles, Ars rhetorica (Anm. 12), 1356^{a}. Dieser Widerspruch muss nicht unbedingt als Indiz für die innere pithanologische Gespaltenheit des Aristoteles – in den logozentrischen Rationalisten einerseits und den ethozentrischen Empiristen und Phänomenologen andererseits – interpretiert werden. Vermutlich meinte aber Aristoteles, dass die syllogistische Rede zwar in der speziellen Hinsicht auf den Teilbereich der pithanologischen Pragmatologie, die den Logos *per se* betrachtet, den höchsten Rang einnimmt, aber in der generellen Hinsicht auf die Pithanologie insgesamt, die den Logos in den Kontext von Ethos und Pathos stellt, dagegen dem Ethos der Vorrang gebührt.

eine neue wissenschaftliche und rational vertretbare Begründung. Aufs Ganze gesehen impliziert die pithanologische Anthropologie des Aristoteles ein „Verständnis des Menschen als Einheit von Sittlichkeit, Affektivität und Rationalität“[37], das sich in der Trias der Überzeugungsgründe theoretisch widerspiegelt. Glaubhaftigkeit stellt damit *die* zentrale anthropologische Kategorie der menschlichen Lebenswelt dar. Der Mensch als politisches Redelebewesen erweist sich somit nicht primär als ein Wesen des Wissens, sondern als ein Wesen des rhetorischen Glaubens.

3. Rhetorik – Menschsein – Glaube

Die spezifische Differenz von *Alter Rhetorik* und *Neuer Rhetorik* lässt sich, wie bereits oben gesagt, nicht durch die Distinktion zwischen dem Persuasions- und dem Identifikationsbegriff angemessen beschreiben, sondern – neben dem höheren Explikations- und Reflexionsniveau der modernen Rhetoriktheorie – vor allem durch ihre anthropologische Infinitisierungstendenz. Die fundamentalrhetorische Entdeckung der Ubiquität und Universalität des Rhetorischen in der menschlichen Lebenswelt erweitert heute die Perspektive der Rhetorikforschung weit über die von Aristoteles vorgesehenen drei klassischen Genera und Standardsituationen bewusster, artifizieller Rhetorik hinaus und bezieht alle Bereiche der unspektakulären und unbewussten Alltagsrhetorik in ihre Überlegungen mit ein. Zudem haben die modernen Studien zur *Rhetoric of Science*[38] auch das von Aristoteles für die Logik und Dialektik (Topik) reservierte Feld der Wissenschaften für sich entdeckt. Aus dieser Infinitisierungstendenz wird verständlich, dass sich die moderne fundamentalrhetorische Anthropologie heute auf alle Felder menschlicher Kultur bezieht und den Menschen generell als *homo rhetoricus* oder *animal rhetoricum* beschreibt.

Im Zuge dieser modernen fundamentalrhetorischen Infinitisierungstendenz zeichnet sich konsequenterweise eine neue universalanthropologische Bedeutung der einst von Aristoteles entdeckten, aber auf die öffentlich-politische Sphäre beschränkten Pithanologie ab, die heute auf alle Bereiche der menschlichen Kultur einschließlich der Wissenschaften angewandt werden kann. Ausgehend von der Pithanologie des Aristoteles lässt sich somit die eingangs vertretene These vom explikativen Verhältnis von ‚Alter Rhetorik‘ und ‚Neuer Rhetorik‘, d.h. von antiker Persuasions- und moderner Identifikationstheorie durch folgenden Zusammenhang der drei zentralen Termini ‚Persuasio‘, ‚Identifikation‘ und ‚Pithanon‘ weiter erläutern. Diese drei Kategorien stehen nicht in einem sich ausschließenden, sondern sich ergänzenden Verhältnis und betonen jeweils andere Aspekte

---

37 M. H. Wörner, Das Ethische in der Rhetorik des Aristoteles, Freiburg/München 1990, 55.

38 Vgl. stellvertretend: A.G. Gross, The Rhetoric of Science, Cambridge/London 1990; R. Nate, „Rhetorik und Naturphilosophie. Aspekte einer Beziehung“, in: Rhetorik (18) 1999, 77–93.

einer in Zukunft noch zu präzisierenden fundamentalrhetorischen Überzeugungslehre. Der ältere, wirkungsrhetorische Ausdruck ‚Persuasio' hat dabei vor allem einen vom Orator ausgehenden teleologischen Prozess der Überzeugung im Blick. Von daher ist es nicht zufällig, dass sich die oratorzentrierte römische Rhetorik und die sich an sie anschließende Tradition der Kunstrhetorik (*ars rhetorica*) vornehmlich als Persuasionstheorie (*ars persuadendi*) verstehen. Der neuere Identifikationsbegriff der New Rhetoric beinhaltet dagegen einen Perspektivwechsel von der oratorzentrierten Wirkungsrhetorik zu einer modernen auditorzentrierten Rezeptionsrhetorik, die sich auf die identifikatorischen Akte oft unbewusster und reziproker persuasiver Prozesse z.B. in der modernen Massendemokratie des 20. Jahrhunderts fokussiert.

Schließlich scheint mir die neue pithanologische Perspektive, welche den Menschen als ein Wesen rhetorisch erzeugten Glaubens beschreibt, mit den oratorzentrierten Persuasionsaspekten und den auditorzentrierten Identifikationsaspekten durchaus kompatibel: Persuasion gründet in Credibilität und zielt jeweils auf einen rhetorisch erzeugten Glauben, der wiederum in Akten (inter-)subjektiver Identifikation besteht. Die pithanologische Kategorie der Credibilität wird somit zu einem Grundbegriff fundamentalrhetorischer Anthropologie, durch den sich die neue Begriffslinie von Rhetorik – Menschsein – Glaube ziehen lässt. Die hier vertretene pithanologische Grundthese, dass der Mensch als Homo rhetoricus in allen Bereichen seiner symbolisch konstituierten Kultur ein Wesen des rhetorisch erzeugten Glaubens sei, widerspricht zweifellos der gewohnten Begriffslinie Logik – Menschsein – Wissen, welche der klassische Topos vom Menschen als Vernunftwesen (*animal rationale*) vorzeichnet.

‚Glaube' im Sinn der fundamentalrhetorischen Anthropologie meint soviel wie ein Für-wahr- oder Für-wert-halten, das auf rhetorisch induzierten Akten (inter-)subjektiver Identifikation beruht. Dieser Akt der Identifikation lässt sich wiederum als Akt der (inter-)subjektiven Annahme und Zustimmung (*assentio*) erläutern, in denen sowohl die propositionalen als auch die nichtpropositionalen Einstellungen von Personen oder Personengemeinschaften gründen, die wir ‚Überzeugungen' nennen können. Propositionale Einstellungen und Überzeugungen lassen sich in der Form ‚ich (wir) glaube(n), dass p', z.B. ‚ich glaube, dass Gott existiert', darstellen; nichtpropositionale Überzeugungen dagegen in der Form ‚ich (wir) glaube(n) an x'. Die Variable x kann sich dabei sowohl auf Personen, z.B. ‚ich glaube an Jesus Christus', als auch auf Sachen z.B. ‚ich (wir) glaube(n) an die Freiheit', beziehen.

Die rhetorische Induktion von Identifikation lässt sich wiederum durch den erweiterten, dreidimensionalen *pithanologischen Argumentationsbegriff* beschreiben, der, ausgehend vom Prinzip der Credibilität, alle drei Dimensionen der pragmatologischen, pathelogischen und ethologischen Beglaubigung umfasst. Demgemäß werden die vielfältigen Formen des rhetorisch erzeugten Glaubens und der durch ihn getragenen propositionalen und nichtpropositionalen Überzeugungen – ganz unabhängig von ihren potentiell unbegrenzten Inhalten – für die rhetorische Kritik analytisch zugänglich. Sie lassen sich durch jene Typen der Beglaubigung beschreiben, die sich jeweils durch ihre unterschiedliche Kombination von pragmatologischen, pathelogischen und ethologischen Argumentationsanteilen charakterisieren lassen. Von daher ergibt sich aus pithanologischer Perspektive das rhetorisch-analytische Programm einer Phänomenologie und Typologie der menschlichen Glaubensformen.

Durch diesen pithanologisch erweiterten anthropologischen Argumentationsbegriff werden auch die nichtpropositionalen Einstellungen, welche die ethischen, politischen und religiösen Grundüberzeugungen von geschichtlich konkurrierenden (inter-)personalen Überzeugungsuniversen darstellen, analytisch zugänglich. Gerade diese stützen sich auf ein nicht mehr rein rational begründbares Für-wert-halten, sondern vielmehr auf eine zwar nichtpropositionale, aber ethologisch und pathelogisch erklärbare Form des Glaubens. Gerade diese nicht-propositionalen, affektiv aufgeladenen Glaubenshaltungen – einschließlich des europäischen Glaubens an die ‚Vernunft' –, bilden als religiöse und ethische Grundüberzeugungen geradezu die pithanologischen Axiome menschlicher Überzeugungsuniversen. Obwohl oft als ‚irrational' verurteilt, sind sie *de facto* menschheitsgeschichtlich und kulturanthropologisch von höchster Relevanz.

Der pithanologische Argumentationsbegriff, der den pragmatologischen auch die patheologischen und ethologischen Beglaubigungsformen zur Seite stellt, zieht zweifellos eine Reihe gewohnter Distinktionen infrage, wie Überredung *versus* Überzeugung, *persuasio versus convictio*, Probabilität *versus* Plausibilität, Wahrheit (*veritas*) *versus* Wahrscheinlichkeit (*verisimilitudo*), rational *versus* irrational. Um Missverständnissen vorzubeugen, sei gesagt: Die hier vorgeschlagene Pithanologie befasst sich im Rahmen der fundamentalrhetorischen Anthropologie nur mit den deskriptiven Problemen der rhetorischen *Genesis* menschlicher Glaubenseinstellungen und Überzeugungen, aber gerade nicht mit den normativen Problemen ihrer *Geltung* und Rechtfertigung. In diesem deskriptiv-analytischen Sinn ist auch ihr erweiterter Argumentationsbegriff zu verstehen, der neben der logischen Sachargumentation auch die pathelogischen und ethologischen Formen rhetorischer Beglaubigung einbezieht, ohne allerdings damit über ihre Legitimität entscheiden zu wollen.

4. Ratio und Fides als unterschiedliche Sprachen des rhetorischen Glaubens

Welche Konsequenzen diese neue pithanologische Perspektive für die Neuorganisation des Begriffsverhältnisses von Ratio und Fides, und damit für das Selbstverständnis von Wissenschaft und Religion haben könnte, möchte ich abschließend kurz andeuten. Durch die fundamentalrhetorische Universalisierung des Glaubensbegriffes, die den Menschen als Homo rhetoricus generell als ein Wesen des rhetorischen Glaubens beschreibt, lässt sich aus anthropologischer Hinsicht auch das wissenschaftliche Wissen als eine Spezies des generellen rhetorischen Glaubens bestimmen. Diese Spielart des szientifischen Glaubens, welche die Rhetorik der Wissenschaften generiert, beruht auf einer methodischen Disziplinierung und Spezialisierung menschlichen Redenkönnens auf jenen Modus, den wir ‚rational' zu nennen pflegen und dessen Reglement durch das jeweils herrschende Paradigma der ‚Logik der Wissenschaften' vorgegeben wird. Aus pithanologischer Perspektive besteht dieses szientifische Redereglement in einer Restriktion von rhetorischen Beglaubigungsmitteln, die sich als wissenschaftlicher *plain style* auf den nichtfiguralen Teil argumentativer Sachdarstellung (Pragmatologie) beschränkt und den Rekurs auf Figuralität oder auf ethologische oder pathelogische Mittel zur Erzeugung von Credibilität streng auszuschließen versucht. In dieser streng geregelten Restriktion des eigenen Redehandelns, welche die persuasiven Einflüsse von Autorität und Stimmungen zu eliminieren versucht, besteht geradezu das ‚rationale' Ethos des Homo rhetoricus scientificus.

Dagegen besitzt der Homo rhetoricus religiosus die freie Lizenz zum Gebrauch des schon von Aristoteles dargestellten vollen dreidimensionalen Spektrums rhetorisch-anthropologischer Argumentation, die neben der logisch-dialektischen Beglaubigung auch ethologische oder pathelogische Beglaubigungsformen zur Erzeugung des spezifisch religiösen Glaubens (*fides*) ausdrücklich einschließt.[39] So gehört z.B. der ethologische *Ego-autem-dico*-Gestus[40] oder die pathelogische Evokation von Hoffnung (*spes*) zum pithanologischen Repertoire religiöser Rede.[41]

So ergibt sich aus pithanologischer Sicht auch die Perspektive einer neuen Begriffsbestimmung des bis heute umstrittenen Verhältnisses von Ratio und Fides. Sowohl das ‚Wissen' der Wissenschaften als auch ‚der Glaube' der Religionen stellen sich als Spielarten rhetorisch erzeugten menschlichen Für-wahr-haltens und Glaubens heraus. Anthropologisch gesehen lassen sich beide aus dem auf Credibilität angelegten Redeprinzip (Logos) ableiten, das alle Bereiche seiner symbolisch konstituierten menschlichen Kultur beherrscht. Die spezifische Differenz von Ratio und Fides lässt sich ferner analytisch durch die ihnen jeweils eigenen Formen ihrer argumentativen Beglaubigung und das unterschiedliche Repertoire ihrer rhetorischen Beglaubigungsmittel beschreiben. Gegenüber der streng restriktiven Pithanologie der Wissenschaften besitzt die der alltäglichen Lebens-

39 Zur den Lizenzen, die die religiöse Rede sowie die theologischer Theoriesprache auszeichnet, gehört im Unterschied zum *plain style* der modernen Wissenschaften auch ihr innovativer Metapherngebrauch: Vgl. M. Buntfuß, Tradition und Innovation. Die Funktion der Metapher in der theologischen Theoriesprache, Berlin / New York 1997.

40 Vgl. J. Knape, Was ist Rhetorik?, Stuttgart 2000, 30.

41 Zur Evokation von Hoffnung (*spes*) als Aufgabe religiöser Rhetorik vgl. P. L. Oesterreich, „‚Allein durchs Wort'. Rhetorik und Rationalität bei Martin Luther", in: Religion und Rationalität, hg. v. R. Breuninger / P. Welsen, Würzburg 2000, 31–50.

welt näher stehende Pithanologie der Religionen die weitreichende Lizenz zur ethologischen und pathelogischen Argumentation, zur Narration und zur figurativen Rede. Sie schöpft somit, im Gegensatz zur restriktiven pragmatologischen Argumentation der Wissenschaft (*science*), das volle dreidimensionale Potential rhetorisch-anthropologischer Argumentation aus. Vielleicht lässt sich das traditionelle Konfliktverhältnis von Religion und Wissenschaft am Ende durch die pithanologische Einsicht entschärfen, dass Ratio und Fides lediglich verschiedene Sprachen des rhetorischen Glaubens sprechen.

Matthias Hopf

„Schreibe“ oder „Rede“

Indizien für eine Gestaltung des Hoheliedes entsprechend mündlicher Sprachkonventionen am Beispiel von Hld 5,2–6,3

Lieder sind Chimären, Mischwesen – sie wandeln zwischen den Welten von fixiertem Buchstaben und erklungenem Wort. Oder wie es Giles und Doan ausdrücken: „Songs live on the boundary between the oral and the written, between the performed and the literate.“[1] Dies allerdings wirft eine interessante Frage auf: Müsste sich ein solches Grenzgängertum nicht auch sprachlich niederschlagen in einem Liedtext – wie z.B. dem Text des „Liedes der Lieder“, von שִׁיר הַשִּׁירִים, welches meist als Hohelied Salomos (Hld) bezeichnet wird? Ja, es stellt sich die Frage: Ist das Hld eigentlich ein schriftlicher oder ein mündlicher Text? Zunächst mag diese Alternative etwas seltsam anmuten angesichts des offensichtlichen Faktums, dass uns das Buch nun einmal *schriftlich* vorliegt. Gerade in der faktischen Schriftlichkeit des Hlds liegt aber bereits diese grundlegende Ambivalenz begründet. Denn unabhängig von der Deutung des Titels im Detail[2] haben seine Interpretationen weit überwiegend eines gemeinsam:[3] Es geht um den lauten – und damit vermutlich auch öffentlichen – Vortrag dieses Textes, oder besser um dessen Performanz.[4] Und diese mündliche Vortragsweise steht zunächst eben deutlich im Kontrast zur schriftlichen Natur des Buches.[5]

---

1 Terry Giles / William J. Doan, Twice used Songs. Performance Criticism of the Songs of Ancient Israel, Peabody 2008, 5.

2 Es steht hier zur Debatte, ob man den Begriff שִׁיר nun eher als ‚Lied‘ versteht oder doch eher als ‚Gedicht‘, wie es z.B. Murphy vertritt (vgl. Roland E. Murphy, The Song of Songs. A Commentary on the Book of Canticles or The Song of Songs, Minneapolis 1990, 58–60) und zugunsten des Letzteren beantwortet. Dann aber stellt sich auch die Frage, ob man die Wendung שִׁיר הַשִּׁירִים nun (wie üblicherweise) als eine Art Superlativ versteht oder als Hinweis auf „the composite nature of the book“ (Tremper Longman, Song of Songs, Grand Rapids/Cambridge 2001, 88) oder gar wie der Midrasch mit einer kleinen Textemendation als „Lied der Sänger“. So lässt Rabbi Juda, der Sohn von Rabbi Simon, in typisch midraschischer Weise das erste *yod* fallen und verändert den Text so zu שִׁיר הַשָּׁרִים (HldR I,2 § 1 bzw. nach anderer Zählung I,12). Vgl. auch die Auslegung dazu bei Yair Zakovitch, Das Hohelied, Freiburg i.Br. / Basel / Wien 2004, 108.

3 Ganz explizit bei Jean-Paul Audet, The meaning of the Canticle of Canticles, in: ThD 5 (1957), 88–92, 90; M. H. Segal, The Song of Songs, in: VT 12 (1962), 470–490, 477f.484; Athalya Brenner, ‚My‘ Song of Songs, in: Dies. / Carole R. Fontaine (Hg.), The Song of Songs. A Feminist Companion to the Bible, Sheffield 2000, 154–168, 161; im Anklang aber auch bei Othmar Keel, Das Hohelied, Zürich ²1992, 24.

4 Dieser allgemeine Begriff wird gezielt verwendet: Performanz beschreibt einen lauten, öffentlichen Vortrag. Damit soll eine vorschnelle Engführung auf eine spezielle Art und Weise des Vortrags vermieden werden. Auch soll keine Aussage über einen konkreten Sitz im Leben getroffen werden. Diese Untersuchung lehnt sich damit an die junge, aber sehr viel versprechende Richtung des „performance criticism“ an. Ein Beispiel für diese Herangehensweise inkl. einer Definition dieses Begriffs findet sich bei T. Giles / W. J. Doan: Twice used Songs (Anm. 1).

5 So auch zu finden bei Stefan Fischer, Das Hohelied Salomos zwischen Poesie und Erzählung. Erzähltextanalyse eines poetischen Textes, Tübingen 2010, 15–17.

Angesichts dieser Ambivalenz fragt sich: Ist das Hld „Schreibe" oder „Rede", um es in Anlehnung an eine ältere praktisch-theologische Diskussion auszudrücken?[6] Es ist also zu klären, ob sich die Texte des Buches eher an den Formulierungskonventionen gesprochener oder eher geschriebener Sprache orientieren. Dabei muss natürlich berücksichtigt werden, dass ‚Schreibe' bzw. ‚Rede' nur auf den ersten Blick völlig oppositionelle Begriffe sind. Grundsätzlich ist sicherlich festzuhalten, dass die Sprachkonventionen mündlicher Rede in aller Regel als weniger elaboriert und komplex zu bezeichnen sind,[7] bzw. auch zu einer freieren Sprachgestaltung und bisweilen sogar zur Beugung von Sprachregeln neigen.[8] Dennoch sind durchaus auch stilistisch hochstehende Mündlichkeit einerseits und stilistisch ärmere Schriftlichkeit andererseits vorstellbar, da beiden Sprachformen prinzipiell die gleichen sprachlichen Mittel zu eigen sind – allerdings werden diese zumindest in der grundlegenden Tendenz unterschiedlich angewendet.[9] Entsprechend dieser Prämisse sollen nun die sprachlichen Auffälligkeiten des Hld daraufhin geprüft werden, ob bzw. inwieweit sie mit typischerweise gesprochenen Sprachformen korrespondieren, wobei die Differenz zwischen hochsprachlichen und alltags- bzw. umgangssprachlichen Redekonventionen nicht außer Acht gelassen werden soll.

1. Sprachliche Auffälligkeiten im Hld …

Tatsächlich weist das Hld in sprachlicher Hinsicht vielerlei Auffälligkeiten auf. Dieser Umstand ist hinlänglich bekannt und wurde auch schon verschiedentlich z.B. auf Aspekte wie Entstehungszeit oder -ort hin untersucht. Die Frage nach der zugrunde liegenden Sprachform jedoch, also nach einer Charakterisierung des Hld als schriftlicher oder eher mündlicher Text, wurde so noch nicht gestellt. Dabei legt sie sich gerade angesichts der Art dieser Auffälligkeiten m.E. durchaus nahe: So ist z.B. neben den oft diskutierten *hapax legomena* insbesondere die Verbalgrammatik ein äußerst augenfälliges Sprachmerkmal des Hld – ein Gesichtspunkt, der sich gerade im biblischen Hebräisch mit der Frage nach mündlichen bzw. schriftlichen Sprachformen verbindet. Während sich ja in weiten Teilen des restlichen ATs die syntaktischen Formationen über längere Strecken

---

6 Vgl. dazu den paradigmatischen Artikel von Jörg Rothermundt, Predigt als freie Rede. Erinnerung an ein verdrängtes Problem, in: WPKG 68 (1979), 68–85, bes. 75f.

7 Gesprochene Sprache ist „durch ein geringeres Ausmaß an sprachl[icher] Planung und an Versprachlichung, bedingt durch den dialog[ischen] Charakter, die situative Nähe, die Vorläufigkeit des Geäußerten und die Tatsache, daß die sprachl[iche] Äußerung nicht alleiniger Informationsträger ist", geprägt (Gisela Schoenthal, Art. Gesprochene Sprache, in: Metzler Lexikon Sprache [2000], 248).

8 Vgl. den Artikel Lewandowskis zur „gesprochenen Sprache": Theodor Lewandowski, Linguistisches Wörterbuch 1, Heidelberg/Wiesbaden ^{5}1990, 360ff.

9 Vgl. Gisela Schoenthal, Art. Gesprochene Sprachform, in: Metzler Lexikon Sprache (2000), 249. Hier ist auch eine Kriteriologie mündlicher Sprachformen zu finden, die über die hier behandelten Aspekte hinausgeht und Grundlage für weitere Studien zu dieser Frage bilden kann.

äußerst einheitlich präsentieren, sei es in Erzählungen mit *wayyiqtol*-Reihen oder in poetischen Texten oftmals mit invertierten *yiqtol*-Sätzen, zeichnet sich das Hohelied demgegenüber durch eine große Varianz in der Verwendung von Verbformen und syntaktischen Formationen aus – von Nominalsätzen über diverse Formationen mit finiten Verben bis hin zu Partizipialsätzen. Diese Besonderheiten werfen die Frage nach ihrem Hintergrund und ihrer Bedeutung auf. Verschiedene Antworten sind hierauf bisher versucht worden: So könnte es sich um einen Ausdrucksstil handeln, der gegebenenfalls auf eine gewisse Milieu-Geprägtheit schließen lässt. Segal sieht in den Sprachformen beispielsweise eine jugendliche, wenig literarisch bewanderte Prägung.[10] Im Kontrast dazu wird von Exum, aber auch von vielen anderen, die enorm hohe literarische Qualität der Texte herausgestellt[11] und diese als Beleg für einen gebildeten Verfasserkreis gewertet. Es wird aber auch versucht, die große Variabilität durch ein spätes Entstehen der Texte in der Zeit des spätbiblischen Hebräischs (= LBH, Late Biblical Hebrew) zu erklären.[12] Letzteres scheint durchaus zutreffend zu sein.[13] Doch selbst bei einer derartigen Einordnung erscheint besonders die enorme Flexibilität in den syntaktischen Strukturen sehr eigentümlich. Diese Beobachtung lässt sich auch nicht einfach mit einem Verweis auf den poetischen Grundcharakter oder die späte Entstehungszeit abtun, da sich die Verbalgrammatik sowohl der poetischen Texte des Psalters als auch anderer junger Bücher wie Kohelet im Vergleich mit dem Hld erstaunlich stringent und einheitlich zeigt.

Entsprechend wird im Folgenden ein anderes Erklärungsmuster für die sprachlichen Besonderheiten des Hld in Betracht gezogen werden: Inwieweit nämlich die Auffälligkeiten dieses literarisch enorm elaborierten Schrifttextes in einem stilbildenden Rückgriff auf mündliche Sprachformen begründet liegen, was in gewisser Weise auch mit der durchgängigen Formulierung des Buches in direkter Rede korrespondieren würde.

---

10 Vgl. M. H. Segal, The Song of Songs (Anm. 3), 479. Darin klingt natürlich auch schon das Konzept von Mündlichkeit an.

11 Vgl. vor allem ihren paradigmatischen Artikel: Cheryl J. Exum, The Poetic Genius of the Song of Songs, in: Anselm C. Hagedorn (Hg.): Perspectives on the Song of Songs. Perspektiven der Hoheliedauslegung, Berlin / New York 2005, 78–95. Ähnlich, wenn auch im Zusammenhang mit einer von mir nicht geteilten Frühdatierung: Scott B. Noegel / Gary A. Rendsburg, Solomon's Vineyard. Literary and Linguistic Studies in the Song of Songs, Atlanta 2009, 184.

12 Vertreten u.a. von Frederick W. Dobbs-Allsopp, Late linguistic features in the Song of Songs, in: A.C. Hagedorn (Hg.): Perspectives (Anm. 11), 27–77, 27.

13 Die linguistischen Parallelen zu anderen alten Büchern wie Esther und Kohelet (vgl. F.W. Dobbs-Allsopp, Late linguistic features [Anm. 12], 71) sowie der Rückgang in der Verwendung des *waw*-Konsekutivums im LBH (vgl. Mark S. Smith, The Origins and Development of the *waw*-consecutive. Northwest Semitic evidence from Ugarit to Qumran, Atlanta/Ga. 1991, 27ff.) vermögen hier mehr zu überzeugen als die doch recht spekulative Einordnung als ein Frühwerk eines nordisraelitischen Autors im Jerusalem zur Zeit Salomos (vgl. Ian Young, Diversity in pre-exilic Hebrew, Tübingen 1993, 165) oder gar eine Bestimmung als eine Art nordisraelitischer Schmähliteratur, die sich gegen Salomo bzw. die gesamte judäische Monarchie richtet (vgl. z.B. die Zusammenfassung in S.B. Noegel / G.A. Rendsburg, Solomon's Vineyard [Anm. 11], 184).

2. … als Merkmale mündlicher Sprachformen

Hier und da in der Forschungsgeschichte wurde dem Hld bereits eine alltagssprachliche Diktion zugeschrieben. So ist z.B. Segal der Ansicht, dass die Texte des Hld trotz ihrer poetischen Eloquenz durchaus umgangssprachliche Merkmale aufweisen, wobei er allerdings in seinem Nachweis recht vage bleibt und eher apodiktisch feststellt:

> „The style and diction of the Song bear throughout the character of the living popular and colloquial speech with its vividness, its inexactness and exaggerations, its quick transitions, its ommissions and its tautologies.“[14]

Während besonders die letztgenannten Beschreibungen für das Hld durchaus zutreffend erscheinen, mag die lineare Übertragung dieser Merkmale auf eine vermutete Umgangssprachlichkeit des Textes nur bedingt einleuchten. Das Hld weist insgesamt zu viele Aspekte von Kunstdichtung auf, als dass man es als ein Stück umgangssprachlicher Volkspoesie bezeichnen könnte. Gerade in seiner poetischen Elaboriertheit ist das Hld sicherlich eher als Produkt literarischer Gelehrsamkeit anzusehen.

Dennoch scheint mir die Grundbeobachtung nicht von der Hand zu weisen, dass immer wieder Stilelemente aufblitzen, die auf eine gewisse Mündlichkeit in den Sprachformen der Texte hinweisen.[15] Um diesem Eindruck systematisch nachzugehen, ist eine Kriteriologie für mündliche Sprachformen notwendig – sicherlich in den gegebenen Grenzen der Erkenntnis angesichts des offensichtlichen Fehlens von Quellen für gesprochenes Hebräisch aus biblischer Zeit.

Als Basis für die Beurteilung finden vier textliche Kennzeichen Verwendung, die von verschiedener Seite bisher als Merkmale von gesprochenem Hebräisch herausgestellt wurden:[16]

- eine hohe Variabilität in der (Verbal-)Syntax,
- das weitgehende Fehlen von Konsekutivformen,
- die Verwendung alternativer Verbalformen sowie
- das Auftreten weiterer ungewöhnlicher Ausdrucksweisen.

Eine umfassende Bearbeitung des Buches Hld anhand dieser Kriteriologie ist im Rahmen dieses Beitrags natürlich nicht zu leisten. Darum soll diesen vier Aspek-

---

14 Vgl. M. H. Segal, The Song of Songs (Anm. 3), 478.

15 Diese darf allerdings nicht vorschnell mit einer Mündlichkeit mit Blick auf die Entstehungsgeschichte des Buches gleichgesetzt werden. Der Fokus der hiesigen Überlegungen liegt darum nicht auf einer möglichen mündlichen Vorform oder deren Rekonstruktion, sondern darauf, inwieweit die textliche Gestaltung Hinweise auf eine möglicherweise bewusste Darstellung vermittels mündlicher Sprachformen bietet.

16 Natürlich hängen diese Textmerkmale zumindest teilweise von einander ab – vor allem der zweite und dritte Aspekt. Dennoch erscheint es sinnvoll, sie je für sich zu behandeln – nicht nur, aber auch um der Darstellbarkeit willen.

ten eher beispielhaft und mit Schwerpunkt auf der Textpassage Hld 5,2–6,3 nachgegangen werden. Eine Übersetzung inkl. Formationsanalyse dieser Perikope zum Vergleich und zur besseren Übersicht findet sich am Ende dieses Beitrags.

2.1. Die hohe Variabilität in der (Verbal-)Syntax

Erzählende Texte im AT greifen mit größter Vorliebe auf *wayyiqtol*-Reihungen[17] zurück – das ist ein Gemeinplatz. Entsprechend ist in solchen Passagen die Variationsbreite bei den verwendeten Zeitformen meist recht gering. Dass allerdings in selbigen Erzähltexten (durchaus und gerade auch in jenen älterer Provenienz) plötzlich eine erheblich höhere Varianz in der Verbbildung auftritt, sobald es sich um Sätze direkter Rede handelt, ist weniger bekannt. Mark Smith hat dies jedoch für das klassische biblische Hebräisch (SBH, „Standard Biblical Hebrew")[18] wahrscheinlich gemacht: „direct discourse exhibits more variety of verbal sequences than narrative".[19] Wenn sich also der Sprachmodus von Narration zu direkter Rede (in Narration) verändert, drückt sich dies auch deutlich in der Verbalsyntax aus – die Konzentration auf Konsekutivformen, insbesondere *wayyiqtol*-Formen, bricht auf zugunsten einer erheblich größeren Vielfalt.

Mit diesem Phänomen geht ein weiteres einher, und zwar das der Inversion: Die sonst meist dominante Verb-Subjekt-Objekt-Syntax (VSO)[20] wird in direkter Rede abgewandelt und das Prädikat wandert in den Mittelteil des (Teil-)Satzes. Nach Macdonald ist dies ein deutliches Kennzeichen mündlicher Sprachformen. So kann er an verschiedenen Beispielen nachweisen, dass die Inversion als „the most striking of the characteristics of Spoken Hebrew"[21] gewertet werden muss.

Dabei darf natürlich nicht vergessen werden, dass der „direct discourse" im Hld – und dem AT als Ganzem – immer noch *verschriftete* direkte Rede darstellt. Dennoch sollte der beschriebene Befund als Ausdruck dessen gewertet werden, dass zur Zeit der Abfassung dieser erzählenden Texte das hebräische Sprachemp-

---

17 Natürlich mit allen hinzugehörenden Merkmalen wie die (zumindest meistens vorhandene) einleitende *qatal*-Form und verschieden gearteten Einschüben. Vgl. Wilhelm Gesenius u.a., Hebräische Grammatik, Hildesheim [7]1995, § 111 (vor allem a) sowie zu möglichen Einschüben §§ 148ff., bes. § 164 Temporalsätze.

18 Trotz der Bedenken z.B. Blums gegenüber einer solchen Terminologie (vgl. Erhard Blum, Das althebräische Verbalsystem – eine synchrone Analyse, in: Oliver Dyma / Andreas Michel [Hg.], Sprachliche Tiefe – Theologische Weite, Neukirchen-Vluyn 2008, 91–142, 95, bes. Anm. 6) wird hier an diesem Begriff festgehalten, da die vorgeschlagene Alternative „Standard-Althebräisch" ihrerseits deutlich die Frage nach einer zeitlichen Eingrenzung aufwirft. Eine Verengung nur auf biblische Sprachkonventionen ohne Berücksichtigung epigraphischer Belege soll damit nicht intendiert sein.

19 M.S. Smith, The Origins (Anm. 13), 21. Ähnlich auch Alviero Niccacci, On the Hebrew Verbal System, in: Robert D. Bergen (Hg.), Biblical Hebrew and Discourse Linguistics, Winona Lake / Dallas 1994, 117–137, 131.

20 So die in der Linguistik übliche Terminologie, auch wenn es streng genommen „Prädikat" statt „Verb" heißen müsste.

21 J. Macdonald, Some Distinctive Characteristics of Israelite Spoken Hebrew, in: BiOr 32 (1975), 162–175, 163.

finden andere Ausdrucksformen für die Darstellung gesprochener Sprache als angebracht ansah als für narrative Schriftsprache.[22] Dieser ‚mündliche' Umgang mit den Verbformen und der Syntax scheint sich nachexilisch auch auf die Schriftsprache ausgedehnt zu haben.[23] Das jedoch muss als Zeichen eines „Sieges" mündlicher Redeformen über schriftliche Hochsprache gewertet werden.[24]

Zusammenfassend und mit Blick auf die Formationsanalyse lässt sich dieses erste Kriterium – die größere Bandbreite in der Verbverwendung zusammen mit der Neigung zur Inversion – dahingehend beschreiben, dass an die Stelle einer Konzentration insbesondere auf *wayyiqtol(-x)* eine Vielfalt von syntaktischen Formationen tritt, so z.B. *x-qatal-x* oder auch *x-yiqtol*, um nur zwei der üblicheren zu nennen. Wichtig ist dabei der Hinweis darauf, dass die beschriebene Vielfalt nicht notwendigerweise geballt auf kleinem Raum auftreten muss, um ein Kriterium im hiesigen Sinne zu sein. Es können auch über mehrere Teilverse hinweg syntaktisch parallele Strukturen bestehen, allerdings ist die Gesamtbandbreite der Verbverwendung in den mündlichen Sprachformen des Hebräischen deutlich größer.

Im Hld nun, genauer in der hier zu Debatte stehenden Passage 5,2–6,3, lässt sich dieses Kriterium sehr schön nachweisen. Dies mag zunächst überraschen angesichts der poetischen Komplexität des Hld, die ja auch eine gewisse Hochsprachlichkeit impliziert. Tatsächlich aber zeigt sich die genannte Vielfalt in den Satzformationen schon bei den ersten Blicken, was erste Hinweise auf einen eher mündlichen Sprachduktus liefert – und damit vielleicht auch auf die Ausdrucksformen eines eher alltäglichen Gebrauchs hindeutet, wie es Segal vorschwebt.

Konkret lassen sich bereits in den ersten beiden Versen 5,2f. vier verschiedene Formationstypen unterscheiden: *x-qotel*, *q^{e}tol-x*, *qatal-x* sowie *x-yiqtol*.[25] Erst danach in den Versen 4–7 tritt eine gewisse Konstanz ein in Form einer durchgängigen Verwendung von *qatal*-Bildungen. Eine echte syntaktische Ruhe ist aber dennoch nicht zu beobachten, da diese *qatal*-Formen buchstäblich in allen syntaktischen Variationen auftreten: Front-, Mittel- sowie Endposition des Prädikats. Hinzu kommt ein weiteres Detail, dass nämlich bezüglich des Verhältnisses von Syndese und Asyndese in diesen Teilversen keine klaren Strukturen oder Muster auszumachen sind. In 8f. wiederholt sich das Bild vom Anfang der Perikope, nur dass an die Stelle des Partizipialsatzes der Nominalsatz (NoS) tritt. Letzterer herrscht dann weit überwiegend in dem sogenannten Beschreibungslied

---

22 Diese These vertritt Smith aufgrund seiner Untersuchungen: „although the extent of the *waw*-consecutive in the spoken language cannot be resolved, it would appear that the *waw*-consecutive was primarily a literary usage" (M. S. Smith, The Origins [Anm. 13], 27).

23 Vgl. a.a.O., 28.

24 Ähnliche Phänomene sind auch in der Sprachentwicklung zeitgenössischer Sprachen wie z.B. dem Deutsch unserer Zeit zu beobachten. Zur Bestätigung genügt in der Regel ein Blick in die jeweiligen Neuauflagen deutscher Wörterbücher durch die Zeiten hindurch.

25 Und das ohne die bei detaillierter Betrachtung noch hinzukommenden Formationen der elliptischen Anrede in 2e–h sowie die Variation *x-qotel-x* des ja auch in 2b–c auftretenden invertierten Partizipialsatzes *x-qotel*.

in den Versen 10–16 vor, insbesondere wenn man sich vor Augen führt, dass der Partizipialsatz ohnehin nur eine Sonderform des NoS darstellt.[26] Diese etwas größere „syntaktische Ruhe“ allerdings liegt ganz deutlich im Inhalt der Passage begründet und ist mit der fast kontemplativ-beschreibenden Haltung dieses „Beschreibungsliedes“ zu erklären. Der Abschluss wiederum gestaltet sich deutlich variabler, selbst wenn „nur“ drei verschiedene Satz- bzw. Formationstypen zum Zuge kommen: *x-qatal-x*, *yiqtol-x* sowie der NoS.

Die beschriebene hohe Variabilität in der (Verbal)Syntax dieser Passage, die sich andernorts im Hld ebenfalls nachweisen ließe, kann mithin als ein erster deutlicher Hinweis auf eine Gestaltung anhand mündlicher Ausdrucksweisen gewertet werden.

2.2. Das weitgehende Fehlen von Konsekutivformen

Eine größere Variabilität in der Syntax bringt zwangsläufig auch einen prozentualen Rückgang der Konsekutivformen mit sich. Genau diese Entwicklung lässt sich auch insgesamt in der Entwicklung des Biblischen Hebräisch in der jüngeren Zeit beobachten.[27] Allerdings scheinen *wayyiqtol* und *w^{e}qatal* nicht nur zahlenmäßig seltener zu werden, sondern zunehmend nur noch sehr selektiv Verwendung zu finden.[28] Doch bereits für das vorexilische Hebräisch lässt sich anhand von epigraphischen Belegen wahrscheinlich machen, dass Konsekutivformen dort ebenfalls tendenziell einer eher förmlichen Schriftsprache zuzurechnen sind. Die entsprechenden Belegstellen sind den folgenden Tabellen zu entnehmen.[29]

---

26 Vgl. W. Gesenius u.a., Hebräische Grammatik (Anm. 17), § 140 a sowie § 141 b.

27 So z.B. auch F.W. Dobbs-Allsopp, Late linguistic features (Anm. 12), 39; Steven E. Fassberg, The Syntax of the Biblical Documents from the Judean Desert as Reflected in a Comparison of Multiple Copies of Biblical Texts, in: Takamitsu Muraoka / John F. Elwolde (Hg.), Diggers at the well. Proceedings of a third International Symposium on the Hebrew of the Dead Sea Scrolls and Ben Sira, Leiden/Boston/Köln 2000, 94–109, 106; ähnlich M. S. Smith, The Origins (Anm. 13), 28ff. Smith geht allerdings nur von einer Tendenz aus, nicht von einem kompletten Verschwinden der Konsekutivformen im nachexilischen Hebräisch, vgl. a.a.O., 31. Dieses Phänomen lässt sich auch als ein recht gewichtiges Argument in der Debatte um das Alter des Hlds gegen eine allzu starke Frühdatierung einwenden.

28 Vgl. ebd. Im mischnischen Hebräisch jedenfalls verschwinden die Konsekutivformen dann gänzlich (vgl. F.W. Dobbs-Allsopp, Late linguistic features [Anm. 12], 39).

29 Natürlich wäre es umgekehrt sinnvoll, auch die Verwendung von Nicht-Konsekutivformen zu untersuchen. Dies würde jedoch den Rahmen dieses Beitrags sprengen. So bleibt hier nur der grundsätzliche Verweis darauf, dass die bekannten epigraphischen Texte in ihrer Mehrheit der Kategorie der Gebrauchstexte zuzuordnen sind, dass sie also in sehr vielen Fällen alltäglichen Sprachgebrauch widerspiegeln. Davon heben sich die hier zitierten Textpassagen mit Blick auf ihren Verwendungshintergrund durchaus ab.

Tab. 1: epigraphische Belegstellen für w^e^qatal

Verbform	Fundort	belegt in:	Charakterisierung
ומחו	Nim(8):1,3	HAE I,128–130	Fluch-Tafel (Elfenbein), höchst formelhaft
ורעת[30]	Mur(7):1,4	HAE I, 283–285	Brief (Papyrus), eher informell, Bestimmung unklar
[ושמ]עת	MHas(7):1,14	HAE I, 315–329	Bittgesuch/Brief (Ostrakon), höchst formell, von einem עבד an einen שר
והסבת	Arad(6):2,5f.	HAE I, 357–360	Brief (Ostrakon), formelhaft, mit Bestellungen an אלישב, von Vorgesetztem an Untergebenen
ונתת	Arad(6):2,7f.		
וצררת	Arad(6):3,5	HAE I, 360–363	Brief (Ostrakon), formelhaft, mit Bestellungen an אלישב, von Vorgesetztem an Untergebenen
ולקחת	Arad(6):3,8		
[ו]כתבתה[31]	Arad(6):7,6	HAE I, 367f.	Brief (Ostrakon), formelhaft, mit Bestellung an אלישב, von Vorgesetztem an Untergebenen
ושלחתי[32]	Arad(6):16,4	HAE I, 379f.	Brief (Ostrakon) von חנניהו an אלישב (gleich an gleich)
ולקחת	Arad(6):17,3f.	HAE I, 380–382	Brief (Ostrakon), formelhaft, mit Bestellungen an נחם von Vorgesetztem an Untergebenen
ושלחתם	Arad(6):24,13	HAE I, 389–393	Brief (Ostrakon), militärisch-scharf, aus Jerusalem?
והבקידם	Arad(6):24,14f.		

Tab. 2: epigraphische Belegstellen für wayyiqtol

Verbform	Fundort	belegt in:	Charakterisierung
וישבעו[33]	KAgr(9):6,1	HAE I, 57f.	Segens-Inschriften (phön. Schrift), Bestimmung unklar
וילכו	Jer(8):3,4	HAE I, 178–189	Siloah-Inschrift (Abschluss des Textes)
ויקצר	MHas(7):1,4	HAE I, 315–329	Bittgesuch/Brief (Ostrakon), höchst formell, von einem עבד an einen שר
ויכל	MHas(7):1,5		
ויבא	MHas(7):1,7		
ויקח	MHas(7):1,8		
ויעלהו	Lak(6):1.4,6f.	HAE I, 419–422	Berichts-Schreiben (Ostrakon) an Vorgesetzten, evtl. geprägte Verhaftungsformel?[34]

30 Ob es sich beim hiesigen *waw* zwingend um ein *waw*-Konsekutivum handeln muss, ist nicht gesichert, da dem Wort, das sogar selbst etwas unsicher in der Rekonstruktion ist, jeglicher Kontext fehlt.

31 Das *waw* ist hier äußerst fraglich und nur aus dem Kontext heraus rekonstruiert, vgl. Johannes Renz, Die althebräischen Inschriften, Teil 1: Text und Kommentar, Darmstadt 1995, 368, bes. Anm. 2. Noch spekulativer ist ein in der hiesigen Tabelle nicht aufgeführtes *w^e^qatal*-Verb ושלחנו im selben Ostrakon, das aber redaktionell durch die Herausgeber des HAE ergänzt wurde.

32 Diese Form wird in der Übersetzung im HAE mit dem deutschen Präteritum wiedergegeben (vgl. a.a.O., 379), was darauf hindeutet, dass es sich hier nicht um ein echtes *w^e^qatal*, sondern nur um eine *qatal*-Form mit *waw-copulativum* handelt.

33 Ob hier tatsächlich ein *wayyiqtol* vorliegt, oder nicht doch eher ein *yiqtol* (PK oder Jussiv) mit *waw-copulativum*, ist unklar (vgl. a.a.O., 58, bes. Anm. 3). Wie sich dieser Fall zu den Thesen Blums verhält (vgl. E. Blum, Das althebräische Verbalsystem [Anm. 18], 117ff.) wäre gesondert zu prüfen.

34 Vgl. dazu vor allem J. Renz, Die althebräischen Inschriften 1 (Anm. 31), 421, Anm. 5.

Alles in allem finden wir *w^e^qatal*-Bildungen in neun, *wayyiqtol*-Formen sogar nur in vier verschiedenen Schriftzeugnissen, die zudem allesamt einem – zum Teil sogar äußerst – formellen Sitz im Leben zuzurechnen sind. Bei Texten wie der Segensinschrift aus Kuntillet ʻAǧrūd,[35] der elfenbeinernen Fluchtafel aus Nimrūd oder der Siloah-Inschrift liegt dies auf der Hand. Aber auch die aufgeführten Briefe,[36] überwiegend in Ostrakon-Form, sind wohl als äußerst förmlich einzuordnen, wie von den inhaltlichen Gegebenheiten her erschlossen werden kann: So wurden die meisten der Schreiben[37] aller Wahrscheinlichkeit nach von einem Untergebenen an einen Vorgesetzten gesandt. Einige wenige Ostraka fallen aus diesem Muster heraus. Allerdings ist bei Mur(7):1 die Rekonstruktion äußerst unsicher und der direkte Kontext nicht mehr vorhanden. Bei Arad(6):16 folgt das *w^e^qatal* auf eine *Inf. cstr.*-Form, was vermutlich mit Blum Gleichzeitigkeit ausdrückt,[38] oder ansonsten wohl als *waw copulativum* und damit (immer noch nach Blum) als Beugung von Sprachregeln zu werten ist. Grundsätzlich ist für dieses Ostrakon aber zu vermerken, dass es zwar nicht von einem Untergebenen verfasst ist, vom Sprachduktus her aber dennoch enorm formal wirkt. Gleiches gilt auch für Arad(6):17. Arad(6):24 schließlich, das ebenfalls von einem Vorgesetzten zu stammen scheint, ist in einem äußerst scharfen militärischen Ton gehalten, der wiederum auf seine Weise sehr förmlich erscheint.

Der Eindruck, dass Konsekutivformen tendenziell einer förmlichen Ausdrucksweise angehören, scheint sich also auch epigraphisch wahrscheinlich machen zu lassen. Hier wären jedoch noch einmal eingehendere soziohistorische Untersuchungen äußerst wünschenswert.

Zusätzlich zu diesen als förmlich einzustufenden epigraphischen Belegen ist auffällig, dass im gesamten Corpus der althebräischen Epigraphik den beschriebenen Konsekutivformen eine um ein Vielfaches höhere Zahl anderer Verbbildungen ohne *waw consecutivum* gegenübersteht, wie bereits ein kurzer Blick in das *Handbuch der althebräischen Epigraphik* (HAE) zeigt.[39] Da es sich bei den erhaltenen Schriftzeugnissen überwiegend um alltägliche Gebrauchstexte handelt,[40] fällt der Umstand des formalen Stils in den Quellen mit Konsekutivformen noch stärker ins Gewicht, da sie möglicherweise sogar von berufsmäßigen

---

35 Sofern es sich überhaupt um ein *wayyiqtol* handelt, vgl. oben Anm. 33.

36 Bis auf MHas(7):1 werden alle anderen relevanten Hinterlassenschaften von Renz der Gattung „Brief" zugeteilt (vgl. Johannes Renz, Die althebräischen Inschriften, Teil 2: Zusammenfassende Erörterungen, Paläographie und Glossar, Darmstadt 1995, 9). Doch auch MHas(7):1 ist dieser Gattung eng verwandt und wird als im Bereich althebräischer Epigraphik singulärer Beleg für das Genre „Einfache Petition" aufgeführt (vgl. a.a.O., 17), was aber als solches schon auf einen sogar noch formaleren Hintergrund hinweist und durch den Inhalt des Schreibens zusätzlich bestätigt wird (vgl. z.B. die inhaltliche Beschreibung bei J. Renz, Die althebräischen Inschriften 1 [Anm. 31], 320).

37 Zu nennen ist hier insbesondere Arad(6):2.3.7.17 sowie Lak(6):1.4.

38 Vgl. E. Blum, Das althebräische Verbalsystem (Anm. 18), 129f.

39 Vgl. die Auflistung der belegten Verbalformen bei Johannes Renz / Wolfgang Röllig, Materialien zur althebräischen Morphologie; Siegel und Gewichte, Darmstadt 2003, 45ff.

40 Vgl. die Übersicht über die Gattungen bei J. Renz, Die althebräischen Inschriften 2 (Anm. 36), 1ff.

Schreibern im Auftrag der Absender verfasst wurden. Ganz Ähnliches vertritt Smith in seiner Untersuchung: *wayyiqtol*-Bildungen dürften mit allerhöchster Wahrscheinlichkeit zum geprägten Repertoire von Schreibern gehört haben.[41] Ebenso geht Macdonald davon aus, dass Konsekutivformen eher in der Sprache von „upper-class speakers“ zu finden und damit „formal speeches“ zugehörig sind.[42] Schließlich spielt dieser Gedanke auch in den Thesen von Young eine gewisse Rolle, da er für die hebräische Sprache von einem *diglossia*-Phänomen ausgeht.[43] So legt sich wirklich die Überlegung nahe, dass Konsekutivformen der gehobenen Schriftsprache zuzurechnen sind – zumindest in einer überdeutlichen Tendenz.

Auch dieses Indiz für eine Gestaltung gemäß mündlicher Redekonventionen ist nun im Hld zu finden. Tatsächlich fehlt die klassische Erzählzeit des *wayyiqtols* hier fast gänzlich. Allein in Hld 6,9 sind zwei derartige Verbformen zu entdecken: וַיְאַשְּׁרוּהָ sowie וַיְהַלְלוּהָ. Allerdings sollte nicht außer Acht gelassen werden, dass die *wayyiqtol*-Vokalisierung der beiden Verben inhaltlich nicht zwingend ist, da hier ein tendenziell konsekutiver bzw. eventuell sogar volitiver Sinn vorliegen könnte, der durch ein *waw copulativum* plus *yiqtol*-Form zum Ausdruck gebracht würde. Doch selbst wenn es sich um *wayyiqtol*-Formen in dem im übrigen AT gebräuchlichen Sinne handelt, fällt die geringe Zahl an Belegstellen klar ins Auge.

Ein ähnlicher Befund ist für *w*^{e}*qatal* zu erheben. Nur zwei Stellen können dabei als völlig gesicherte Konsekutivformen gelten, nämlich Hld 2,17b sowie 4,6b.[44] Bei den anderen beiden Stellen, wo morphologisch jeweils ein *w*^{e}*qatal* vorkommt (in 2,3d und 2,10b),[45] stellt sich die Lage ähnlich wie in Arad(6):16 dar: Das *waw* könnte auch hier jeweils als ein *copulativum* aufgefasst werden, was dann jedoch angesichts der von Blum etablierten Thesen zur Verbalsyntax[46] als „substandard use of language“ zu bezeichnen wäre.[47] Alternativ könnte es sich um die ebenfalls von Blum beschriebene Verwendung von *w*^{e}*qatal*-Bildungen im Sinne einer Gleichzeitigkeit handeln.[48] In jedem Fall aber scheint es sich bei allen Konsekutivformen (mit der einen Ausnahme von 2,3b, wo das nicht unmittelbar ersichtlich wäre) um mehr oder weniger geprägte Wendungen zu handeln. Für die *w*^{e}*qatal*-Stellen aus 2,17b und 4,6b ist das aufgrund ihrer refrainartigen Verwendung an-

---

[41] Vgl. M. S. Smith, The Origins (Anm. 13), 27.

[42] Vgl. J. Macdonald, Some Distinctive Characteristics (Anm. 21), 174.

[43] Young nimmt an, dass das biblische Hebräisch – analog zum modernen Arabisch – eine überregionale, aber niemanden wirklich eigentümliche Hochsprache darstellte, während demgegenüber viele mehr oder weniger abweichende Regional-Idiome des Hebräischen existierten, vgl. I. Young, Diversity (Anm. 13), 74f.

[44] Es handelt sich hier um den gleichen Satz, der zweimal refrainartig auftritt: עַד שֶׁיָּפוּחַ הַיּוֹם וְנָסוּ הַצְּלָלִים.

[45] Der Vers 2,3cd lautet: בְּצִלּוֹ חִמַּדְתִּי וְיָשַׁבְתִּי, der Vers 2,10ab: עָנָה דוֹדִי וְאָמַר לִי.

[46] Vgl. E. Blum, Das althebräische Verbalsystem (Anm. 18), insbesondere die Zusammenfassung 136ff. Nach Blum kann w^{e}=qatal mit proklitischem *waw* nicht als bloße *copulativ*-Form verstanden werden (vgl. ebd.).

[47] Außerdem wäre dies ein weiteres Indiz für eine späte Abfassungszeit des Hld, da Blum den Befund ausdrücklich auf die Zeit des „Standard-Althebräisch“ bezieht (vgl. a.a.O., 94f.).

[48] Vgl. a.a.O., 124ff.

zunehmen, während die Wendung aus 2,10b in ihrer Knappheit und ihrer mündlich-berichtenden Diktion ohnehin fast umgangssprachlich anmutet. Schließlich könnte Ähnliches auch für die oben genannten *wayyiqtol*-Formen erwogen werden, da in Hld 6,9 angesichts der aus Prov 31,28 bekannten Verbindung von אשׁר II. *Pi.* und הלל II. *Pi.* eine stehende Wendung anzuklingen scheint.[49]

Darüber hinaus ist grundsätzlich festzuhalten, dass es sich bei den Belegstellen im Blick auf das gesamte Hld überdeutlich um Ausnahmeerscheinungen handelt, die nahe legen, dass Konsekutivformen möglicherweise gezielt vermieden wurden.

Dies alles mag man nun zunächst mit dem poetischen Grundcharakter der Hld-Texte begründen, der eben nicht erzählt, sondern andere Diskursformen bevorzugt. Allerdings finden sich ja auch in diesem Buch erzählende Passagen,[50] darunter wiederum der Abschnitt 5,2–6,3. Die Frau berichtet hier in direkter Rede von einer nächtlichen Begebenheit und gibt in ihren Ausführungen sogar die (fremde) direkte Rede des Mannes wieder.[51] Insofern handelt es sich hier ganz deutlich um eine (mündliche) Erzählung. Umso auffälliger ist es darum, dass dort kein einziges *wayyiqtol* Verwendung findet.

Entsprechend kann die hier zur Debatte stehende Perikope schon fast paradigmatisch genannt werden für einen Sprachstil, der sich zwar als Narration zu erkennen gibt, dies allerdings eben nicht gemäß den sonst üblichen Erzählkonventionen des SBH tut, sondern auf den Duktus mündlicher Sprachformen zurückgreift. Somit ist die direkte Rede der Frau nicht nur aufgrund ihrer Diskursform als „mündlich" zu werten, sondern auch und gerade aufgrund ihrer sprachlichen Gestaltung – ein Urteil, das sich ohne große Mühe auf das übrige Buch ausweiten ließe.

---

49 Man muss dafür keinen kultischen Hintergrund vermuten (vgl. in Abgrenzung Helmer Ringgren / Otto Kaiser, Das Hohe Lied. Klagelieder. Das Buch Esther, Göttingen [3]1981, 282f.). Es scheint sich im Vergleich mit Prov viel eher um eine Wendung aus dem weisheitlichen bzw. sozialen Bereich zu handeln – zumindest legt dies der Tugendkatalog in Prov nahe. Vgl. auch Y. Zakovitch, Das Hohelied (Anm. 2), 53. Erstaunlich ist allerdings, dass in kaum einem Kommentar das Faktum Erwähnung findet, dass es sich bei וַיְאַשְּׁרוּהָ und וַיְהַלְלוּהָ um die einzigen *wayyiqtol*-Bildungen des gesamten Buches handelt.

50 Vgl. dazu auch die narratologische Studie von Stefan Fischer, Das Hohelied (Anm. 5).

51 Dass es sich bei den Worten des Mannes in 5,2d–i um berichtete direkte Rede aus dem Munde der Frau handelt, wurde schon hier und da beobachtet (anklingend z.B. bei S. Fischer, a.a.O., 141.145), auch wenn sich diese Erkenntnis offensichtlich bislang noch nicht durchgesetzt hat.

Das Gegenstück zum Rückgang der Konsekutivformen ist der zunehmende Gebrauch alternativer Ausdrucksformen. So kann Smith feststellen:

> „The range of verbal forms utilized regularly in direct discourse exceeds the range exhibited in classical prose narrative. While the *waw*-consecutive constituted the main narrative style to express successive action, direct discourse uses forms in addition to the *waw*-consecutive forms [...], sometimes even for narration."[52]

Konkret ist also zweierlei gemeint: Erstens wird das *wayyiqtol* als Erzählzeit weitgehend durch *qatal*-Bildungen abgelöst,[53] was sich insbesondere am Buch Esther zeigt.[54] Auffällig ist aber zweitens auch, dass dort sogar *qotel*-Formen als Erzählformen auftreten.[55] Dieser prädikative Gebrauch von Partizipien und Verbaladjektiven ist im SBH kaum belegt, wird im nachexilischen LBH allerdings immer verbreiteter.[56] In älteren Texten ist er – wenn überhaupt – nur in Passagen direkter Rede zu finden.[57] Während *qotel* in früheren Zeiten in einem zeitlich relativen Sinn überwiegend zur Beschreibung gleichzeitiger Vorgänge herangezogen wurde[58] bzw. eher aspektartig Geschehnisse zwischen Gegenwart und (naher) Zukunft ausdrückte,[59] gewinnt es in den jüngeren Büchern des AT ganz deutlich den Charakter einer eigenständigen Zeitstufe, die für sich stehend und ohne einen zeitlich einordnenden Kontext gebraucht werden kann.[60] Dabei scheint es eine genuin präsentische Vorstellung zu transportieren,[61] sodass auch im Hld Partizipien bzw. Verbaladjektive durchaus mit dem deutschen Präsens übersetzt werden können.

Ein äußerst signifikanter Befund zeigt sich darüber hinaus für Kohelet, Daniel und Nehemia:[62] Besonders dort erscheinen Formen, die in älteren atl. Texten fast ausschließlich direkter Rede vorbehalten waren (s.o.), in erheblichem Maße in erzählenden Abschnitten.[63] Insofern kann man für Dan und Neh sogar davon

---

[52] M.S. Smith, The Origins (Anm. 13), 22.

[53] Vgl Talmy Givón, The Drift from VSO to SVO in Biblical Hebrew. The pragmatics of tense-aspect, in: Charles N. Li (Hg.), Mechanisms of Syntactic Change, Austin 1977, 181–254, 225f.

[54] Vgl. M. S. Smith, The Origins (Anm. 13), 28.

[55] Allerdings ist zu konzedieren, dass vom Konsonantenbestand her manche der dortigen Verbformen möglicherweise auch *qatal*-Bildungen darstellen könnten – vgl. u.a. Est 2,19, wo aber ein *qotel* aufgrund der eindeutigen Partizipien im Folgevers durchaus naheliegt; Analoges gilt für Est 3,5. Etwas undeutlicher sind aber z.B. die beiden Stellen Est 7,8 und 8,8.

[56] Vgl. T. Givón, The Drift (Anm. 53), passim, bes. 227f.; sowie M.S. Smith, The Origins (Anm. 13), 23.

[57] Vgl. a.a.O., 21. Ähnliches stellt Givón für das „irreal" gebrauchte *qatal* fest (vgl. T. Givón: a.a.O., 206).

[58] Vgl. W. Gesenius u.a., Hebräische Grammatik (Anm. 17), § 116, 2.5.

[59] Vgl. M.S. Smith, The Origins (Anm. 13), 24.

[60] Vgl. auch Mats Eskhult, Verbal Syntax in Late Biblical Hebrew, in: T. Muraoka / J.F. Elwolde (Hg.), Diggers (Anm. 27), 84–93, 88.

[61] Vgl. T. Givón, The Drift (Anm. 53), 228 und M. S. Smith, The Origins (Anm. 13), 33.

[62] Vgl. a.a.O., 29f.

[63] Vgl. auch die Übersicht bei T. Givón, The Drift (Anm. 53), 234.

sprechen, dass in den dortigen *first-person-narrator*-Passagen die Grenzen zwischen Erzählung und direkter Rede annähernd aufgehoben sind.[64]

Genau dieses Phänomen eines Verschwimmens von direkter Rede und Narration, das sich insbesondere an der beschriebenen Zunahme von *qatal*- und *qotel*-Bildungen festmachen lässt, ist nun auch deutlich am Hld erkennbar. Zunächst sticht nämlich die große Dichte an Partizipien und Verbaladjektiven ins Auge, die im gesamten Buch verwendet werden, und noch dazu immer wieder als quasi finite Verbformen. Als paradigmatisch ist dabei die hiesige Passage 5,2–6,3 zu nennen, wo die Zahl von Partizipien und Verbaladjektiven wirklich erstaunlich hoch ist: Insgesamt 22 derartige Formen sind hier zu finden.[65] Indessen muss dieser Befund noch einmal im Detail anhand der Verwendung von Partizipien und Verbaladjektiven differenziert werden: Genau genommen sind zwar nur vier als wirklich selbständige, prädikativ gebrauchte *qotel*-Formen zu bezeichnen.[66] Hinzu kommen allerdings immerhin zehn Verwendungen, die zwischen attributivem und prädikativem Gebrauch changieren, und aufgrund ihrer Brückenfunktion zwischen nominalem Hauptsatz und einem elliptisch-attributiven Nebensatz als „relativsatzartig" bezeichnet werden können.[67] Nominalisierte Formen treten nur vier Mal auf,[68] der adjektivische Gebrauch insgesamt dreimal.[69] Schließlich wäre auch noch die *constructus*-Verbindung in 5,8e zu nennen, die in diesem Nominalsatz das Prädikat darstellt,[70] wenn auch nicht im Sinne eines quasi finiten Verbs. In jedem Fall aber sind alleine die vier quasi finiten *qotel*-Formen schon mehr als auffällig, insbesondere weil dabei jeweils ein explizit präsentischer Erzählcharakter vorzuherrschen scheint, was in erzählenden SBH-Texten kaum vorstellbar ist. Und die Hauptgruppe der prädikativ/attributiven Partizipien gibt zwar die bekannte Form der Umstandsbeschreibung wieder und trägt insofern nur bedingt zum Fortschreiten der Handlung in ihrem erzählenden Stil bei. Kennzeichnend ist dabei dennoch, dass durch sie finite Verbformen ersetzt werden. Der Einwand, dass dies lyrischen Ausdrucksformen entsprechen mag, kann darum den Eindruck nicht mindern, wie wenig die hiesige Dichte von Partizipien der Diktion verschrifteter Erzählungen im SBH entspricht.

Weit weniger Worte sind über die Verwendung der insgesamt 23 *qatal*-Formen zu verlieren, die insbesondere die Verse 3–7 dominieren. So lässt sich über diese

---

64 Vgl. M. S. Smith, The Origins (Anm. 13), 29.

65 Vgl. auch die Hervorhebungen im hebräischen Text der Übersetzung im Anhang.

66 In 5,2abci.

67 In 5,10b.12bc.13bd.14bd.15bd und 6,3c. Vgl. dazu auch: W. Gesenius u.a., Hebräische Grammatik (Anm. 17), § 116 a zusammen mit § 155 b.f.

68 In 5,7ae.16ab.

69 In 5,5b, parallel dazu 5,13d sowie 5,7a.

70 Es handelt sich bei Vers 8e um einen invertierten Nominalsatz. Das Subjekt ist also das Pronomen אֲנִי, da nach Michel (Diethelm Michel, Grundlegung einer hebräischen Syntax, Teil 2: Der hebräische Nominalsatz, Neukirchen-Vluyn 2004, 31) im Nominalsatz das determinierte Satzglied diese Funktion innehat, auch wenn dieser aus fundamentalen sprachlogischen Gründen beim Nominalsatz die Unterscheidung in Subjekt und Prädikat ablehnt und stattdessen die Begriffe Mubtada und Chabar verwendet.

knapp, aber aussagekräftig konstatieren: In der Erzählung 5,2ff. ist an die Stelle eines vermutlich schriftsprachlichen *wayyiqtol* das *qatal* als beherrschende Erzählform getreten.

Nimmt man diese beiden Umstände – die Dominanz von *qotel*- sowie *qatal*-Bildungen – zusammen in den Blick, wird deutlich, dass der Abschnitt von genau jenen Verbbildungen geprägt ist, die nach Smith im früheren SBH in der direkten Rede Verwendung gefunden haben und im späteren LBH den erzählenden Diskurs bestimmen. Insgesamt also darf dies – hier wie im gesamten Hld[71] – als Zeichen eines mündlichen Sprachstils gewertet werden. Dabei könnte es sich entweder um eine genuin mündliche Diktion handeln oder – was m.E. näher liegt – um die Nachahmung mündlicher Redekonvention,[72] wie es auch schon für Kohelet vorgeschlagen wurde.[73] Ob diese Diktion für das Hld dann allerdings wirklich insgesamt schon als umgangssprachlich zu bezeichnen ist,[74] bleibt doch eher fraglich. Für wahrscheinlicher halte ich, dass die Sprache den Ausdrucksformen mündlicher Rede in poetischer Form nachempfunden ist, da sonst die Elaboriertheit der Texte schwerlich erklärbar ist.

2.4. Ungewöhnliche Ausdrucksweisen

Ein letztes Kriterium greift erneut Segals Vorstellung von „Umgangssprachlichkeit“ auf, um noch einmal grundlegend zu fragen, was jenseits der bisher betrachteten Aspekte der (Verbal-)Syntax noch für das Vorhandensein mündlicher Ausdrucksformen sprechen kann. So kennt jeder Mensch diese kleinen und großen Versprecher, die sich in die gesprochene Sprache einschleichen, dabei jedoch die eigentliche Informationsvermittlung nicht beeinträchtigen. Tatsächlich ist es ja ein weit verbreitetes Phänomen gesprochener Sprache, dass Formulierungen nicht immer völlig den grammatikalischen Konventionen entsprechen – sei es, dass sich tatsächlich Fehler einschleichen oder dass Regelsysteme zumindest weit gebeugt werden. Genau darauf geht Young ein, wenn er bezüglich seiner These zur *diglossia* im Hebräischen zwischen „substandard use“ und „variant forms“ unterscheidet.[75] Dieser Differenzierung zufolge gibt es in biblischen Texten neben regionalen linguistischen Varianten punktuell Formulierungen, bei denen es sich um un-idiomatische, genau genommen also fehlerhafte Wendungen handelt. Allerdings wäre ich angesichts der doch recht schmalen Datenbasis an Texten, die

71 Über die Hälfte der Partizipien im Hld sind „sententially“ gebraucht (vgl. F. W. Dobbs-Allsopp, Late linguistic features [Anm. 12], 43).

72 Vgl. a.a.O., 42.

73 Vgl. M. S. Smith, The Origins (Anm. 13), 30.

74 Wie es ja Segal vertritt (s.o.) sowie: M. H. Segal, The Song of Songs (Anm. 3), 478.

75 Vgl. I. Young, Diversity (Anm. 13), 77f.

uns heute für die Etablierung solcher Urteile zur Verfügung steht,[76] eher vorsichtig, von „substandard use of language“ zu sprechen, und würde bevorzugen, derartige Phänomene als „ungewöhnliche Formulierungen“ zu bezeichnen. Dennoch erscheint mir die Grundannahme durchaus plausibel, dass grammatikalisch ungewöhnliches Formulieren in mündlichen Sprachformen stärker zu beobachten ist als in schriftlich gestalteten Texten.[77] Im Folgenden soll eine kurze Sammlung derartiger Merkmale vorgestellt und am Hld – und hier wiederum im Besonderen an der Perikope 5,2–6,3 – exemplifiziert werden.

Ein Beispiel solcher ungewöhnlicher Formulierungen sind nach Young Verwechslungen bzw. Ungenauigkeiten in *genus* und *numerus* – z.B. bei Suffixen oder Pronomina. Des Weiteren wären bestimmte Phänomene im syntaktischen Bereich zu nennen, wie z.B. ungewöhnliche Satzformationen oder -verbindungen, wozu im weiteren Sinne wohl auch die Inversion zählen kann. Denn es ist durchaus anzunehmen, dass syntaktische Bildungen, die im Vergleich mit dem Gros atl. Texte eigenwillig oder gar singulär sind, als Ausprägungen mündlicher Redeformen aufzufassen sind, besonders wenn sie in Passagen direkter Rede stehen.[78]

Im Hld sind derartige Symptome mehrfach anzutreffen, so z.B. die Verwechslungen im *genus*, wie sie im Übergang von 5,7 auf 5,8 zu beobachten sind. Dort werden die Töchter Jerusalems durchgängig mit Formen der *2. m. pl.* angesprochen (8a אֶתְכֶם statt אֶתְכֶן, 8c תִּמְצְאוּ statt תִּמְצֶאנָה, 8d תַּגִּידוּ statt תַּגֵּדְנָה), was besonders verwirrend ist angesichts des Umstands, dass noch in Vers 7 von den Wächtern der Mauern gesprochen wurde.[79] Dies allerdings kann natürlich auch Symptom einer späten sprachlichen Entwicklung sein, da ja im mischnischen Hebräisch (MH) Ähnliches zu beobachten ist.[80] Eigenwillig und grammatikalisch nicht völlig präzise bleibt es dennoch.

Eine weitere Auffälligkeit in der schon mehrfach herangezogenen Erzählpassage im Mittelteil des Buches liegt in dem zweifachen eigens betonten אֲנִי in 5,5a und 5,6a, was grammatikalisch durch die finite Verbform überflüssig ist – an sich schon ein Kennzeichen gesprochener Sprache.[81] Noch prägnanter ist die invertierte Stellung nach dem Verb, was zwar punktuell anderswo beobachtet werden kann, linguistisch gleichwohl hervorsticht.[82] Dies gilt zudem deswegen, weil die

---

[76] Die grammatischen Regeln können wir heute nur aus der Retrospektive und deskriptiv erfassen – eine Einsicht, die sich in der neueren Hebraistik zunehmend gegen die früher vorherrschende präskriptive Herangehensweise hebräischer Grammatiken durchsetzt.

[77] Vgl. auch G. Schoenthal, Art. Gesprochene Sprachform (Anm. 9), 249.

[78] Vgl. dazu die Beschreibungen bei I. Young, Diversity (Anm. 13), 77f.

[79] So könnte man in Vers 8a zunächst noch meinen, dass die Frau nun diese Männer beschwört, von ihr abzulassen. Diese Erwartungshaltung wird jedoch in Vers 8b durch die Anrede der Töchter durchbrochen.

[80] Die Beugungen der 2./3. f. pl. bei *yiqtol*- und *q^etol*-Formen aus dem biblischen Hebräisch ist im MH verschwunden, vgl. M. H. Segal, A Grammar of Mishnaic Hebrew, Oxford 1927 (Ndr. Oxford 1958), § 153.

[81] Vgl. J. Macdonald, Some Distinctive Characteristics (Anm. 21), 166.

[82] Eine vergleichbare Stelle wäre z.B. Koh 4,1. Diese allerdings wird von Givón als „truly bizarre style“ charakterisiert (T. Givón, The Drift [Anm. 53], 224). Keel zielt hier einzig auf die betonende Funktion

Betonung des Ichs auch inhaltlich eigenartig wirkt, insofern in der beschriebenen Szene im Schlafgemach keine andere Person anwesend zu denken ist, von der hier ausdrücklich abgegrenzt werden müsste.[83] In jedem Fall ist diese Wendung als eine äußerst eigenwillige sprachliche Ausdrucksform zu bezeichnen.

Ähnliches gilt für den kausalen Gebrauch der Partikel -שֶׁ. Deren Alternativform, das sonst meist relativ verwendete אֲשֶׁר, ist in kausaler Bedeutung biblisch äußerst selten belegt und wenn, dann meist innerhalb direkter Rede.[84] Genau diese kausale Verwendung aber lässt sich im hiesigen Abschnitt einmal (5,2i) beobachten, auf das gesamte Hld bezogen allerdings gleich mehrfach. Noch deutlicher sticht das einen Objektsatz einleitende -שֶׁ in 5,8e hervor,[85] das als Ersatz für כִּי noch ungewöhnlicher erscheint. Schließlich wäre noch die Wendung -עַד שֶׁ mit (direkt oder später) nachfolgendem finiten Verb zu nennen, die nach Macdonald zu allermeist in Passagen direkter Rede auftritt.[86] So kann wohl auch bezüglich dieser Phänomene mit Fug und Recht vertreten werden, dass sie mündlichen Sprachkonventionen zuzurechnen sind.

Als weitere Aspekte mündlicher Ausdrucksweisen kommen die verschiedensten Formen von Ellipsen hinzu: Neben den im Hld immer wiederkehrenden aphrastischen Anreden scheinen in unserer Beispielpassage sowohl der Teilvers 5,2i als auch der Teilvers 5,5b jeweils noch durch das Verbum des vorherigen Satzes regiert zu sein. Zwar könnte es sich in beiden Fällen auch um eigenständige Nominalsätze handeln, doch inhaltlich scheint eine elliptische Konstruktion wahrscheinlicher zu sein. Neben diesen Verb-Ellipsen treten in der hiesigen Passage auch Auslassungen des Subjekts auf, nämlich in den *qotel*-Sätzen des sogenannten Beschreibungsliedes in den Versen 5,10–15, wo jeweils noch das Subjekt des vorherigen Teilverses als regierend anzunehmen ist. Natürlich sind Ellipsen nichts grundsätzlich Ungewöhnliches im Hebräischen. Allgemein linguistisch gesehen jedoch treten sie häufig in gesprochener Sprache auf.[87]

Sprachlich verwandt mit den Ellipsen ist das Phänomen der Asyndese, das nach Gesenius besonders „der dichterischen oder sonst gesteigerten *Rede*" (!) eignet.[88] Als ein rhetorisches Stilmittel zur Verdichtung[89] findet es im Hld mehrfach Ver-

---

ab, vgl. O. Keel, Das Hohelied (Anm. 3), 181. Diese wiederum verneint jedoch Wilhelm Rudolph, Das Buch Ruth – Das Hohe Lied – Die Klagelieder, Berlin 1970, 155.

83 Man könnte vermuten, dass das אֲנִי eine Folge des sonst in später Zeit üblichen präsentischen *qotel*-Gebrauchs ist, wo ja zwingend ein Personalpronomen oder anderes Subjekt benötigt wird.

84 Vgl. J. Macdonald, Some Distinctive Characteristics (Anm. 21), 167f.

85 Eine kausale Deutung entsprechend der sonstigen Verwendungen von -שֶׁ im Hld wäre auch denkbar. Inhaltlich erscheint allerdings ein Objektsatz wahrscheinlicher.

86 Diese Wendung ist zwar nicht in der hiesigen Perikope, sonst aber immerhin sechs Mal im gesamten Hld zu finden, nämlich in 1,12; 2,7.17; 3,4.5; 4,6; 8,4. Die Untersuchung zu dieser Wendung findet sich in: J. Macdonald, Some Distinctive Characteristics (Anm. 21), 171f.

87 Vgl. T. Lewandowski, Linguistisches Wörterbuch 1 (Anm. 8), 360f.

88 W. Gesenius u.a., Hebräische Grammatik (Anm. 17), § 120 h (Hvhg. M.H.). Dieser Aspekt wird zusätzlich unterstrichen durch die in der Grammatik unter § 120 g*b*) angeführten Beispiele, welche überwiegend direkten Redepassagen entnommen sind.

89 Vgl. a.a.O., § 154 a, Anm. 1a.

wendung, wie z.B. in prominenter Weise in Vers 5,7, wo sich die Ereignisse nicht nur inhaltlich, sondern auch in ihrer asyndetischen Ausgestaltung buchstäblich überschlagen. Es fällt nicht schwer, sich diesen Vers als Figurenrede aus dem Munde der Frau vorzustellen, die – die Worte fast ausspuckend – den Hörenden entgegenschleudert, was die knappe und eigentümlich beiläufige Darstellung der Handlung kontrapunktiert.

Auch die *figura etymologica* sollte in dieser Reihe noch Erwähnung finden, für die Macdonald ebenfalls eine Beheimatung in direkter Rede wahrscheinlich gemacht hat.[90] Im Hld tritt sie beispielhaft in 8,7d auf: בּוֹז יָבוּזוּ לוֹ. Für diese Stelle erscheint eine Affinität zu mündlichen Sprachkonventionen sogar insofern noch plausibler, als es hier ganz offensichtlich um gesellschaftliche Werte geht – und gerade diese werden ja nicht selten in geprägten Wendungen ausgedrückt. So ist es nicht unwahrscheinlich, dass hier eine sprichwörtliche (und damit mündliche) Phrase anklingt, insbesondere wenn man einen inhaltlichen Vergleich zu den Ausführungen über das Sozialverhalten zwischen Mann und Frau im Buch Sprüche Salomos anstellt.[91]

Und last but not least müssen noch einige eigentlich evidente textanalytische Beobachtungen Erwähnung finden, die aber als Indizien nicht zu unterschätzen sind. Es sind die textlichen Merkmale, die mit der Formulierung des Buches in direkter Rede zusammenhängen: Allen voran natürlich die immer wiederkehrenden Elemente der Rede und Anrede, also die Formen der 1. und 2. Person bei Verben und Suffixen sowie Titulierungen, aber nicht weniger auch Textmerkmale der Frage oder Aufforderung (Fragepartikel, *q^e^tol*-Formen etc.), wie sie nicht zuletzt in 5,2–6,3 gehäuft in Erscheinung treten.

Vermutlich ließen sich noch eine ganze Reihe weiterer Kennzeichen mündlicher Sprachformen im Hld aufzeigen. Es sei hier nur noch summarisch auf die Untersuchung Rendsburgs verwiesen, der für atl. Poesie einerseits eine signifikante Unterrepräsentation von „colloquialisms“ verzeichnet, andererseits aber ausgerechnet für das Hld in umgekehrter Weise eine extrem überdurchschnittliche Verbreitung dieses Phänomens feststellt.[92] Weitere Untersuchungen zu diesem Aspekt erscheinen jedenfalls viel versprechend.

So sprechen also auch die hiesigen Indizien allesamt für ein dem Hld zugrunde liegendes Gestaltungsprinzip gemäß Konventionen mündlicher Rede.

---

90 Vgl. J. Macdonald, Some Distinctive Characteristics (Anm. 21), 167f.

91 Insbesondere Spr 5–7 und Spr 31, aber auch passim. Es sollte dabei auch nicht unterschätzt werden, dass die Wurzel בוז in jenem weisheitlichen Werk eine große Rolle spielt – die meisten Belegstellen (10 von 25) treten dort auf. Vgl. aber auch die Ausführungen zum Tugendkatalog in Spr 31 bei Y. Zakovitch, Das Hohelied (Anm. 2), 53.

92 Vgl. Gary A. Rendsburg, Diglossia in Ancient Hebrew, New Haven 1990, 156f. zusammen mit 169f. Im Appendix auf S. 198 findet sich auch eine Tabelle mit den ausgemachten „colloquialisms“, welche sich allerdings auch zumindest teilweise mit dem hier bereits beschriebenen Phänomenen überschneiden.

2.5. *Gegenläufige Beobachtungen*

Trotz dieser vielfältigen Hinweise auf mündliche Sprachformen im Hld dürfen einige wichtige gegenläufige Tendenzen nicht verschwiegen werden.

Zuvörderst ist hier die schon verschiedentlich angeführte poetische Elaboriertheit des Buches anzuführen. Dabei muss freilich einem Missverständnis vorgebaut werden: Eine poetische Gestaltung steht einer Mündlichkeit nicht *per se* im Wege. Man muss auch nicht lange suchen, um poetische Texte zu finden, die definitiv oder zumindest aller Wahrscheinlichkeit nach „mündliche Texte" darstellen: So denke man für den atl. Kontext nur an die Psalmen oder auch die „literarische Mündlichkeit" prophetischer Texte,[93] bzw. an eher jüngere Analogien wie Büttenreden oder klassische Dramen. Natürlich können mündliche Texte poetisch gestaltet sein, wie schon eingangs angedeutet wurde. Dann allerdings handelt es sich in aller Regel nicht um Texte alltagssprachlicher oder umgangssprachlicher Provenienz,[94] sondern um gesprochene Sprache mit einer eher poetisch-ästhetischen Funktion,[95] der ein wesentlich komplexerer Sprachstil zukommt.[96]

Es würde nun gänzlich den Rahmen dieses Beitrags sprengen, dieses Merkmal poetischer Elaboriertheit im Detail nachweisen zu wollen.[97] Nur auf ein Merkmal poetischer Sprachprägung soll kurz eingegangen werden, da es mit einem hier bereits verhandelten Punkt zusammenhängt: der weiten Verbreitung von *qotel*-Formen im Hld. Diese nämlich erinnern – gerade in den Beschreibungsliedern – in ihrem prädikativ-preisenden Stil stark an die hymnischen Partizipien des Psalters,[98] auch wenn sie hier natürlich nicht auf Gott bezogen sind. Dies mag nun auf den ersten Blick den Befund zur Vielzahl von *qotel*-Formen im Hld relativieren, da dies auf den hymnischen Stil zurückführbar wäre. Jedoch ist zum einen zu bedenken, dass auch die Psalmen aller Wahrscheinlichkeit nach „mündliche Texte" darstellen, wenn auch nicht im alltagssprachlichen Sinn. Und zum anderen

---

93 Vgl. zur „literarischen Mündlichkeit" prophetischer Texte: Helmut Utzschneider, Gottes Vorstellung. Untersuchungen zur literarischen Ästhetik und Theologie des Alten Testaments, Stuttgart 2007, 240.

94 Vgl. dazu die Differenzierungen bei Joachim Raith, Art. Alltagssprache, in: Metzler Lexikon Sprache (2000), 31.

95 Vgl. dazu insbesondere die Ausführungen zur Autoreflexivität derartiger Texte bei Volker Wiemann, Art. Funktion, ästhetische/poetische, in: Metzler Lexikon Literatur- und Kulturtheorie (2008), 224f., 224; ebenso die Bemerkungen zur Polyvalenz poetischer Texte bei Helmut Utzschneider / Stefan Ark Nitsche, Arbeitsbuch literaturwissenschaftliche Bibelauslegung. Eine Methodenlehre zur Exegese des Alten Testaments, Gütersloh ^{2}2005, 123f.

96 Auch gattungsmäßig oder zumindest mit Blick auf die Textsorte und damit den jeweiligen Sitz im Leben könnte hier differenziert werden. Vgl. dazu z.B. Ernst-Ulrich Große, Art. Textsorten, in: Metzler Lexikon Literatur- und Kulturtheorie (2008), 710–711, 710f.

97 So sei an dieser Stelle der Einfachheit halber auf die zahllosen und oft umfänglichen Untersuchungen zu diesem Aspekt verwiesen (vgl. exemplarisch die Titel aus Anm. 11), die allesamt offenlegen, dass im Hld ein hohes Maß poetischen Gestaltungswillens vorausgesetzt werden kann.

98 Zuerst bei Hermann Gunkel, Einleitung in die Psalmen. Die Gattungen der religiösen Lyrik Israels, Göttingen 1933, 44–47; eingehend bearbeitet und aktualisiert von Frank Crüsemann, Studien zur Formgeschichte von Hymnus und Danklied in Israel, Neukirchen-Vluyn 1969, 83ff.

wird der oben erarbeitete Befund, dass *qotel*-Bildungen grundsätzlich eher mündlichen Redekonventionen zuzurechnen sind, ja nicht nivelliert. Es zeigt sich nur, dass diese mündlichen Redekonventionen nicht nur einem alltagssprachlichen Kontext angehören, sondern darüber hinaus auch in einem gehobeneren Sprachstil Verwendung finden. Man könnte somit sagen, dass *qotel*-Bildungen zwischen beiden Bereichen changieren.

Neben diesen sprachästhetischen Aspekten sollen auch noch zwei linguistische Merkmale zur Sprache kommen: Zum einen nämlich gilt im Allgemeinen lexikalische Armut als ein wichtiges Kennzeichen von Mündlichkeit.[99] Im Hld jedoch ist das Gegenteil der Fall – hier bordet die Vielfalt in der Wortwahl schier über und die Unzahl an synonymen Begriffen erschwert die Übersetzung ungemein. Als kleines Beispiel hierfür sei nur auf die beiden Termini für Gold Vers 5,11a verwiesen.

Zum anderen sollte auch noch das enorm dichte phorische Netz genannt werden, das sich durch das gesamte Buch zieht. Insbesondere die äußerst engmaschige Verknüpfung von Teilversen durch die hohe Zahl an Suffixen – gerade auch von Suffixen an Verbformen, die wohl eher einem gehobenen Stil zuzurechnen sind[100] – verleiht dem Text von Hld ein hohes Maß an sprachlicher Komplexität.

All diese Argumente sprechen doch deutlich dafür, im Hld das Produkt einer hohen literarischen (!) Gelehrsamkeit zu sehen. In jedem Fall scheint die einseitige Einschätzung, das Buch sei „umgangssprachlich" formuliert, so nicht haltbar zu sein – es bedarf eines komplexeren Erklärungsmusters.

3. Zusammenfassung

‚Schreibe' oder ‚Rede' – diese Alternative stand am Anfang der Untersuchung. Tatsächlich haben sich im Laufe der Überlegungen mehrere deutliche Hinweise ergeben, dass das Hld Elemente eines „mündlichen Textes" enthält, also als ‚Rede' eingestuft werden könnte. An Spuren mündlicher Ausdrucksformen haben sich dabei insbesondere gezeigt: die hohe Variabilität in den syntaktischen Formationen, das weitgehende Fehlen von Konsekutivformen, die Verbbildung entsprechend der Konventionen des SBH für direkte Rede sowie schließlich eine ganze Reihe weiterer Merkmale, wie z.B. die gegenüber dem SBH äußerst unkonventionellen Ausdrucksformen. Es versammeln sich also alles in allem eine Vielzahl von Aspekten, die der Kriteriologie gesprochener Sprachformen entspre-

99 Vgl. Gabriele Müller-Oberhäuser, Art. Mündlichkeit, in: Metzler Lexikon Literatur- und Kulturtheorie (2008), 516f., 516; ebenso G. Schoenthal, Art. Gesprochene Sprachform (Anm. 9), 249.

100 Gerade dies wäre nämlich in der Regel auch anders auszudrücken, z.B. durch Präpositionen mit Suffix, was die Komplexität in der aktiven Verbbildung deutlich reduzieren würde.

chen – eine Sprache, von der Macdonald ganz allgemein sagt, sie sei „more lively, emphatic and informal“.[101]

Gleichzeitig gibt es aber auch eine Reihe von gegenläufigen Befunden, die wiederum eher in Richtung der ‚Schreibe‘ tendieren. Denn den mündlichen Sprachkonventionen stehen nicht nur die offensichtliche materiale Schriftlichkeit des Buches, sondern vor allem auch die Merkmale gegenüber, die zumindest auf eine hoch- bzw. sondersprachliche[102] Mündlichkeit, wenn nicht sogar auf Schriftlichkeit hindeuten: die elaborierte Poetik u.a. mit ihren Anleihen bei den hymnischen Partizipien nicht zuletzt des Psalters, die Komplexität der phorischen Vernetzung und der lexikalische Reichtum an Synonymen. Angesichts dieser Ergebnisse so weit zu gehen, das Buch insgesamt als einen „mündlichen Text“ in einem alltagssprachlichen oder gar umgangssprachlichen Sinn zu klassifizieren, wäre also nicht ratsam.

So stellt sich die Frage, ob die Alternative ‚Schreibe‘ versus ‚Rede‘ nicht sinnvollerweise zugunsten einer Synthese dieser beiden ja nur scheinbaren Gegensätze aufgelöst werden sollte: Wenn ein Text nämlich ein Potpourri von Elementen alltagssprachlicher Mündlichkeit, hochsprachlicher Mündlichkeit und poetischer Schriftlichkeit aufweist – dann erscheint es doch am plausibelsten anzunehmen, dass es sich um eine schriftliche Ausarbeitung handelt, die allerdings als solche versucht, den Text nach den Gestaltungsprinzipien mündlicher Redeformen zu formulieren.[103] So wirkt beim Hld ein Phänomen nach, das regelmäßigen Kirchgängerinnen und Kirchgängern nur allzu bekannt sein sollte. Denn auch einer noch so guten schriftlich ausgearbeiteten Predigt merkt man ihre Schriftlichkeit eben doch an. Das Hld wirkt also wie eine ‚Schreibe‘, die ‚Rede‘ sein will – oder besser: wie eine „geschriebene Rede“ oder „gesprochene Schreibe“.[104] Dieses Buch ist demnach als ein poetisch hoch elaboriertes und aller Wahrscheinlichkeit nach schriftlich ausgearbeitetes Kunstlied zu beschreiben, das aber bewusst auf einen *modus dicendi* zurückgreift, um den Duktus gesprochener Sprache nachzubilden.

---

[101] J. Macdonald, Some Distinctive Characteristics (Anm. 21), 163.

[102] Vgl. zum Begriff „Sondersprache“: Joachim Raith, Art. Sondersprache, in: Metzler Lexikon Sprache (2000), 642.

[103] Ganz ähnlich F. W. Dobbs-Allsopp, Late linguistic features (Anm. 12), 43.

[104] Das liegt auch insofern nahe, als Macdonald auf der Basis von 1. Sam sogar eine „very close relationship between Spoken style and Poetry“ beobachtet (J. Macdonald, Some Distinctive Characteristics [Anm. 21], 162).

Anhang: Übersetzung und syntaktische Analyse von Hld 5,2–6,3[105]

אֲנִ֥י יְשֵׁנָ֖ה	x-qotel[106]	5,2a	Ich schlafe,[107]
וְלִבִּ֣י עֵ֑ר	x-qotel	b	aber mein Herz ist wach.
ק֣וֹל ׀ דּוֹדִ֣י דוֹפֵ֗ק	x-qotel	c	Die Stimme meines Geliebten drängt:
פִּתְחִי־לִ֞י	q^{e}tol-x	d	‚Öffne mir,
אֲחֹתִ֤י	x[108]	e	meine Schwester,
רַעְיָתִי֙	x	f	meine Freundin,
יוֹנָתִ֣י	x	g	meine Taube,
תַמָּתִ֔י	x	h	meine Vollkommene!
שֶׁרֹּאשִׁי֙ נִמְלָא־טָ֔ל קְוֻצּוֹתַ֖י רְסִ֥יסֵי לָֽיְלָה׃	x-qotel-x	i	Denn mein Haupt ist voll von Tau, meine Locken von Tropfen der Nacht.‘
פָּשַׁ֙טְתִּי֙ אֶת־כֻּתָּנְתִּ֔י	qatal-x	5,3a	‚Ich habe mein Gewand abgestreift,
אֵיכָ֖כָה אֶלְבָּשֶׁ֑נָּה	x-yiqtol	b	wie soll ich mich ankleiden?
רָחַ֥צְתִּי אֶת־רַגְלַ֖י	qatal-x	c	Ich habe meine Füße gewaschen,
אֵיכָ֥כָה אֲטַנְּפֵֽם׃	x-yiqtol	d	wie soll ich sie beschmutzen?‘
דּוֹדִ֗י שָׁלַ֤ח יָדוֹ֙ מִן־הַחֹ֔ר	x-qatal-x	5,4a	Mein Geliebter sandte seine Hand von dem Loch her
וּמֵעַ֖י הָמ֥וּ עָלָֽיו׃	x-qatal-x	b	und mein Innerstes rauschte[109] ob seiner.[110]
קַ֥מְתִּֽי אֲנִ֖י לִפְתֹּ֣חַ לְדוֹדִ֑י	qatal-x	5,5a	Ich, ja ich,[111] stand auf, um meinem Geliebten zu öffnen.
וְיָדַ֣י נָֽטְפוּ־מ֗וֹר וְאֶצְבְּעֹתַי֙ מ֣וֹר עֹבֵ֔ר עַ֖ל כַּפּ֥וֹת הַמַּנְעֽוּל׃	x-qatal-x[112]	b	Und meine Hände troffen von Myrrhe, und meine Finger von flüssiger Myrrhe auf die Handgriffe des Riegels.
פָּתַ֤חְתִּֽי אֲנִי֙ לְדוֹדִ֔י	qatal-x	5,6a	Ich, ja ich, öffnete meinem Geliebten,
וְדוֹדִ֖י חָמַ֣ק	x-qatal	b	aber mein Geliebter war weggegangen,

105 Zur besseren Übersicht wurden die auffälligen *qotel*-Formen (Partizipien und Verbaladjektive) grau hervorgehoben.

106 Die Verbaladjektive in diesem Vers werden analog zu Partizipien verwandt und können entsprechend ebenfalls als *qotel* aufgeführt werden.

107 Das Verbaladjektiv präsentisch wiederzugeben macht vor allem im Kontext der hiesigen direkten erzählenden Rede Sinn. Grundsätzlich gilt ja, dass diese Wortklasse analog zu Partizipien zunächst einfach eine relational gleichzeitige Bedeutung hat (Hess spricht ohnehin verallgemeinernd von Partizipien, vgl. Richard S. Hess, Song of Songs, Grand Rapids 2005, 167). Ohne Kontext – mit 5,2 beginnt schließlich ein neuer Abschnitt – liegt daher eine quasi finite und damit präsentische Übersetzung nahe.

108 Den elliptischen Anreden in diesem Abschnitt kommt aufgrund ihrer textpragmatischen Prägnanz eine gewisse Eigenständigkeit zu. Sie wurden daher jeweils als eigene syntaktische Einheiten gewertet.

109 Vgl. die Ausführungen zur akustischen Qualität von המה A. Baumann, Art. הָמָה *hāmāh*, in: ThWAT, Bd. II (1977), 444–449, 445.

110 Denkbar wäre auch, das Suffix auf den Vorgang zu beziehen („deswegen“ o.ä.). Letztlich ist das Hebräische hier – bewusst – doppeldeutig, im Deutschen kann dies allerdings so nicht wiedergegeben werden, weswegen eine Übersetzungsentscheidung notwendig war. Diese fiel hier zugunsten des Geliebten aus.

111 Zur Verdeutlichung der Doppelung in der Personage durch die 0.1 c. Sg. in der Verbform und dem zusätzlichen Personalpronomen.

112 Angesichts der zwei Subjekte, die aber – syntaktisch etwas eigenwillig – durch das Prädikat sowie das erste Objekt getrennt sind, könnte man auch diesen Satz in zwei Teilverse aufteilen, wovon der zweite dann streng genommen eine Ellipse bildet, die sich an das vorangegangene Prädikat anschließt.

עָבָר	qatal	c	vorübergezogen.
נַפְשִׁי יָצְאָה בְדַבְּרוֹ	x-qatal-x	d	Meine Lebenskraft verließ [mich] über seiner Flucht.[113]
בִּקַּשְׁתִּיהוּ	qatal	e	Ich suchte ihn,
וְלֹא מְצָאתִיהוּ	x-qatal	f	aber ich fand ihn nicht.
קְרָאתִיו	qatal	g	Ich rief ihn,
וְלֹא עָנָנִי׃	x-qatal	h	aber er antwortete mir nicht.
מְצָאֻנִי הַשֹּׁמְרִים הַסֹּבְבִים בָּעִיר	qatal-x	5,7a	Sie fanden mich, die Wächter, die in der Stadt ihre Runde machten.
הִכּוּנִי	qatal	b	Sie schlugen mich.
פְצָעוּנִי	qatal	c	Sie verletzten mich.
נָשְׂאוּ אֶת־רְדִידִי מֵעָלַי	qatal-x	d	Sie hoben meinen Umhang über mich –
שֹׁמְרֵי הַחֹמוֹת׃	x[114]	e	die Wächter der Mauern.
הִשְׁבַּעְתִּי אֶתְכֶם	qatal-x	5,8a	‚Ich beschwöre euch,
בְּנוֹת יְרוּשָׁלִָם	x	b	Töchter Jerusalems!
אִם־תִּמְצְאוּ אֶת־דּוֹדִי	x-yiqtol-x	c	Wenn ihr meinen Geliebten findet,
מַה־תַּגִּידוּ לוֹ	x-yiqtol-x	d	was werdet ihr ihm sagen?
שֶׁחוֹלַת אַהֲבָה אָנִי׃	NoS	e	Dass ich krank vor Liebe bin?‘[115]
מַה־דּוֹדֵךְ מִדּוֹד	NoS	5,9a	‚Was ist dein Geliebter im Vergleich zu irgendeinem Geliebten,
הַיָּפָה בַּנָּשִׁים	x	b	Schönste unter den Frauen?
מַה־דּוֹדֵךְ מִדּוֹד	NoS	c	Was ist dein Geliebter im Vergleich zu irgendeinem Geliebten,
שֶׁכָּכָה הִשְׁבַּעְתָּנוּ׃	x-qatal	d	dass du uns gar so beschwörst?‘
דּוֹדִי צַח וְאָדוֹם	NoS	5,10a	Mein Geliebter ist glänzend und rot,
דָּגוּל מֵרְבָבָה׃	qotel-x	b	sticht hervor aus einer Vielzahl.
רֹאשׁוֹ כֶּתֶם פָּז	NoS	5,11a	*Sein Haupt ist Gold und gülden,*[116]
קְוּצּוֹתָיו תַּלְתַּלִּים	NoS	b	seine Locken sind Dattelrispen,
שְׁחֹרוֹת כָּעוֹרֵב׃	NoS[117]	c	schwarz wie der Rabe.
עֵינָיו כְּיוֹנִים עַל־אֲפִיקֵי מָיִם	NoS	5,12a	Seine Augen[118] sind wie Tauben an den Bachrinnen,
רֹחֲצוֹת בֶּחָלָב	qotel-x	b	badend in Milch,

113 Vgl. Marvin H. Pope, Song of Songs. A new translation with introduction and commentary, Garden City (N.Y.) 1977, 526. Genauso R. E. Murphy, The Song of Songs (Anm. 2), 165, und O. Keel, Das Hohelied (Anm. 3), 183.

114 Auch diesem in der Tendenz appositionellen Nachtrag kommt eine gewisse syntaktische Eigenständigkeit zu, da er sich nicht alleine auf den letzten Satz, sondern auf sämtliche vorangegangenen Sätze bezieht. Dieser Übergeordnetheit soll durch eine separate Aufführung Rechnung getragen werden.

115 Das Hebräische lässt hier offen, ob es sich bei 5,8e um einen Frage- oder einen Aussagesatz handelt.

116 In Ermangelung deutscher Synonyme zu „Gold“, löse ich eines der Nomen adjektivisch auf.

117 Streng genommen handelt es sich um einen elliptischen Nominalsatz: Er greift auf das Subjekt des vorangegangenen Nominalsatzes zurück, bildet aber gleichzeitig eine eigenständige neue syntaktische Einheit.

118 Zwar betont Keel, dass hier weniger die Augen als Körperteil, als vielmehr die Blicke derselben gemeint sind (vgl. Othmar Keel, Deine Blicke sind Tauben, Stuttgart 1984, 54). In Bezug auf das *tertium comparationis* birgt das auch insofern eine gewisse Plausibilität, als somit die Eigenschaften bzw. die Dynamik der Augen gemeint ist. Dennoch geht es in diesem Kontext um die Beschreibung eines Körpers, weswegen ich die wörtliche Übersetzung vorziehe.

יֹשְׁבוֹת עַל־מִלֵּאת׃	qotel-x	c	sitzend auf der Einfassung.
לְחָיָו כַּעֲרוּגַת הַבֹּשֶׂם	NoS	5,13a	Seine Wangen sind wie die Balsambeete,
מְגַדְּלוֹת[119] מֶרְקָחִים	qotel-x	b	lassen Würzkräuter sprießen.
שִׂפְתוֹתָיו שׁוֹשַׁנִּים	NoS	c	Seine Lippen sind Lilien,
נֹטְפוֹת מוֹר עֹבֵר׃	qotel-x	d	triefend vor flüssiger Myrrhe.
יָדָיו גְּלִילֵי זָהָב	NoS	5,14a	Seine Hände sind Rollen von Gold,
מְמֻלָּאִים בַּתַּרְשִׁישׁ	qotel-x	b	angefüllt mit Tarsus-Stein.
מֵעָיו עֶשֶׁת שֵׁן	NoS	c	Seine Brust[120] eine Platte von Elfenbein,
מְעֻלֶּפֶת סַפִּירִים׃	qotel-x	d	bedeckt mit Saphiren.
שׁוֹקָיו עַמּוּדֵי שֵׁשׁ	NoS	5,15a	Seine Schenkel sind Säulen von Alabaster,
מְיֻסָּדִים עַל־אַדְנֵי־פָז	qotel-x	b	gegründet auf Sockeln von Gold.
מַרְאֵהוּ כַּלְּבָנוֹן	NoS	c	Sein Anblick ist wie der Libanon,
בָּחוּר כָּאֲרָזִים׃	qotel-x	d	erlesen wie Zedern.
חִכּוֹ מַמְתַקִּים	NoS	5,16a	Sein Gaumen ist Süße
וְכֻלּוֹ מַחֲמַדִּים[121]	NoS	b	und er mit Haut und Haaren[122] Begehren.
זֶה דוֹדִי	NoS	c	Dies ist mein Geliebter
וְזֶה רֵעִי	NoS	d	und dies ist mein Freund,
בְּנוֹת יְרוּשָׁלִָם׃	x	e	Töchter Jerusalems.
אָנָה הָלַךְ דּוֹדֵךְ	x-qatal-x	6,1a	Wohin ist dein Geliebter gegangen,
הַיָּפָה בַּנָּשִׁים	x	b	Schönste unter den Frauen?
אָנָה פָּנָה דוֹדֵךְ	x-qatal-x	c	Wohin hat sich dein Geliebter gewandt,
וּנְבַקְשֶׁנּוּ עִמָּךְ׃	yiqtol-x	d	auf dass wir ihn mit dir suchen?
דּוֹדִי יָרַד לְגַנּוֹ לַעֲרֻגוֹת הַבֹּשֶׂם לִרְעוֹת בַּגַּנִּים וְלִלְקֹט שׁוֹשַׁנִּים׃	x-qatal-x	6,2a	Mein Freund ist hinabgegangen zu seinem Garten, zu den Balsambeeten, um zu weiden in seinen Gärten und Lilien zu pflücken.
אֲנִי לְדוֹדִי	NoS	6,3a	Ich bin meines Geliebten
וְדוֹדִי לִי	NoS	b	und mein Geliebter ist mein,
הָרֹעֶה בַּשּׁוֹשַׁנִּים׃ ס	x	c	er, der in den Lilien weidet.

119 Ich weiche hier von der masoretischen Vokalisierung ab und identifiziere das Wort als Partizip im Piʿel. Diese Lesart, der auch die LXX folgt, legt sich aufgrund der durchgängigen syntaktischen Parallelbildung nahe.

120 Als übertragene Bedeutung des „Innersten“, vgl. Helmer Ringgren, Art. מֵעִים *meʿîm*, in: ThWAT, Bd. IV (1984), 1036–1038, 1036.

121 Vom Konsonantenbestand her könnten die Prädikate dieser beiden Nominalsätze ebenfalls für Partizipien gehalten werden – sei es als defektiv geschriebene im Hiph'il oder als Piʿel-Partizipien. Es ist sogar zu erwägen, ob dies für einen hebräischen Muttersprachler dieser Zeit überhaupt einen Unterschied gemacht hat.

122 Als deutsche Analogie für die „Gänze“.

Klaus Neumann

„Die Worte und die Dinge und die Hermeneutik"

Die Geschichte der Hermeneutik mit Michel Foucault gelesen[1]

Die Worte und die Dinge (*Les mots et les choses*) ist der Originaltitel eines Klassikers der Wissenschaftsgeschichte aus der Feder von Michel Foucault, der 1966 im französischen Original erschien. Die deutsche Übersetzung von 1971 gab dies nicht wörtlich wieder, sondern war betitelt mit *Die Ordnung der Dinge*[2].

„Die Worte und die Dinge" – dieser Titel verweist auf die Frage, kraft welcher Potenz die Sprache spricht. Dies ist auch der Anknüpfungspunkt zum Thema „Sprachen des Glaubens". Denn das, was Foucault hierzu sagt, möchte ich mit der Geschichte der theologischen Hermeneutik in Beziehung setzen und besonders auf jenes Phänomen aufmerksam machen, das man die „Geburt der Interpretation" nennen könnte, nämlich den Auftritt der hermeneutischen Figur des „eigentlichen Sinns" oder der „eigentlich gemeinten Sache", die in der theologischen Hermeneutik seit ca. zweihundert Jahren eine fundamentale Rolle spielt.

Ich möchte mit einem Zitat beginnen, das sozusagen die Normalsicht der Geschichte der Hermeneutik zum Ausdruck bringt. Es ist der verbreiteten Einführung von Udo Schnelle in die neutestamentliche Exegese entnommen. Schnelle formuliert als Ziel:

> „[Die Studierenden, die die historisch-kritischen Auslegungsmethoden erlernen,] sollen einen Text hinsichtlich seines ursprünglichen Wortlautes, seiner sprachlichen und literarischen Struktur, seiner Form, seiner Entstehungsgeschichte, seiner Begriffe und Motive, seiner religionsgeschichtlichen Stellung, seiner redaktionellen Aussagerichtung und seines theologischen Inhalts analysieren und verstehen können."[3]

Der Autor weist sodann darauf hin, dass diese Art von Exegese, die den biblischen Text mit denselben Methoden analysiert und interpretiert wie jede andere historische Quelle auch, natürlich nicht „voraussetzungslos" ist, sondern aufs Engste mit dem neuzeitlichen Weltbild zusammenhängt:

> „Ihre Wurzeln hat sie [sc. die historisch-kritische Auslegungsmethode] in der geistesgeschichtlichen Wende der Neuzeit, die sich in den Entdeckungen und Ergebnissen der Naturwissenschaften, der Philosophie, der Ökonomie, der Philologie und der Geisteswissen-

---

[1] Dieser Aufsatz bündelt Überlegungen, die ich andernorts ausführlicher entwickelt habe: Klaus Neumann, Die Geburt der Interpretation. Die hermeneutische Revolution des Historismus als Beginn der Postmoderne, Stuttgart 2002.

[2] Michel Foucault, Die Ordnung der Dinge. Eine Archäologie der Humanwissenschaften, Frankfurt a.M. 1971 (Les Mots et les choses. Une archéologie des sciences humaines, Paris 1966).

[3] Udo Schnelle, Einführung in die neutestamentliche Exegese, 7., durchges. u. erg. Aufl., Göttingen 2008, 11.

schaften niederschlug. Vor allem in der französischen, englischen und deutschen Aufklärung entstand ein neues Weltbild, das durch menschliches Autonomiebewusstsein, Pluralismus, Emanzipation und eine fortschreitende Säkularisierung gekennzeichnet war. Die Vorstellungen einer *historia sacra* oder *scriptura sacra* wurden fallengelassen und eine metaphysische Welterklärung sowie die Vormachtstellung der Kirche nicht mehr als selbstverständlich hingenommen. Die Frage nach Wahrheit war hinfort nicht mehr mit dem Verweis auf kirchliche Traditionen und Lehrmeinungen zu beantworten, sondern wurde der Vernunft unterworfen."[4]

Diese Entwicklung, so Schnelle weiter, führte dazu, dass zwischen „Heiliger Schrift" und „Wort Gottes" unterschieden wurde, wobei Johann Salomo Semler (1725–1791), Gotthold Ephraim Lessing (1729–1781) und Johann Philipp Gabler (1753–1826) eine besondere Rolle spielten. Auf Letztgenannten gehe die „Unterscheidung zwischen Wort- und Sacherklärung"[5] oder zwischen „Auslegung" und „Erklärung" zurück, die als „grundlegende hermeneutische Anweisung" bis heute „in leicht abgewandelter Form … in der Differenzierung von Sinn und Bedeutung eines Textes große Aktualität besitz[e]"[6].

In den ersten Auflagen der betreffenden Einführung, an denen noch Georg Strecker als Mitautor beteiligt war, wurde am Ende des Durchgangs durch die Methoden in Aufnahme der Unterscheidung von Sinn und Bedeutung formuliert, es sei das „Ziel der neutestamentlichen Hermeneutik", den „vergangenheitlichen Text" nicht nur zu „rekonstruieren, sondern ihn zugleich als eine für Vergangenheit und Gegenwart verbindliche Aussage [zu] interpretieren", nicht nur die Frage „Was *sagt* der Text?" zu beantworten, sondern sich auch dem Problem „Was *meint* der Text?" zu stellen.[7]

Nach Schnelle, der hier die Opinio communis der Exegeten wiedergeben dürfte, war es also so, dass die entscheidende Veränderung in der Aufklärungszeit eintrat und ursächlich bedingt war durch das Aufkommen der „autonomen Vernunft" („menschliches Autonomiebewusstsein, Pluralismus, Emanzipation und eine fortschreitende Säkularisierung"[8]), die auch die Bibel „kritisch" hinterfragte und ihr nicht mehr einfach per se als „heiliger Schrift" Glauben schenkte und historische Glaubwürdigkeit zubilligte. Die dadurch aufgeworfene Frage nach der Verbindlichkeit und der „Bedeutung" der Bibel für den zeitgenössischen Leser sei beantwortet worden, indem die Hermeneutik fortan zwischen Wort- und Sacherklärung unterschieden habe, zwischen dem Text und der gemeinten „Sache", dem „Wortsinn" des Textes, dem „historischen Sinn", und der „Bedeutsamkeit"

---

[4] Ebd. (Hvhg. im Orig.).

[5] A.a.O., 15.

[6] Ebd.; vgl. auch ebd., Anm. 7 (Hvhg. im. Orig.), die Unterscheidung von „meaning" und „relevance" im Anschluss an Eric Donald Hirsch: „Interpretation (= Exegese) meint die Erschließung des Sinnes *(meaning)* eines Textes, Kritik hingegen eine Stellungnahme zum Text, die Herausarbeitung seiner Bedeutung für eine Person *(relevance)*."

[7] Hier zitiert nach der 2. Auflage von 1985: Georg Strecker / Udo Schnelle, Einführung in die neutestamentliche Exegese, 2., durchges. u. erw. Aufl., Göttingen 1985, 152 (Hvhg. K.N.).

[8] A.a.O., 11 (in der 7. Aufl. unverändert u. ebenfalls S. 11).

für den heutigen Leser, eben zwischen *„meaning"* und *„relevance"*. Die „eigentliche Bedeutung", die „eigentlich gemeinte Sache" des Textes, seine theologische Bedeutung wurde, so darf man ergänzen, fortan gleichsam in einem zweiten Arbeitsgang nach der historischen Exegese auf dem Wege der Übersetzung des Textes in die heutige Welt erhoben. Die in diesem Zusammenhang am häufigsten gebrauchte Metapher ist ohne Zweifel die von „Schale" und „Kern".

Diese Darstellung der historischen Entwicklung verkürzt nun aber, wie ich meine, an einem entscheidendenden Punkt den Sachverhalt: Nicht schon die Aufklärung, sondern erst der sogenannte „Historismus" des 19. Jahrhunderts haben zur endgültigen Ausbildung dessen geführte, was uns als die „moderne" Exegese geläufig und vertraut ist, zu dem Syndrom von historischer Kritik und theologischer Interpretation (paradigmatisch ist Bultmanns Doppelprogramm von „Entmythologisierung" und „existentialer Interpretation"). Ich meine, dass die Aufklärungstheologen – und zwar auch und gerade Semler, Lessing und Gabler – in einer ganz wesentlichen Hinsicht noch in einem anderen Denken verwurzelt waren als „wir". Von der Aufklärung trennt „uns" eine tiefgreifende Transformation des Denkens, die sich in den Jahrzehnten um 1800 vollzogen hat und auf vielen Gebieten greifbar wird.

Und damit kommen wir zu Michel Foucault, der in *Die Ordnung der Dinge* von einem veritablen „epistemologischen Bruch" spricht, der sich in dieser Zeit vollzogen habe, und diesen Bruch unter anderem durch die Formel „von der *Ordnung* zur *Geschichte*"[9] kennzeichnet. In der Geschichtswissenschaft ist ebenfalls seit langem unumstritten, dass sich am Übergang vom 18. zum 19. Jahrhundert nachhaltige Veränderungen ereignet haben. Und für die Philosophie braucht nur an Kants Destruktion der rationalen Metaphysik erinnert zu werden. Ebenso bedeutet nach allgemeiner Auffassung für die systematische Theologie die Zeit um 1800 eine Epochenschwelle – am deutlichsten fassbar in Schleiermachers Neuansatz des theologischen Denkens („anthropologische Wende"), der neben der Philosophie Hegels für das gesamte 19. Jahrhundert zum bestimmenden Ausgangspunkt der systematisch-theologischen Reflexion wurde.

Nur in der Geschichte der Exegese scheint mir die Bedeutung dieses Paradigmenwechsels „um 1800" bisher noch kaum erkannt worden zu sein. Denn es war keineswegs so, dass das hermeneutische Programm Gablers in der Folgezeit und bis heute in nur „*leicht abgewandelter* Form" in Kraft blieb. Von Gabler trennt uns nach meinem Empfinden sehr viel mehr als nur eine „leichte Abwandlung" des Denkens, nämlich jener „epistemologische Bruch", den Foucault beschrieben hat.

---

9 M. Foucault, Die Ordnung der Dinge (Anm. 2), 272 (Hvhg. im Orig.).

Foucaults Rekonstruktion der drei „Epistemen“

Foucault rekonstruiert in seinem Buch für die Zeit vom Mittelalter bis in die Neuzeit drei „Epistemen“. Unter einer Episteme versteht er eine umfassende „Wissensstruktur“ oder einen „Wissenscode“, jedenfalls etwas, was den formulierten wissenschaftlichen Theorien vorausgeht. Wir könnten auch von „Basismetaphern“ oder „absoluten Metaphern“[10] sprechen. Dieser Wissenscode wandelte sich in „revolutionärer“ Weise zu Beginn der Moderne und dann noch einmal zu Ende des 18. Jahrhunderts. Foucault unterscheidet also drei Epistemen:

1. die Episteme der „Analogie“ oder „Ähnlichkeit“, die bis zur Zeit der Renaissance dominierend war,[11]
2. die Episteme der „Repräsentation“, die das Aufklärungszeitalter bestimmte,[12]
3. die Episteme namens „Der Mensch“, die seit dem 19. Jahrhundert in Geltung ist.[13]

Die zweite Episteme wird auch durch das Stichwort „Ordnung“ charakterisiert, die dritte durch das Stichwort „Geschichte“. Der Übergang von einer Episteme zur anderen kommt jeweils einer „Revolution“ gleich, er bedeutet einen tiefen „Bruch“ mit dem bisherigen Denken, wobei die Frage nach den Ursachen für solche Revolutionen weitgehend offen bleibt.

Nach Foucault wird der erste epistemologische Wandel im 17. Jahrhundert manifest. Bis zum Ende des 16. Jahrhunderts[14] beherrschte im Abendland

> „… das *Prinzip der Analogie,* demgemäß seriöses Wissen durch das Feststellen von Ähnlichkeiten zwischen den Dingen und ihren Bezeichnungen gebildet wird, die Organisation der Erkenntnis. Indem Wissen aufgrund von Ähnlichkeitsbeziehungen zustande kommt, wird der Mensch in ein unendliches Netz von Verweisungen, Sympathien und Analogien eingespannt. Die Erkenntnis ist gleichsam in eine nie endende Hermeneutik der aufeinander verweisenden Zeichen eingeschlossen, wobei die Zeichen etwas bezeichnen, indem sie dem Gegenstand der Erkenntnis ähneln. *Zeichen und Dinge werden in dieser Ontologie nicht kategorial getrennt;* sie bilden vielmehr ein sich andauernd kreuzendes Verweisungsfeld, wie es die für uns Heutige unvorstellbare Zusammenfügung exakter Beobachtung und traditioneller Abbildungen in den medizinischen Studien von Leonardo da Vinci plastisch bezeugt. Was Analogie in bezug auf Erkenntnis heißt, bringt das (Paracelsus entnommene) Beispiel der Theorie der Heilkraft der Walnuß zum Ausdruck, deren pflanzliche Rinde für die Kopfhaut, deren harte Schale für äußere Schädelverletzungen und deren Inneres für Gehirnkrankheiten aufgrund der sichtbaren Ähnlichkeiten Balsam bietet.“[15]

---

[10] Vgl. Markus Buntfuß, Tradition und Innovation. Die Funktion der Metapher in der theologischen Theoriesprache, Berlin / New York 1997, 87ff.; ähnlich auch der Begriff der „Strukturmetapher“ bei George Lakoff / Mark Johnson, Leben in Metaphern. Konstruktion und Gebrauch von Sprachbildern, aus dem Amerikan. übers. von A. Hildenbrand, 4. Aufl., Heidelberg 2004, 75ff.

[11] Vgl. M. Foucault, Die Ordnung der Dinge (Anm. 2), 46–77.

[12] Vgl. a.a.O., 78–266.

[13] Vgl. a.a.O., 367–462.

[14] Vgl. a.a.O., 46.

[15] Hans Herbert Kögler, Michel Foucault, Stuttgart/Weimar 1994, 46 (Hvhg. K.N.).

Im Rahmen dieser Episteme gibt es keinen kategorialen Unterschied zwischen den „Dingen“ und den „Zeichen“. Darum verweisen nicht nur die Buchstaben und die Worte der Heiligen Schrift auf etwas anderes, nämlich auf die Dinge, von denen sie sprechen, sondern auch diese Dinge selbst wiederum verweisen auf anderes.

Wenn wir dies auf die Geschichte der Hermeneutik anwenden, so heißt das: Die biblische Geschichte ist redende Geschichte, weissagende Geschichte. Darum kann jede Bibelstelle typologisch oder allegorisch aufgefasst werden, bedeutet mehr als das darin dem Literalsinn nach Ausgesagte (das „historische Ereignis“). Jeder „Inhalt“ ist zugleich „Zeichen“ und jedes „Zeichen“ kann umgekehrt als „Inhalt“, d.h. als *in sich selbst* bedeutungsvoll, ausgelegt werden (und nicht lediglich als arbiträres Zeichen, das nur *qua Vereinbarung* etwas bedeutet). Die Wirklichkeit ist, indem eins so aufs andere verweist, in sich selbst im höchsten Grade bedeutungsvoll, ein veritables „Buch“.

Und was für die Wirklichkeit im Ganzen gilt, gilt ebenso für den Mikrokosmos der biblischen Geschichte. Was auf das „Buch der Natur“ zutrifft, trifft auch auf das Buch der Heiligen Schrift zu. Weil von Natur aus alles Seiende, weil alles in der Schöpfung und alles in der Bibel solche Verweiskraft hat, darum sind nicht die Menschen, nämlich die Autoren der biblischen Texte, die Urheber der „Bedeutung“ des Gesagten und Geschriebenen, sondern es sind die Worte, es ist die in ihnen gegenwärtige und von ihnen angezeigte Wirklichkeit selbst. Die Wirklichkeit ist der Erkenntnis vorgängig, die Worte „bedeuten“ nicht, weil sie „Ausdruck“ von „Vorstellungen“ des menschlichen Erkenntnissubjekts sind, welches als Ort der Konstitution der Bedeutung aufgefasst würde, sondern weil sie schon an und für sich an der verweisenden und bedeutenden Wirklichkeit Anteil haben, weil sie nicht „bloße Namen“ sind, sondern Wirklichkeit (eine Auffassung, die allerdings schon im Nominalismus problematisiert wurde). Wenn ein biblischer Autor, ein Prophet oder Apostel, z.B. vom (Heiligen) „Geist“ spricht, so kommt es für die Bedeutung des von ihm Gesagten nicht darauf an, was er sich dabei gedacht oder vorgestellt hat, welche „Erfahrungen“ und welche historischen Umstände hinter seinen Worten stehen, sondern man muss fragen, welche Wirklichkeit sich in seinen Worten zur Sprache bringt. Der Mensch, d.h. das „Erkenntnissubjekt“, spielt in erkenntnistheoretischer Hinsicht keine konstitutive Rolle. Alle Erkenntnis ist letztlich „Ein-Sicht“, „Intuition“, „*theoria*“ (Schau der göttlichen Wirklichkeit), egal ob es sich um göttliche Offenbarung handelt oder um philosophische Erkenntnis, ob es um die Einsicht des Propheten oder um die des Weisen geht. Die Worte, die Sprache und die „Schrift“, sind Kundgabe des Seins, sie sagen nicht, was einer (der Autor) „denkt“, sondern was „ist“. Und um zu wissen, was (etwas) ist, ist es nötig, alle verfügbare Ein-Sicht darüber zusammenzubringen, alle Erkenntnis und alle akzeptierten Autoritäten zu kompilieren.

Unter dieser Voraussetzung wäre für die biblische Hermeneutik sogar das Axiom der göttlichen Autorschaft der Schrift entbehrlich. Auch ohne diese

Axiom wäre es plausibel, dass dem menschlichen Autor und den „historischen Umständen" der Abfassung der biblischen Schriften keine konstitutive Rolle hinsichtlich der Bedeutung des Geschriebenen zukommt. Die Offenbarung wäre auch dann einheitlich, wenn man nicht den Heiligen Geist als quasi personhaften Autor voraussetzte, sondern den menschlichen Autoren „nur" die Einsicht des „Weisen" zubilligte.

Denn auch da, wo kein (Heiliger Geist als) „Autorsubjekt" auftritt, etwa im Bereich des philosophischen Denkens, spielt die Frage der Verfasserschaft für die Frage der Wahrheit keine Rolle oder nur insofern, als es darum geht, ob ein Zeugnis authentisch und wahr ist, ob ihm – z.B. apostolische – Autorität zukommt.[16] Doch das hat nichts damit zu tun, dass die „Person" oder die „Persönlichkeit" des Autors in irgendeiner Weise für die Wahrheit und den Gehalt des Gesagten oder für die Einheit seines Werks konstitutiv wäre.[17] Der Sprecher kann zwar gewiss lügen oder (sich) täuschen, aber wenn er die „Wahrheit" spricht, dann spricht er nicht „sich selbst" aus, sondern das, was „ist".[18] Insofern stellt sich die Frage hier gar nicht erst, ob etwa der Heilige Geist die „Persönlichkeit" der biblischen Autoren auslöscht.

---

[16] Dies wird z.B. bei Augustin deutlich; vgl. Andreas Hoffmann, Abschn. C.II.4.: Hermeneutische Fragen; in: Volker Henning Drecoll (Hg.), Augustin Handbuch, Tübingen 2007, 461–470. In Augustins platonischer Sicht ist Erkenntnis immer Einsicht in die wahre Natur der Dinge. Da aber nur die „Weisen" (a.a.O., 462) „direkten Kontakt mit der Wahrheit" haben, sind die Übrigen auf Vermittlung angewiesen; sie müssen der Autorität (*auctoritas*) Glauben schenken (*credere, fides*). Bezogen auf die Gotteserkenntnis sind die Bibel und die Kirche die Autoritäten, die die Wahrheit vermitteln.

[17] Der „Autor" tritt im Mittelalter als „Autorität" in Erscheinung und nicht als „Subjektivität". Daher bedurfte, wie Foucault zeigt, im Mittelalter der Diskurs der „Wissenschaft" der Autorfunktion, während die Kunst gerade keinen „Autor" benötigte (Michel Foucault, Was ist ein Autor?, in: Ders., Schriften zur Literatur, München 1974, 7–31). Ähnlich auch Ders., Die Ordnung des Diskurses: Inauguralvorlesung am Collège de France – 2. Dez. 1970, Frankfurt/Berlin/Wien 1977, 19: Im Mittelalter war die Zuschreibung von wissenschaftlichen Texten zu einem Autor (z.B. Aristoteles) zwingend notwendig (während es nach den Regeln des heutigen Wissenschafts-Diskurses auf den Entdecker einer wissenschaftlichen Wahrheit als Person nicht ankommt, sondern auf die Stichhaltigkeit der Argumente). Hingegen kursierten – ebenfalls im Gegensatz zu heute – literarische Werke anonym.

[18] Natürlich weiß auch die Antike darum, dass Autoren unterschiedlich sprechen und schreiben. Aber die Frage nach der Individualität und dem Standort eines Sprechers spielt nicht in der Philosophie und Erkenntnislehre, sondern in der Rhetorik eine Rolle, vornehmlich bei der Übung der *ēthopoiia* (Formung eines „Charakters"): So lernt der angehende Redner, z.B. wie Hektor oder Achilles zu sprechen und dabei auch die äußeren Umstände und die subjektive Sichtweise dieser Figuren zu berücksichtigen. Die Wahrheit ist dagegen objektiv, vom erkennenden Subjekt unabhängig. Augustinus erkennt dementsprechend nicht den Autor als letzte Instanz des Sinnes an, sondern den Geist, der ihn inspirierte. Konkret ist für Augustinus jede Deutung möglich und „wahr" (weil vom Geist und – vielleicht – auch vom Autor intendiert oder zugelassen), die nicht der Wahrheit widerspricht, die sich aus der Schrift insgesamt ergibt (vgl. *De doctrina christiana* 3,27,38,84–85). Dies ist auch umgekehrt das Kriterium dafür, wann ein wörtliches Verständnis unmöglich ist: nämlich dann, wenn es den guten Sitten und der Wahrheit des Glaubens widersprechen würde (vgl. a.a.O., 3,10,14,33).

Die Worte und die Dinge trennen sich: Von der Analogie zur Repräsentation

Demgegenüber ist die beginnende Neuzeit durch eine erste epistemologische Revolution gekennzeichnet, nämlich dadurch, dass der einheitliche Verweisungszusammenhang der Worte und der Dinge zerrissen wird: „Die Sachen und die Wörter werden sich trennen“, und das bedeutet eine „ungeheure Reorganisation der Kultur“.[19]

Das neue Organisationsprinzip heißt *„Repräsentation“:* Die Ordnung der Zeichen untereinander, die als solche im Hinblick auf die Dinge, die sie repräsentieren, völlig arbiträr sind, soll der Ordnung der Dinge untereinander entsprechen. Es kommt nun nicht mehr auf die Ähnlichkeit der Zeichen mit dem Bezeichneten an, sondern darauf, dass das *Verhältnis der Zeichen* zueinander dem *Verhältnis der bezeichneten Dinge* zueinander entspricht. Das „klassische Zeitalter“ (in Foucaults französischer Epocheneinteilung ist damit das 17. und 18. Jahrhundert gemeint, die Zeit der Aufklärung) steht im Zeichen der Bemühung um die *„Taxinomie“*[20]: Die (wissenschaftlichen) Begriffe müssen in einer Ordnung zueinander stehen, die der tatsächlichen Ordnung der repräsentierten Dinge entspricht. Damit zielt die intellektuelle Anstrengung der Aufklärungszeit letztlich auf eine „universale Ordnungswissenschaft“ *(mathesis universalis)* – ein Unternehmen, das seinen bezeichnendsten Ausdruck im Werk der französischen Enzyklopädisten fand.[21] Diese *mathesis universalis* sollte das gesamte Spektrum aller wirklichen und möglichen Dinge (eben die „Ordnung der Dinge“ selbst) in Form eines idealen „Tableaus von Identitäten und Unterschieden“[22] vollkommen und zutreffend darstellen, also die Wirklichkeit vollständig „repräsentieren“. Dabei wurde vorausgesetzt, dass es möglich wäre, jede bekannte oder denkbare Entität auf diesem Tableau zu verorten, indem man einer Art Baumdiagramm der Merkmale folgt (z.B.: Ist die betreffende Entität belebt oder unbelebt? Geistig oder körperlich? usw.). Die *mathesis universalis* kann daher als eine „Theorie des *Merkmals“*[23] bezeichnet werden: Durch die Summation der Einzelmerkmale definiert sich das konkrete Einzelwesen, die einzelne Entität. Vorausgesetzt ist dabei die Möglichkeit der beliebigen Kombinierbarkeit aller Merkmale (anschaulich am Beispiel der Fabelwesen).

Was die Frage der Wahrnehmung der „Geschichte“ betrifft, so verbindet sich mit dieser Episteme – genauso wie vorher mit der Episteme der Analogie – auf einer fundamentalen Ebene eine *statische* Auffassung: Es gibt eine (zwar sehr große, aber doch) begrenzte Anzahl von Merkmalen. Hat man alle möglichen

---

[19] M. Foucault, Die Ordnung der Dinge (Anm. 2), 76.
[20] Dazu vgl. a.a.O., 107–113: „Mathesis“ und „Taxinomia“.
[21] Vgl. ebd.
[22] A.a.O., 107.
[23] A.a.O., 189 (Hvhg. im Orig.).

Merkmale erfasst und alle ihre Kombinationsmöglichkeiten durchgespielt, so hat man den Raum aller überhaupt möglichen Entitäten enzyklopädisch im Griff. Die Reihenfolge, in der die einzelnen Kombinationen aus dem großen Reservoir der Potentialität, das durch die Zeiten hindurch immer dasselbe bleibt, ins Dasein hinaustreten, ist letztlich unerheblich, auch wenn mit der Aufklärung der Gedanke der historischen „Entwicklung“ aufkommt, nämlich einer Aufwärtsentwicklung im Laufe der Geschichte. Allerdings ist damit nicht die Vorstellung einer (unvorhersehbaren und irreversiblen) „Evolution“ verbunden, vielmehr die der Entfaltung vorgegebener und angelegter Möglichkeiten in Analogie zur Entwicklung vom Kind zum Erwachsenen. Es geht um den Weg von der unvollkommenen und „kindlichen“ zur „erwachsenen“ Menschheit. Der Gedanke kultureller Relativität liegt hier völlig fern. Es gibt nur eine Vernunft, für alle Zeiten und für alle Kulturen.

„Die Worte und die Dingen werden sich trennen“ – das bedeutet des Weiteren, dass den „Dingen“ das Reden ausgetrieben wird. Auf die Hermeneutik angewendet: Wohl vermag die „Schrift“ zu weissagen, aber nicht mehr die biblische Geschichte. Schon die Reformatoren wandten sich ja gegen die allegorische Schriftauslegung und ließen nur noch den Literalsinn gelten.[24] Dieser Literalsinn kann zwar durchaus auch ein „übertragener“ sein – bei Luther z.B. ein typologischer und zumal christologischer Sinn – aber *damit* etwas als Typus (oder Antitypus) auf etwas anderes verweisen kann (z.B. die Stiftshütte auf das Opfer Christi oder Adam auf Christus), muss es ausdrücklich als Symbol, als Zeichen *gemeint* sein. Nur *weil* die Stiftshütte ein solches Zeichen war, weil ihr „eigentlicher“ (von Gott „gemeinter“) Sinn immer schon darin bestand, auf Christus und auf den neuen Bund zu verweisen, können die alttestamentlichen Stellen auf Christus bezogen werden. Und ebenso verweisen die Psalmen nicht in analogischer Weise *auch* auf Christus, sondern es ist ihr *eigentlicher* Sinn, auf Christus zu verweisen. Damit beruht Luthers christologische Auslegung des Alten Testaments auf qualitativ anderen Voraussetzungen als die allegorischen Deutungen der Alten Kirche und des Mittelalters – auch da, wo dieselbe Interpretation einer Schriftstelle geboten wird.[25]

---

24 Vgl. Peter Stuhlmacher, Vom Verstehen des Neuen Testaments. Eine Hermeneutik, Göttingen 1986, 98–102 (Luther), 107f. (Calvin); vgl. auch Eckehard Mühlenberg, Art. Schriftauslegung III. Kirchengeschichtlich; in: TRE 30 (1999), 472–488; hier: 481–485 (Reformation).

25 So kennt z.B. Origenes drei Sinnebenen der Schrift, die den drei Teilen des Menschen – Leib, Seele und Geist – korrespondieren (vgl. *De prinicipiis* 4,2,4). Da es nicht möglich ist bzw. anstößig wäre, die Schrift überall im wörtlichen Sinn zu verstehen, ist der wörtliche Sinn ein sekundärer Sinn, der „Hauptsinn“ ist der geistliche Sinn, der sich an allen Stellen erheben lässt (a.a.O., 4,3,5). Freilich kann man, was das Verhältnis von „Worten“ bzw. „Zeichen“ und „Dingen“ betrifft, für die Antike nicht von einer einzigen und einheitlichen Episteme ausgehen. Schon in Platons Dialog *Kratylos* findet sich eine ambivalente Position hinsichtlich der Frage, ob zwischen den (richtigen) Worten und den Dingen ein natürlicher Zusammenhang besteht. Neben Origenes am wichtigsten für die Bibelhermeneutik ist Augustinus' Schrift *De doctrina christiana*, „das wirksamste hermeneutische Buch, das die Kirchengeschichte überhaupt kennt“ (P. Stuhlmacher, a.a.O., 87). Augustin unterscheidet darin einerseits zwischen „Dingen“ und „Zeichen“ durchaus kategorial (wobei es auch „Dinge“ gibt, die zugleich „Zei-

Die Entdeckung des „Autors“

Unter den Voraussetzungen dieses epistemologischen Wandels wird nunmehr auch der „personale Autor“ als Grund des Sinnes wichtig. Denn wenn nicht mehr die „Worte“, wenn nicht mehr die Sprache von sich aus spricht und verweist, muss man über das Woher des Gesagten und der Bedeutung nachdenken.

Die theologische Hermeneutik jedenfalls entdeckt den „Autor“ im 16./17. Jahrhundert. Hier sind die Namen von Matthias Flacius Illyricus (1520–1575), Jean Alphonse Turretini (1671–1737), Johann Jakob Wettstein (1693–1754) zu nennen.[26] Sie binden den Literalsinn, d.h. den historischen Sinn, an den Autor. Darum ist es nun entscheidend, die Zeit und die Lebensumstände des Autors zu kennen, wenn man wissen will, was der Text meint, d.h. was der Autor gemeint hat. Gleichzeitig ergibt sich aber nun das Problem, wie sich der „empirische Autor“ zum „eigentlichen Autor“ der inspirierten Schrift, nämlich dem Heiligen Geist, verhält.[27] Darauf antwortet vor allem die Akkommodationstheorie, die besagt, dass sich Gott der Fassungskraft der seinerzeitigen Hörer angepasst und ihnen die Dinge so offenbart habe, dass und wie sie es verstanden.

Das hermeneutische Programm der Aufklärung

Das hermeneutische Programm von Aufklärungstheologen des 18. Jahrhunderts wie Semler und Gabler läuft dann darauf hinaus, das immer Gültige in der Bibel vom bloß „Partikularen“ und „Zeitbedingten“ zu unterscheiden, die Wahrheit selbst von der Form, in der sie sich akkommodierte. Letzteres ist allenfalls noch von historischer Bedeutung, insofern es die Geschichte der Offenbarung dokumentiert, kann aber keinerlei Verbindlichkeit mehr für den zeitgenössischen Leser beanspruchen. Gabler hat dieses hermeneutische Programm unter anderem in einem der klassischen Texte der Aufklärungstheologie dargelegt, nämlich in seiner Altdorfer Antrittsrede von 1787 *(Von der richtigen Unterscheidung der biblischen und der dogmatischen Theologie und der rechten Bestimmung ihrer beider*

chen“ sind oder werden können), andererseits aber „haben alle geschaffenen Dinge (res) einen Zeichencharakter (signum), durch den sie auf Gott verweisen“ (Johannes Brachtendorf, Art. sêmeion; in: Wörterbuch der antiken Philosophie, hg. von Christoph Horn und Christof Rapp, München 2002, 393f.; hier: 394). Damit ist in das Gebäude der Episteme des christlichen Mittelalters ein grundlegender Pfeiler eingezogen: Jedes Ding ist mindestens in seiner Beziehung zu Gott immer auch ein Zeichen. Zumindest für die Theologie wird alles zum „Zeichen“. Das Netz der möglichen Verweisungszusammenhänge ist universal.

26 Vgl. näher K. Neumann, Die Geburt der Interpretation (Anm. 1), 31–34.

27 Für die Reformationszeit vgl. E. Mühlenberg, Art. Schriftauslegung III. (Anm. 23), 481–485: Die reformatorischen Schriftausleger nehmen an, dass der Wortsinn der Schrift klar und eindeutig ist und durchgehend die Unterscheidung von Gesetz und Evangelium lehrt; dies wird freilich mehr und mehr fraglich, vgl. a.a.O., 485.

Ziele).[28] Anders als der Titel erwarten lässt, ist das eigentliche Problem und das Hauptthema nicht die Unterscheidung zwischen „dogmatischer“ und „biblischer“ Theologie, sondern die zwischen „Zeitbedingtem“ und „Menschlichem“ einerseits und „Bleibendem“ und „Göttlichem“ andererseits in der Bibel.

Als Historiker, als welcher sich der biblische Theologe nunmehr versteht,[29] betont Gabler die Notwendigkeit einer differenzialen historischen Lektüre der einzelnen biblischen Bücher und Autoren und bestreitet die Berechtigung der vereinheitlichenden Lesart nach Art der alten „dogmatischen Methode“, denn: „In diesen heiligen Büchern sind nicht die Ansichten eines einzigen Mannes enthalten und auch nicht die desselben Zeitalters oder derselben Religion.“[30] Zwar hält Gabler dem Begriff nach an der „Theopneustie“ bzw. „göttlichen Inspiration“ der biblischen Schriften fest, ohne jedoch im Einzelnen zu entfalten (oder entfalten zu können), wie man sich diese Inspiration denken soll.[31] Vielmehr kommt es ihm darauf an, dass die Inspiration „in jedem heiligen Mann die eigene Kraft des Verstandes und das Maß der natürlichen Einsicht in die Dinge nicht zerstört“[32] habe.

Die biblischen Schriften können daher wie alle anderen antiken Quellen rein historisch betrachtet und mit den Methoden der philologischen Text- und Quellenkritik analysiert werden. Der Ausleger muss nicht befürchten, dass ihm bei der „bloß historischen“ Betrachtung der Texte etwas Wesentliches entgeht oder er die Wahrheit der Texte verfehlt. Ganz im Gegenteil wird die historische Methode helfen zu klären, „welche Meinungen [der ‚göttlichen Männer‘] sich auf die bleibende Form der christliche Lehre beziehen und so uns selbst angehen“ und welche das nicht tun, sondern nur zeitbedingt sind.[33]

Gablers Programm läuft in seiner konkreten Entfaltung dann darauf hinaus, „Theologie“ zunächst als „Theologiegeschichte“, nämlich als Sittengeschichte und (modern gesprochen) als Form- und Literaturgeschichte der Bibel zu betreiben, um auf diese Weise jeweils den genauen historischen und literarischen Kontext eines Einzeltextes zu ermitteln und ihn im Ganzen der Bibel Alten und Neuen Testaments zu gewichten. Danach wird durch sukzessive Schritte der Verallgemeinerung und Abstraktion das „Allgemeingültige“ und „Bleibende“ aus dem Text herausgefiltert, um auf diese Weise die wahre Substanz des Glaubens zu gewinnen. Dazu werden zunächst jene *dicta classica* aus der Masse der Überlieferung herausdestilliert, die „sich auf die christliche Religion aller Zeiten beziehen und mit deutlichen Worten eine wirklich göttliche Form des Glaubens ausdrü-

[28] Johann Philipp Gabler, Von der richtigen Unterscheidung der biblischen und der dogmatischen Theologie und der rechten Bestimmung ihrer beider Ziele (1789); in: Georg Strecker (Hg.), Das Problem der Theologie des Neuen Testaments, Darmstadt 1975, 32–44.

[29] Vgl. a.a.O., 35.

[30] A.a.O., 37.

[31] A.a.O., 38 u. 42.

[32] A.a.O., 37.

[33] A.a.O., 41.

cken“[34]. Diese paradigmatischen Einzelworte sind dann weiter auf jene „allgemeinen Vorstellungen“[35] und Prinzipien zurückzuführen, an denen eine systematische Darstellung der biblischen Theologie interessiert ist und von denen aus „die übrigen [Meinungen der biblischen Autoren], die übergangen worden sind“[36], weil die heiligen Schriftsteller nicht alles niedergeschrieben haben, sondern nur das, was in der Entstehungssituation und für die ersten Adressaten wichtig war, ergänzt werden können. Diese von allem nur Zeitbedingten gereinigten und im System einer „Biblische Theologie“ zusammengestellten „uns selbst angehenden“ Meinungen der biblischen Schriftsteller, werden, so meint Gabler, künftig das unerschütterliche und unveränderliche Fundament der Theologie sein, die Grundlage für die an allen Orten und zu allen Zeiten gültigen philosophischen Betrachtungen über die Religion.[37] Der „dogmatischen Theologie“, die am Ende auf lediglich einer einzigen Seite abgehandelt wird, bleibt dann nur noch die Aufgabe, diese systematisch zusammengestellten Grundsätze der „Biblischen Theologie“ ins Verhältnis zu allem anderen menschlichen Wissen zu setzen bzw. sie zu einer allumfassenden *philosophia christiana* auszubauen. Die „dogmatische Theologie“ im Verständnis Gablers ist nicht mehr „dogmatisch“ (oder „systematisch“) in dem Sinne, dass sie zu reflektieren und zu begründen hätte, was und auf welcher Grundlage Christen glauben oder zu glauben haben, sondern es handelt sich viel eher um eine „angewandte Theologie“, um die Anwendung der Grundsätze der „Biblischen Theologie“ auf alles und jedes nur Denkbare und Mögliche. Die eigentliche dogmatische und systematische Aufgabe der Theologie wird von den Historikern, nämlich von den „biblischen Theologen“, erledigt. Damit weisen sie zugleich einen Weg aus dem scheinbar unentrinnbaren Gestrüpp des Durch- und Gegeneinanders der konfessionellen und theologischen Schulmeinungen, die sich alle auf die Bibel berufen, aber die Bibel dabei nicht „historisch-kritisch“ auslegen, sondern stets nur ihre eigenen Bekenntnisse in sie hineinlesen. Auf diese Weise wird die „Historische Theologie“ als eigenständige Grundlagendisziplin der Theologie konstituiert – die Dogmatik hat sich nach der Exegese zu richten und nicht umgekehrt.

Historie (Religionsgeschichte) als Theologie und der „historisch-kritisch“ auslegende Exeget als der wahre Dogmatiker, die „Biblische Theologie“ somit als eigenständige Disziplin und als Fundament des Ganzen der Theologie – das ist das Programm, das Gabler hier vorstellt und auf das sich seither die Exegeten mit einer gewissen Selbstverständlichkeit immer wieder berufen haben.

Dass Gablers Programm ein sich selbst verleugnender Zirkel ist, sei hier nur

[34] A.a.O., 42.

[35] A.a.O., 43.

[36] A.a.O., 40.

[37] A.a.O., 36: „... daß wir nach Ausscheidung von dem, was in den heiligen Schriften allernächst an jene Zeiten und Menschen gerichtet ist, nur diese reinen Vorstellungen unserer philosophischen Betrachtung über die Religion zugrunde legen, welche die göttliche Vorsehung an allen Orten und Zeiten gelten lassen wollte“.

angemerkt. Denn natürlich muss der Exeget schon ein Kriterium mitbringen, um zwischen Zeitbedingtem und Bleibendem zu unterscheiden, und um zu beurteilen, welche *dicta* als „klassisch" gelten können. Wichtiger ist mir an dieser Stelle aber eine andere Beobachtung, nämlich dass Gablers biblische Theologie sozusagen rein „subtraktiv" gewonnen wird. Das „Ordnungsparadigma" erlaubt nämlich gerade *nicht* das, was die spätere Exegese in besonderer Weise charakterisieren wird, nämlich die theologische „Interpretation" historischer Texte, ihre Auslegung auf einen *„eigentlichen"* Wahrheitsgehalt hin,[38] die Frage „Was *meint* der Text?" im Unterschied zur Frage „Was sagt der Text?", die Frage nach der „eigentlichen Sache" des Textes.

„Explicatio" bzw. „Erklärung" wird zwar auch bei den Aufklärern von der „Interpretatio" bzw. „Auslegung" (der reinen Texterklärung) unterschieden. Aber solche „Erklärung" ist für Gabler eine korrigierende Erklärung, eine Aufklärung darüber, „wie es *wirklich* war".[39] Die spätere theologische Exegese hat dagegen eine „Übersetzung" im Sinn. Um es mit einem Vergleich zu verdeutlichen: Das eine Mal ist gemeint, dass der Lehrer eine verfehlte Schüleraufgabe korrigiert und (er)klärt, auf Grund welcher falschen Denkschritte der Schüler zu seinem fehlerhaften Ergebnis gekommen ist, das andere Mal erklärt der Übersetzer dem Sprachunkundigen, was in der Rede der fremden Sprache gemeint ist. Dasselbe Wort „erklären" bedeutet Verschiedenes. Aus Sicht der Aufklärer können nur solche Mythen „übersetzt" werden, die ausdrücklich philosophisch oder moralisch gemeint sind, also z.B. die Fabeln Äsops oder die „Mythen" Platons, aber nicht Mythen, die historische Ursprungssagen sein wollen.[40]

---

[38] Vgl. z.B. Otto Merk, Das Problem des Mythos zwischen Neologie und ‚religionsgeschichtlicher Schule' in der neutestamentlichen Wissenschaft; in: Ders., Wissenschaftsgeschichte und Exegese. Gesammelte Aufsätze zum 65. Geburtstag, hg. v. R. Gebauer, M. Karrer u. M. Meier, Berlin / New York 1998, 24–46; hier 25: „Mythologie bedarf der Auslegung auf ihren Wahrheitsgehalt hin." Und a.a.O., 46, Gunkel zitierend: „‚Das Mythische ist also an sich keineswegs eine Verirrung, sondern eine notwendige Phase des religiösen Denkens. In mythischer Form aber können sich die *köstlichsten Schätze der Religion* verbergen. Werfen wir also nicht unbesehen das Mythische weg'; Schale und Kern dürfen nicht ausgewechselt werden." Ebd., Bultmann zitierend über die Religionsgeschichtliche Schule (Erg. v. Merk): „Denn wenn [sc. in der ‚Religionsgeschichtlichen Schule'] nach der Religion gefragt wurde, so wurde im Grunde nach dem existentiellen Sinn der theologischen Aussagen des Neuen Testaments gefragt."

[39] Vgl. Johann Philipp Gabler, Über den Unterschied zwischen Auslegung und Erklärung, erläutert durch die verschiedene Behandlungsart der Versuchungsgeschichte Jesu (1800); in: Ders., Kleinere theologische Schriften, hg. v. seinen Söhnen Theodor August Gabler und Johann Gottfried Gabler, Ulm 1831, 201–214; vgl. auch Otto Merk, Biblische Theologie des Neuen Testaments in ihrer Anfangszeit. Ihre methodischen Probleme bei Johann Philipp Gabler und Georg Lorenz Bauer und deren Nachwirkungen, Marburg 1972, 69–81.

[40] Freilich ist umstritten, wo genau diese Abgrenzung verläuft. So unterscheidet z.B. in der Generation nach Gabler (1753–1826) dessen Schüler Wilhelm Martin Leberecht de Wette (1780–1849) im Pentateuch einerseits Ursprungssagen (im Einzelnen „etymologische Mythen", „juridische Mythen", „nationale Mythen" und Ursprungssagen, die heilige Orte betreffen) und andererseits „philosophisch-religiöse" Mythen (vgl. Rudolf Smend, Wilhelm Martin Leberecht de Wettes Arbeit am Alten und am Neuen Testament, Basel 1958, 53f.). Die Kategorie des Mythos übernimmt de Wette dabei von den Vertretern der „mythischen Schule" (a.a.O., 56; neben Gabler sind vor allem noch der Altphilologe Christian Gottlob Heyne [1729–1812] und der Exeget Johann Gottfried Eichhorn [1752–1827] zu nennen). Doch

Gabler lehnt darum auch Kants Bibelinterpretation ab (in Kants Schriften *Muthmaßlicher Anfang der Menschheitsgeschichte*, 1786, und *Die Religion innerhalb der Grenzen der bloßen Vernunft*, 1793). Wenn Kant die Urgeschichte und die Aussagen über den Gottmenschen Jesus philosophisch lese und auf die Entwicklung der Menschheit und die Bestimmung des Menschen an sich beziehe, sei dies eine Allegorisierung und ebenso unangemessen wie die Allegorisierung antiker Mythen über die Götter und die altkirchliche Allegorese. Für Gabler kann eine *biblische* Theologie nur auf den *historischen* Sinn gebaut werden.[41]

Die neue Episteme „Der Mensch“ und „von der Ordnung zur Geschichte“

Dabei steht Kant – im Modell Foucaults – schon für den Übergang von der Repräsentationsepisteme zur Episteme „der Mensch“. „Der Mensch“ ist in der Moderne nicht nur ein Gegenstand unter anderen Gegenständen, sondern ein solcher ganz besonderer Art. Denn „der Mensch“ ist nicht nur ein Wissens*objekt* neben anderen Wissensobjekten (das ist er *auch*), sondern er gilt (als Wissens*subjekt*) als *konstitutiv für jegliches Wissen.* Foucault macht damit auf den bemerkenswerten Umstand aufmerksam, dass die Geburtsstunde der „Wissenschaften vom Menschen“ und die der Subjektphilosophie wie auch der Erkenntnisphilosophie als einer eigenen philosophischen Disziplin (und zwar einer solchen, die das gesamte philosophische Denken transformieren sollte) zeitlich praktisch zusammenfallen. „Der Mensch“ tritt seither sowohl als ein Gegenstand des Wissens und der wissenschaftlich fundierten Erforschung und Bearbeitung (durch die Humanwissenschaften) auf wie zugleich auch als die Bedingung alles Wissens – sei es als transzendentales Wissenssubjekt, als Denkvermögen (Kant), als Triebsubjekt

---

deren rationalistische Destruktion der Mythen als „überholte“ Ausdrucksform aus der „Kindheit des Menschengeschlechts“ (a.a.O., 18) will de Wette gerade nicht mitmachen, vielmehr ist er – wie früher schon Johann Gottfried Herder (1744–1803) – der Auffassung, das man das Alte Testament als „Poesie“ lesen und verstehen müsse. Deswegen muss die rationalistische Interpretation der Neologen die Texte gerade verfehlen (vgl. a.a.O., 56ff.). Der „‚philosophisch-religiöse‘ Skopos“ (a.a.O., 54) beherrscht nach de Wettes Meinung *das Ganze* der Ursprungserzählung (des Elohisten). Daher muss auch das Ganze so ausgelegt werden. So entsteht das Modell der „theologischen Interpretation“, indem einerseits die rhetorische Kategorie der figurativen Rede (mit philosophischem oder moralischem Sinn) und andererseits die Kategorie der „Poesie“ auf die Bibeltexte angewendet werden. Die Ausweitung der Zone des „Deutbaren“ geht dabei freilich auf Kosten der „historischen Fakten“. Diese Operation verursachte naturgemäß auf dem Gebiet der Evangelien von David Friedrich Strauss bis Rudolf Bultmann das größte Unbehagen. Sowohl David Friedrich Strauss’ Anwendung des Mythenbegriffs auf das Johannesevangelium wie Bultmanns „Entmythologisierung“ wurde bekanntlich beträchtlicher Widerstand entgegengesetzt. Strauss wollte den Text nicht wörtlich verstehen, sondern seinen „eigentlichen Sinn“ aufdecken, indem er ihn als „Mythos“ las (Das Leben Jesu, kritisch bearbeitet, Bd. 1, Tübingen 1835, Ndr. Darmstadt 1969, 75 [= Einleitung, § 75]): „Denn Alles, was durch die Erinnerung an die heidnische Mythologie jenem Worte Zweideutiges anklebt, schwindet ja durch die bisherige Ausführung, welcher zufolge unter neutestamentlichen Mythen nichts Andres, als geschichtartige Einkleidung urchristlicher Ideen, gebildet in der absichtslos dichtenden Sage, zu verstehen sind.“

41 Zu Gablers Auseinandersetzung mit Kant vgl. O. Merk, Biblische Theologie (Anm. 38), 58–69.

(Freud), als intentionales Bewusstsein (Husserl) oder als „Dasein“ (Heidegger), um nur einige wenige prominente Bestimmungen zu nennen.

Neben der neuen Rolle der Erkenntnistheorie, also des Wissens über das Wissen und damit über „den Menschen“, ist noch ein zweiter Punkt für die neue Episteme charakteristisch. Auch da, wo die Frage der Erkenntnistheorie nicht weiter problematisiert wird, sind „Wissen“ und „Wirklichkeit“ deutlich anders organisiert als im Rahmen der „klassischen“ Episteme der Ordnung. Zu neuen Schlüsselkonzepten des Denkens steigen Begriffe wie „System“, „Individualität“, „organisch“ und „Geschichte“ auf. Foucault selbst hat den epistemologischen Bruch zwischen dem 18. und dem 19. Jahrhundert unter anderem durch den Ausdruck „von der *Ordnung* zur *Geschichte*“[42] charakterisiert.

Die statische „Theorie des Merkmals“ in der *mathesis universalis,* wonach die Einzelentität definiert wird, indem man alle ihre Merkmale summiert, wird durch eine Theorie der Individualität oder eine „Theorie des *Organismus*“[43] ersetzt. Danach kommt man den Dingen nicht durch den Erwerb einer summarischen Kenntnis aller ihrer Merkmale auf die Spur, sondern dadurch, dass man die Gesetzmäßigkeiten ihrer inneren Organisation enträtselt. Dies wird paradigmatisch an der nunmehr „Biologie“ genannten Wissenschaft deutlich, in der der Begriff des „Lebens“ eine Schlüsselstellung einnimmt: Ein Lebewesen ist ein Organismus, eine komplexe Organisation, nicht eine bloße Agglomeration von „Merkmalen“, von denen eines auch „belebt“ heißt.

Dem korrespondiert in der Historiographie das neue Paradigma des Historismus, wonach jede Epoche „unmittelbar zu Gott“ ist. Geleitet wird das neue historische Verstehen vom *Prinzip der Individualität*: „historisch verstehen“ heißt, einen Gegenstand gemäß seinen inneren Organisations- und Lebensprinzipien zu verstehen, heißt, etwas als ein organisches Ganzes in seiner Besonderheit und Individualität zu erfassen. Das ist die Veränderung des historischen Bewusstseins im Vergleich zum 18. Jahrhundert: Erst jetzt entsteht das Bewusstsein dafür, dass die jeweilige historische Epoche, verstanden als eine *individuelle Totalität,* eine organische Ganzheit mit ihren je eigenen inneren Gesetzmäßigkeiten ist; erst jetzt geschieht „die Entdeckung oder doch die Betonung der Individualität, der unwiederholbaren Einzigkeit und Einzigartigkeit des Besonderen, das mehr ist als ein ‚Fall‘ des Allgemeinen, die Wendung gegen die Dominanz des am Naturrecht oder an der Vernunft festgemachten Allgemeinen“[44]. Leopold von Ranke, der Historikerpapst des 19. Jahrhunderts, betrachtet das Individuelle, das Singulare, das Besondere in der Geschichte als ein Letztes – und damit sind hier nicht nur die einzelnen menschlichen Individuen gemeint, sondern

---

42 M. Foucault, Die Ordnung der Dinge (Anm. 2), 272 (Hvhg. im Orig.).

43 A.a.O., 189 (Hvhg. im Orig.).

44 Thomas Nipperdey, Deutsche Geschichte 1800–1866. Bürgerwelt und starker Staat, Sonderausg., München 1998, 500.

„… auch die großen Institutionen und Lebenssysteme, Staat, Kirche, Recht, Volk sind in diesem Sinne Individualitäten; sie können nicht als Momente einer Totalität, der Menschheit, der Entfaltung des Geistes, des Fortschritts im Bewusstsein der Freiheit, der Selbstvervollkommnung der Menschheit angesehen werden. ‚Jede Epoche ist unmittelbar zu Gott', ist mehr als Vorgeschichte, Fall eines weltgeschichtlichen Gesetzes, ist etwas Eigenes."[45]

In der Hermeneutik spielen für den Übergang von der „subtraktiven" Aufklärungshermeneutik à la Lessing und Gabler zur „interpretierenden" Hermeneutik des Historismus Kant, Herder und Schleiermacher eine wichtige Rolle. Kant interpretiert die Religion (den „Mythos") auf ihre anthropologisch-moralische Wahrheit hin, Herder entdeckt die Individualität der Sprache(n), die man nur versteht, wenn man ihrem „Geist" (der hebräischen Poesie) auf die Spur kommt. Und Schleiermacher gelingt es, die anthropologische Interpretation mit der historischen Interpretation zu vermitteln. Bei Kant wird die anthropologische Interpretation zwar entfaltet, aber ihr Recht bleibt zweifelhaft, weil er den historischen Sinn nicht schlüssig mit dem moralischen Sinn vermittelt, sondern den moralischen Sinn den Texten mehr überstülpt als ihnen entnimmt. Schleiermacher dagegen gelingt die Vermittlung, indem er die „Religion" nicht der „Moral" subordiniert, sondern sie eine „eigene Provinz im Gemüt" beanspruchen lässt. Religion ist nicht „praktische Vernunft", Moralität oder Metaphysik, sondern lebendige „Anschauung des Universums". Gegen *die* Religion, die aufklärerische „Religion der Vernunft" im Singular (auch noch bei Kant), ist an der Vielzahl der Religio*nen* im Plural festzuhalten, denn jede gründet in einer „ursprünglichen Anschauung", jede ist ein „ursprüngliches" und „organisches Ganzes", eine „Individualität", um es mit den Begriffen der neuen Episteme zu sagen.

Schleiermacher entwickelt ein Modell, in dem der durch die Interpretation herausgearbeitete „eigentliche" Sinn und der durch die historische Hermeneutik ermittelte „historische" Sinn in *notwendiger* Weise korreliert werden sollen. Denn für Schleiermacher ist die „Wahrheit" nicht von vorneherein da, sie ist nicht apriorisch mit der Existenz des Menschen als Denkvermögen und autonomes Vernunftsubjekt gegeben. Im Gegensatz zu der in erkenntnistheoretischer Hinsicht solipsistischen Philosophie Kants ist Schleiermachers romantische Philosophie dialogisch konzipiert: „Offenbarung", „unmittelbare Anschauung", „Lebensmitteilung", „Einswerden", „Liebe" – alle diese Begriffe beschreiben eine Vermittlung mit einem „Gegenüber", die konstitutiv für die Selbstwerdung und für das „Wissen" ist. Die „Wahrheit" (der Überlieferung) kann nicht „gewusst" werden, bevor sie nicht individuell „(nach-)gefühlt" und „(nach-)erlebt" wird. Die „Wahrheit" besteht im „Geist" der Überlieferung, der den Hörer oder Leser „ergreift", in der „lebendigen Anschauung", die sie vermittelt, in dem (Lebens-)Gefühl, das sie erweckt. Die Wahrheit ereignet sich im Dialoggeschehen (zwischen dem Ich und dem Universum ebenso wie zwischen dem Ich und dem

[45] A.a.O., 514.

Geliebten), als „Sprechen“ und „Hören“, nicht als „Wissen“. Sie ist ein Einswerden und nicht ein „analytisches“ („auflösendes“) Von-außen-Betrachten. Darum kann die von einem Text vermittelte „Wahrheit“ nur die „historische“ Bedeutung sein, kann nur in dem Zeugnis eines ursprünglichen und unteilbaren Wahrheitsgeschehens bestehen, in einer ursprünglichen religiösen „Vision“ vom „Universum“.

Damit führt Schleiermacher die Figur des „Ursprungs“ als hermeneutisches Prinzip ein. Diesen „ursprünglichen“ Sinn, die „ursprüngliche“ Anschauung und damit das „Wesen“ des christlichen Glaubens gilt es künftig zu rekonstruieren und neu zu Bewusstsein zu bringen, indem der ursprüngliche Sinn in die eigene Sprache und Denkwelt übersetzt wird. Bultmanns Hermeneutik der „(eigentlichen) Sache“ des Textes ist das beste Beispiel dafür.

Ich deute nur an, dass mit dem Übergang von der Aufklärungs- zur historistischen Hermeneutik zugleich auch schon die Probleme angelegt sind, die in der sogenannten „Postmoderne“ zum Austrag kommen: Wenn man damit ernst macht, dass aller Sinn und alles Sagen „relativ“ ist (nämlich bezogen auf eine bestimmte Zeit und Kultur und auch die Zeit des Auslegers und mithin sein Sagen nur *eine* solche Epoche ist), kann man den „absoluten“ Sinn nie mehr zurückholen – es sei denn, es gelänge, „den Menschen“ in seinem absoluten Sein zu rekonstruieren. Das aber verhindert gerade die Doppelnatur „des Menschen“, der eben immer *auch* ein *historisch*-empirisches Erkenntnissubjekt ist.

Damit und daran zerbricht unter den Bedingungen der Episteme „der Mensch“ der Wunschtraum der neuzeitlichen Ausleger, aus dem „historischen“ Sinn die „gemeinte Bedeutung“, die „gemeinte Sache“ schlüssig und eindeutig ableiten zu können.[46] Die Hermeneutik Bultmanns war wohl der letzte große und beeindruckendste Versuch einer solchen Synthese von historischer „Auslegung“ und gegenwartsbezogener „Anwendung“. Seitdem gibt es aus der Feder von historisch-kritisch arbeitenden Exegeten keinen vergleichbaren Entwurf „der“ Theologie des Neuen Testaments mehr. Theologie des Neuen Testaments wird betrieben als Religionsgeschichte, als Theologiegeschichte, als Traditionsgeschichte. Damit

46 So schließt sich der Kreis: Die Reformatoren mit ihrer Berufung auf den *sensus literalis* und die *claritas scripturae* ebenso wie Gabler und Bultmann erhofften von der („richtig“ betriebenen) Exegese die endgültige und objektive Bestätigung der eigenen Theologie. Die „Schrift(auslegung)“ soll als Waffe gegen abweichende Meinungen der eigenen Position zum Sieg verhelfen. Deswegen kann es hier nur *einen* „eigentlichen“ Sinn geben. Demgegenüber verbindet die altkirchliche Theologie das Problem der Begründung des Glaubens nicht so exklusiv mit der Schriftauslegung. Die Wahrheit wird vielmehr von der Kirche überliefert und garantiert. Sie ist natürlich auch in der Schrift niedergelegt, aber die Schrift wird niemals so auf ein Kompendium der Dogmatik (eine „Biblische Theologie“) reduziert, wie es Gabler dann später projektiert. Das Problem des „eigentlichen“ Sinnes stellt sich der altkirchlichen Exegese (wie vorher schon der Homerexegese) vor allem im Hinblick auf die „anstößigen“ Stellen, die dann allegorisch gedeutet werden. Man kann sagen, das Problem der altkirchlichen Exegese ist es, wie der (anstößige) Text mit seiner (schon feststehenden) Auslegung kompatibel gemacht werden kann, während in der neuzeitlichen Exegese der Text die Auslegung (die *eine* richtige Auslegung) *garantieren* soll. Darum hatte die altkirchliche Exegese kein Problem damit, dass der Text grundsätzlich „offen“ ist, während die neuzeitliche Exegese dies nicht tolerieren konnte.

verbindet sich dann der Versuch, die Vielheit zu synthetisieren, in der Vielheit irgendwie die Einheit aufzuweisen. Doch dafür, ob diese Einheit „wirklich" besteht, gibt es unter der Bedingung der Episteme der „Geschichte" kein normatives Kriterium und es existiert auch kein mögliches Verfahren, das ein solches Kriterium generieren könnte: Die „Wissenschaft", d.h. die historisch-kritische „wissenschaftliche" Exegese kann die Rolle der Fundamentaltheologie nicht übernehmen, die Exegese kann die Theologie nicht in der Weise fundieren, wie es Gabler vorschwebte. Das, wie ich sagen würde, großartige Scheitern des Bultmannschen Unternehmens zeigt: Der Historismus, die Episteme der Geschichte ist und bleibt unser Schicksal.

Martin Fritz

Erbauung durch Poesie

Die Anfänge einer Ästhetik der religiösen Sprache in Pietismus und Aufklärung

1.

„Ist die Religion einmal, so muß sie nothwendig auch gesellig sein“[1]. So lautet der Grundsatz von Friedrich Schleiermachers *Vierter Rede* über religiöse Vergemeinschaftung und Kirche. Die Religion sucht Gemeinschaft, weil der Mensch als *animal sociale* von Natur auf „Wechselwirkung“[2] mit anderen Menschen angelegt ist. Dazu gehört auch die „gegenseitige Mittheilung“[3] in geistigen und insbesondere in religiösen Dingen. Weil die Religion das Gemüt so „innig durchdringt“[4] wie kein anderes Phänomen des inneren Lebens, ist sie besonders darauf aus, sich mitzuteilen. Dazu muss die Religion, als Gefühl an sich wesenhaft präreflexiv und vorsprachlich, Sprache werden.

Nun äußert sich Schleiermacher in den *Reden* nicht nur über die generelle Notwendigkeit, sondern – und das ist im Blick auf das Thema dieses Bandes ‚Sprachen des Glaubens‘ womöglich noch interessanter – auch über die Art und Weise religiöser Mitteilung. Es ist nach Schleiermacher nicht gleichgültig, wie sich die Religion artikuliert, sondern

> „... in einem größern Styl muß die Mittheilung der Religion geschehen [...]. Es gebührt sich auf das höchste was die Sprache erreichen kann auch die ganze Fülle und Pracht der menschlichen Rede zu verwenden, nicht als ob es irgend einen Schmuk gäbe, dessen die Religion nicht entbehren könnte, sondern weil es unheilig und leichtsinnig wäre nicht zu zeigen, daß Alles zusammengenommen wird, um sie in angemessener Kraft und Würde darzustellen. Darum ist es unmöglich Religion anders auszusprechen und mitzutheilen als rednerisch, in aller Anstrengung und Kunst der Sprache“[5].

Als die tiefste und umfassendste Regung des menschlichen Gemüts nimmt die Religion das Äußerste an sprachlichem Aufwand in Anspruch, um sich „in angemessener Kraft und Würde darzustellen“. Allein „rednerisch“, mit den Mitteln der Redekunst, ist eine adäquate Darstellung der Religion zu erreichen.

Es mag vielleicht nicht allzu sehr überraschen, in Schleiermachers *Reden*, bei aller theoretischen Komplexität selbst zugleich ein Dokument religiösen wie

---

1 Friedrich Daniel Ernst Schleiermacher, Über die Religion. Reden an die Gebildeten unter ihren Verächtern, 177 (Originalpaginierung).

2 Ebd.

3 A.a.O., 179.

4 Vgl. a.a.O., 177.

5 A.a.O., 181.

sprachlichen Überschwangs, die Idee einer überschwänglichen Rhetorik des Religiösen anzutreffen. Die Ansicht, dass sich die Religion „in aller Anstrengung und Kunst der Sprache“ auszudrücken habe, passt zu einem Protagonisten der Berliner Frühromantik, der mit der ästhetischen Avantgarde der Zeit in regem Austausch steht. Zwei Jahrzehnte später scheint der jugendliche Enthusiasmus indessen eine deutliche Ernüchterung erfahren zu haben. So merkt Schleiermacher 1821 in der dritten Auflage der *Reden* zur zitierten Stelle an:

> „Ein größerer Abstand ist schwerlich zu denken als der zwischen dieser Beschreibung, und dem was ich selbst in einer nun beinahe dreißigjährigen Amtsführung – einem Zeitraum binnen dessen doch Jeder muß seinem Ideale so nahe kommen können als er überhaupt vermag – auf dem Gebiet der religiösen Rede geleistet habe.“[6]

Schleiermacher begründet die Diskrepanz zwischen dem Jugendideal einer „höheren Beredsamkeit“ und seiner realen Praxis „schlichter Rede“ auf der Kanzel mit der Einsicht in den „didaktischen Charakter“ der Predigt.[7]

> „Der didaktische Charakter aber verträgt nun je mehr er hervortritt desto weniger Schmuk; und so ruht dort unverkennbar Seegen auch auf der schmuklosen Rede. Und dasselbe bewährt sich auch auf dem Gebiet anderer religiöser Kunst. Denn denken wir uns die fromme Dichtung in aller der Kraft und Herrlichkeit, welche sich eignet zur Verherrlichung Gottes in einem Kreise ganz durchgebildeter religiöser Menschen, wie wir dieses Herrlichen viel haben in den Gesängen unsers Klopstock und unsers Hardenberg: so wird doch Niemandem einfallen, daß man denselben Maaßstab anlegen dürfe bei der Sammlung eines kirchlichen Liederbuchs.“[8]

Religiöse Sprachkunst auf dem Niveau der Hymnen von Klopstock oder Novalis mag in den Zirkeln religiöser Virtuosen am Platze sein – für die volkskirchliche Normalgemeinde, so ließe sich Schleiermachers Anmerkung knapp zusammenfassen, empfiehlt sich doch eher das Schmucklose, Lehrhaft-Schlichte, sei es auf der Kanzel oder im Gemeindegesang.

Die Schleiermacher'sche Selbstrevision könnte zu dem Schluss verleiten, seine frühen Ausführungen zur ästhetischen Ausdrucksgestalt des Religiösen seien allein den romantischen Schwärmereien für die Einheit von Kunst und Religion zuzuschreiben, die in den *Reden* selbst erstmalig auf den Begriff der „Kunstreligion“ gebracht wird.[9] Die Frage nach der angemessenen Gestalt religiöser Rede, im Zuge der seinerzeit aktuellen intellektuellen Trends von außen an die Theologie herangetragen, sei folglich mit dem Abklingen der frühromantischen Emphase und der Rückkehr theologischer Nüchternheit wieder mehr oder weniger obsolet geworden.

Die im Folgenden zu unternehmende Rückschau ins 18. Jahrhundert wird je-

---

6 Friedrich Daniel Ernst Schleiermacher, Über die Religion, (2.–) 4. Auflage, hg. v. G. Meckenstock, 220.

7 Ebd.

8 Ebd.

9 F.D.E. Schleiermacher, Über die Religion (Anm. 1), 168.

doch zeigen, dass Schleiermacher mit seinen Überlegungen zur Ästhetik des Religiösen in einer längeren Tradition steht. Dazu ist zuerst in die Gründungsjahre der wissenschaftlichen Ästhetik in Deutschland zurückzugehen (2.), um daraufhin deren Bezüge zu pietistischen Kernfragen aufzuweisen (3.). Nach der exemplarischen Darlegung einiger konkreter Erwägungen aus der Mitte des 18. Jahrhunderts zur Ästhetik der religiösen Sprache (4.) sollen abschließend die bleibend relevanten Motive der dargelegten Reflexionen aus Pietismus und Aufklärung resümiert werden (5.).

2.

Es liegt nahe, sich auf der Suche nach den Anfängen religionsästhetischer Reflexion der Stadt Halle an der Saale zuzuwenden. Denn hier findet im zweiten Drittel des 18. Jahrhunderts die „Erfindung" der wissenschaftlichen Ästhetik statt, und zwar in einem kulturellen Milieu, welches durch das Gegen-, Neben- und zunehmend auch das Ineinander von Pietismus und Aufklärung geprägt ist. So spricht einiges für die Annahme, dass bei der Begründung der neuen wissenschaftlichen Disziplin nicht zuletzt religiöse Motive wirksam waren.[10]

Bereits Alexander Gottlieb Baumgartens (1714–1762) *Meditationes philosophicae de nonnullis ad poema pertinentibus* (1735), gewissermaßen das Gründungsdokument der Ästhetik als Wissenschaft, lassen ein religionspraktisches Interesse am Poetischen erkennen. So wird herausgestellt, dass ein Christ dazu angehalten sei, „mit Gedichten solches zu beglaubigen, was die Tugend und die Religion befördert"[11]. Baumgarten sieht es offenbar als eine der wesentlichen Funktionen der Poesie an, die von sich aus abstrakt-allgemeinen[12] Materien der Religion (und der Tugend) in eine poetische Form zu gießen, um ihr dadurch zu möglichst großer Ausbreitung zu verhelfen. Dieser Eindruck wird durch eine Vielzahl von Aussagen der späteren *Aesthetica* (1750) bestätigt. Nach § 126 beispielsweise waren die Theologen die ersten Dichter, und es war von alters her ihre Aufgabe, „die würdigsten Dinge" – man ergänze: aus Religion und Tugend – „dem sinnlichen Fassungsvermögen des gemeinen Mannes anzupassen"[13].

Besonders prominent begegnet das Religionsthema im zentralen Abschnitt über die ‚ästhetische Größe' (*magnitudo aesthetica*), eine der sechs Hauptkategorien

---

[10] Vgl. zum Ganzen Martin Fritz, Vom Erhabenen. Der Traktat ‚Peri Hypsous' und seine ästhetisch-religiöse Renaissance im 18. Jahrhundert, Tübingen 2011 (bes. Teil II / Kap. 2 u. 3).

[11] Alexander Gottlieb Baumgarten, Meditationes philosophicae de nonnullis ad poema pertinentibus (1735, lat./dt., übers. u. hg. v. H. Paetzold, Hamburg 1983), § 58: „… ad talia carminibus consignanda quae virtutem et religionem promovent". Die Übersetzungen im Folgenden stammen sämtlich vom Verf.

[12] Vgl. ebd.: „de universalibus etiam et minus determinatis saepissime poetis verba facienda sunt."

[13] Alexander Gottlieb Baumgarten, Aesthetica, (1750/1758, lat./dt., 2 Bde., übers. u. hg. v. D. Mirbach, Hamburg 2007), § 126: „res gravissimas ad vulgarem popularemque sensum accommodare".

der *Aesthetica.* Analog zur Stufung der rhetorischen Dreistillehre klassifiziert Baumgarten hier die ästhetischen Stoffe in niedrige, erhabene und mittlere, und natürlich fallen die Gegenstände der Religion, ‚Gott und göttliche Dinge', in die Sphäre des Erhabenen.[14] Der große Künstler zeichnet sich gerade dadurch aus, dass sein Geist „bis zu himmlischen Dingen aufsteigen" kann, ohne dass diese „in seinen Gedanken" etwas „von [ihrer] Würde verlieren".[15] Der Vorrang solch hoher Gegenstände vor dem ästhetisch Niedrigen liegt mindestens für einen derart hohen Geist offen zu Tage:

> „Wann er über solche Dinge denkt und sie dann mit anderen Dingen vergleicht, die geringer, aber doch auch in ihrer Art schön sind, so werden ihm in diesem Vergleiche die letzten fast verächtlich scheinen. Man nehme den Messias [sc. Klopstocks] und eine anakreontische Ode z. E.; die letzte ist schön, aber was ist sie gegen den erstern?"[16]

Offensichtlich korrespondiert der dreifachen Stufung innerhalb der Stoffe eine entsprechende Abstufung in der Wertschätzung Baumgartens. So scheint er den zu den erhabenen Materien zählenden religiösen Gegenständen geradezu die Höchstgeltung innerhalb des ästhetischen Reichs zuzuschreiben. Diese Vorliebe für die religiöse Gegenstandssphäre ist nun keineswegs nur ein äußerliches Relikt der pietistischen Vergangenheit des im Waisenhaus der Franckeschen Stiftungen erzogenen Philosophen. Vielmehr lässt sich das religiöse Interesse noch an den Fundamenten der von Baumgarten begründeten Wissenschaft erkennen. Dies ist im Folgenden an der Grundanlage und einigen Grundbegriffen der Baumgarten'schen Ästhetik darzulegen.

Fundamental für das Verständnis der Hallischen Ästhetik ist, was sich schon in den obigen Zitaten andeutete: dass sie eine Kunstlehre der Veranschaulichung beinhaltet.[17] Zwar umfasst die ursprüngliche Idee der Ästhetik, wie sie Baumgarten in den *Meditationes* (1735) und dann im *Aletheophilus*[18] (1741) ins Auge gefasst hatte, auch grundsätzliche erkenntnistheoretische Fragestellungen nach der Struktur und Funktion der unteren Erkenntnisvermögen. In der Ausführung jedoch kreisen Baumgartens Reflexionen im Wesentlichen um die praktische Frage, wie sich gegebene ‚Wahrheiten' in eine möglichst vollkommene sinnliche

---

14 Vgl. z.B. a.a.O., §§ 206, 209, 211, 291, 292, 298, 300.

15 Alexander Gottlieb Baumgarten, Kollegium zur Ästhetik (in: Bernhard Poppe, Alexander Gottlieb Baumgarten. Seine Bedeutung und Stellung in der Leibniz-Wolffischen Philosophie und seine Beziehungen zu Kant. Nebst Veröffentlichung einer bisher unbekannten Handschrift der Ästhetik Baumgartens, Borna/Leipzig 1907, 65–258), § 394, 213. Bei dem zitierten Text handelt es sich um die Nachschrift eines Kollegs, das Baumgarten auf der Grundlage seiner *Aesthetica* gehalten hat.

16 A.a.O., § 395, 213f.

17 Vgl. zum Folgenden Alfred Baeumler, Das Irrationalitätsproblem in der Ästhetik und Logik des 18. Jahrhunderts bis zur Kritik der Urteilskraft, o.O. 1923 (Ndr. Darmstadt 1975), 207ff.; vgl. ferner den grundlegenden Aufsatz von Werner Strube, Baumgartens Ästhetik als Transformation seiner Theorie des Gedichts, in: Ernst Rohmer u.a. (Hg.), Texte – Bilder – Kontexte. Interdisziplinäre Beiträge zu Literatur, Kunst und Ästhetik, Heidelberg 2000, 21–41.

18 Vgl. Alexander Gottlieb Baumgarten, Philosophische Briefe von Aletheophilus, Frankfurt/Leipzig 1741, 6.

Gestalt bringen lassen, um ihnen eine möglichst breite und tiefe Wirkung zu verschaffen. „‚Ästhetisch‘ bedeutet in der Praxis bei Baumgarten [...] hauptsächlich eine Art des Vortrags ‚abgezogener‘ Wahrheiten. Es heißt: abstrakte Materien anziehend, verständlich, konkret darstellen und dadurch *mitteilbar* machen.“[19] Entsprechend lautet die bei weitem deutlichste Angabe Baumgartens über den Nutzen der Ästhetik, sie diene dazu, „wissenschaftlich Erkanntes dem Fassungsvermögen eines jeden beliebigen Menschen anzupassen“[20].

Diese Funktionsbestimmung lässt sich am besten an dem zentralen Theorem von der Erregung ‚sinnlicher Vorstellungen‘ (*repraesentationes sensitivae*) verdeutlichen. Hintergrund dieses Theorems ist die aus der empirischen Psychologie Christian Wolffs übernommene Unterscheidung zwischen ‚dunklen‘, ‚klaren‘ (bzw. ‚verworrenen‘) und ‚deutlichen‘ (oder ‚distinkten‘) Vorstellungen.[21] Während dunkel Vorgestelltes gar nicht von anderem unterschieden werden kann, „entstehet die Klarheit aus der Bemerckung des Unterscheides im mannigfaltigen“[22]. Das klar Vorgestellte ist mir als von anderem verschieden bewusst (und ich kann es daher wiedererkennen), es ist dies aber im Gegensatz zum deutlich Vorgestellten noch lediglich auf ‚verworrene‘ Weise, weil ich diesen Unterschied nicht benennen kann. Erst wenn „wir den Unterscheid dessen, was wir gedenken [d.h. vorstellen; M.F.], bestimmen, und also auch auf Erfordern ihn andern sagen können“[23], wird die Vorstellung deutlich, und diese Bestimmungsleistung ist Sache des oberen Erkenntnisvermögens, des Verstandes, wohingegen für die dunklen und verworrenen Vorstellungen das untere Erkenntnisvermögen, also vor allem die Einbildungskraft, hinreicht. Eben diese dunklen und verworren-klaren, d.h. alle nicht-distinkten, durch das untere Kognitionsvermögen gestifteten Vorstellungen fasst Baumgarten unter den Begriff der *repraesentationes sensitivae*.[24]

Dieser Begriff bedeutet nun keineswegs nur eine terminologische Neuerung, sondern zeigt zugleich eine Aufwertung dieser nicht-distinkten Vorstellungssphäre an. Sprach Wolff die gnoseologische Höchstgeltung unmissverständlich den deutlichen Vorstellungen zu, räumt Baumgarten den sensitiven Vorstellungen in gewisser Hinsicht einen Vorzug gegenüber den Bestimmungsleistungen des oberen Erkenntnisvermögens ein. Dieser Vorzug besteht darin, dass die sensitive

---

19 A. Baeumler, a.a.O. 209 (Hvhg. im Original).

20 A.G. Baumgarten, Aesthetica (Anm. 13), § 3: „scientifice cognita captui quorumvis accommodare“.

21 Vgl. z.B. Gottfried Gabriel, Baumgartens Begriff der „perceptio praegnans“ und seine systematische Bedeutung, in: Aufklärung 20 (2008), 61–71, 64ff.

22 Christian Wolff, Deutsche Metaphysik (=Vernünfftige Gedancken von Gott, der Welt und der Seele des Menschen, auch allen Dingen überhaupt, den Liebhabern der Wahrheit mitgetheilet, [1]1720), neue vermehrte Aufl. Halle 1751 (Ndr. Hildesheim u.a. 1983 = Ders., Gesammelte Werke, hg. v. J. École u.a., 3 Abt., Hildesheim u.a. 1962ff., Abt. I, Bd. 2), § 201.

23 A.a.O., § 206.

24 Vgl. A.G. Baumgarten, Meditationes (Anm. 11), § 3: „Repraesentationes per partem facultatis cognoscitivae inferiorem comparatae sint sensitivae.“ Vgl. Ders., Metaphysica ([1]1739), Halle/S. [7]1779 (Ndr. Hildesheim / New York [2]1982), § 521: „Repraesentatio non distincta sensitiva vocatur. Ergo vis animae meae repraesentat per facultatem inferiorem perceptiones sensitivas.“

Vorstellung tendenziell mehr Teilvorstellungen umfasst als die deutliche, und insofern „größer" und damit auch „stärker", also wirkungsvoller ist als sie.[25] Denn der Bestimmungsgewinn auf dem Weg zur deutlichen Vorstellung verdankt sich einer Abstraktionsleistung: einer Abblendung von Merkmalen einer Vorstellung zugunsten der genaueren Bestimmung des Ganzen bzw. von einzelnen Merkmalen desselben. Im Unterschied zur Deutlichkeit, die auch als ‚intensive Klarheit' firmiert, bezeichnet Baumgarten die Eigenschaft einer Vorstellung, eine Menge von Merkmalen respektive Einzelvorstellungen zu umfassen, als ‚extensive Klarheit' oder ‚Lebhaftigkeit'.[26] Eben diese Eigenschaft ist in den *Meditationes* und in der *Aesthetica* eine Schlüsselqualität derjenigen sensitiven Vorstellungen, die Baumgarten zufolge für die Poesie und überhaupt für die Kunst konstitutiv sind, und zwar genau aus dem Grund, dass sie „größer" und „stärker" sind als die deutlichen Vorstellungen, um die sich das logische Denken bemüht.

Die für seine Ästhetik schlechthin grundlegende Bedeutung des Gedankens der Erweckung extensiv-klarer sinnlicher Vorstellungen zeigt an, dass es Baumgarten „durchaus nur auf das Illustrieren, klar, lebhaft, eindrücklich Machen an[kommt]"[27] – man ergänze: auf das Illustrieren *von gegebenen allgemeinen Begriffen oder ‚Wahrheiten'*. Baumgartens Entwurf einer Wissenschaft des Schönen steht auf einem inhaltsästhetischen Fundament. Das heißt: Dichtung ist nach seinem Verständnis wesentlich die Veranschaulichung von je bestimmter nichtanschaulicher Erkenntnis. Der Wert eines Gedichtes entscheidet sich letztlich an dem Wert des Gehaltes, dessen mehr oder weniger gelungene Veranschaulichung es ist.[28] Das ‚schöne Denken' (d.h. schöne *Vorstellen*), das die Ästhetik zu lehren sucht, ist insofern schön, als es eine schöne, d.h. möglichst vollkommene sinnliche Repräsentation bedenkenswerter Wahrheiten leistet. Als Beispiel für eine derartige „ästhetische Einkleidung"[29] führt Baumgarten den Dichter einer religiösen Ode an:

> „Logisch und ästhetisch denken ist der Form nach sehr unterschieden, ob es gleich der Materie nach oft einerlei sein kann. Der Dichter und Philosoph können beide einen Satz auszuführen haben, z.B. das Lob Gottes aus seinen Vollkommenheiten erweisen. Die Materie ist einerlei, allein ein jeder wird sie auf eine andere Art ausführen. Der Philosoph beweiset die Vollkommenheiten Gottes, allein sein eigentlicher Hauptsatz kommt erst zuletzt, den er mit Q.E.D. besiegelt. Der Dichter, der seine Ode zum Lobe der Gottheit entwirft, verfährt anders. Er setzt seinen Satz vorher und führet ihn durch viele Exempel durch und ziehet Folgen daraus."[30]

Das Dichten des religiösen Poeten, der hier als Beispiel des „Ästhetikus" fungiert,

---

[25] Vgl. A.G. Baumgarten, Meditationes (Anm. 11), § 16; Ders., Metaphysica (Anm. 24), §§ 515. 517. Vgl. Ders., Aesthetica (Anm. 13), § 560.

[26] Vgl. A.G. Baumgarten, Metaphysica (Anm. 24), § 531.

[27] A. Baeumler, Das Irrationalitätsproblem (Anm. 17), 222.

[28] Dieser Punkt bleibt in der aktuellen Baumgarten-Forschung weithin unterbelichtet.

[29] Vgl. A.G. Baumgarten, Kollegium zur Ästhetik (Anm. 15), § 583, 251.

[30] A.a.O., § 569, 248.

komplementiert das Denken des philosophischen Theologen, indem er den von diesem erwiesenen Satz voraussetzt und ästhetisch „ausführt", ihm durch Beispiele und andere Konkretisierungsmittel die nötige sinnliche Einkleidung verleiht. Als ein weiterer Fall eines praktizierenden Ästhetikers steht Baumgarten neben dem Dichter vor allem der Redner vor Augen, und zwar – der rhetorischen Kultur der Zeit entsprechend[31] – vorwiegend der Kanzelredner.

> „Die Rhetorik, wann sie nach Gründen des Schönen soll erlernet werden, muß sich auf die allgemeinen Regeln der Ästhetik gründen und ihr Besonderes nach denselben bestimmen; sie werden richtige Gründe vom Rührenden, Edlen usf. geben, und also wird sie auch der Kanzelredner mit Vorteil brauchen können, dessen Redekunst zuweilen sehr verstellt ist."[32]

„Verstellt" sein kann die homiletische Redekunst durch die trockene, demonstrierende Denkart der zeitgenössischen Philosophie bzw. der theologischen Dogmatik, sofern sie der Prediger auch auf der Kanzel beherzigen zu müssen meint.[33] Bevor man jedoch die Gemeinde mit dogmatischen Richtigkeiten und Allgemeinheiten langweilt, kann es nach Baumgarten um der Anschaulichkeit willen sogar angebracht sein, „ein Wort in einer Predigt [zu] brauchen, das nicht nach aller Schärfe der Dogmatik recht ist"[34]. Die – allzu selten realisierte[35] – Kunst des Predigens bestünde im Sinne von Baumgartens Veranschaulichungsprogramm vorwiegend darin, für die zu lehrenden dogmatischen Sätze „theologische Fabeln"[36] zu ersinnen, oder allgemeiner gesprochen: sie mithilfe von Beispielen, Vergleichen, Bildern etc. in konkrete, sinnliche Form zu bringen.

Der überraschend häufige Rekurs auf die Kanzelrede als exemplarischen Anwendungsfall der Ästhetik macht noch einmal deutlicher, was schon die anderen Bezüge in Baumgartens Ästhetik zu Religion und Theologie vermuten ließen:

---

31 Vgl. Georg Friedrich Meier, Untersuchung einiger Ursachen des verdorbenen Geschmacks der Deutschen, in Absicht auf die schönen Wissenschaften (1746), in: Ders., Frühe Schriften zur Erziehung der Deutschen in 3 Teilen, hg. v. H.-J. Kertschner u. G. Schenk. Tl. 2: Der „kleine Dichterkrieg" zwischen Halle und Leipzig, Halle/S. 2000, 61–84, 62: „Was die Redner betrift, so haben ausser den Predigern wenige andere Gelegenheit Reden zu halten, und das ist die Ursach, warum ich ausser den vortrefflichen Predigern, dergleichen der Herr Abt Moßheim ist, wenige ietztlebende gute Redner anführen kan."

32 A.G. Baumgarten, Kollegium zur Ästhetik (Anm. 15), § 4, 75.

33 Vgl. G. F. Meier, Untersuchung (Anm. 31): Die „heutige Art zu philosophieren" (67) „drenget sich so gar an solche Orte, wo sie nicht einmal hin gehört, und sie ist schon ofte so verwegen gewesen, so gar die Cantzeln zu besteigen. Diese lächerlichen und abgeschmackten Predicanten sind verrückt, und da unter uns die Cantzeln bey nahe die eintzigen Oerter sind, wo die Redekunst einen Aufenthalt, auf ihrer Flucht aus Deutschland, noch zum gutem Glücke gefunden hat, so verderben dieienigen den Geschmack noch auf eine unverantwortlichere Art, welche auch in ihren Predigten nur auf eine trockene Art philosophiren" (70).

34 A.G. Baumgarten, Kollegium zur Ästhetik (Anm. 15), § 431, 217.

35 Vgl. G.F. Meier, Untersuchung (Anm. 31), 63: „Gegen einen guten Prediger muß man fünfzig rechnen, die nicht einmal mittelmäßig gut predigen."

36 A.G. Baumgarten, Aesthetica (Anm. 13), § 538: „fabulae theologicae". ‚Fabel' ist hier im weiten poetologischen Sinn von „fiktionale Beispielerzählung" zu verstehen. Baumgarten versäumt es nicht, in diesem Zusammenhang auf die Gleichnisse Jesu als Vorbilder zu verweisen; vgl. Ders., Kollegium zur Ästhetik (Anm. 15), § 527, 239.

dass bei der Erfindung der Ästhetik in Halle ein religiöses Veranschaulichungsinteresse präsent gewesen ist.[37] Für Baumgarten gehört die Veranschaulichung von Wahrheiten aus der Religion – neben solchen aus Metaphysik und Moral, welche ebenfalls zu den erhabenen Sujets gezählt werden – zu den vornehmsten Funktionen des Ästhetischen, wobei in concreto vorwiegend an Poesie und Predigt als Träger der betreffenden Funktion zu denken ist.

Worin Baumgarten den Nutzen einer derartigen Umformung der religiösen Gehalte in anschauliche Gestalt erblickt, wird deutlicher, wenn man einen weiteren zentralen Terminus der hallischen Versinnlichungswissenschaft in Betracht zieht, nämlich den Begriff der ‚lebendigen Erkenntnis' (*cognitio viva*).[38] Dem einschlägigen Eintrag in Johann Georg Walchs *Philosophischem Lexicon* (1726) zufolge ist eine ‚Erkenntnis' – hier in einem gnoseologisch denkbar weiten Sinn von ‚Vorstellung' oder ‚Kognition' genommen – dann ‚lebendig' zu nennen, wenn „durch selbige der Wille in eine Bewegung gesetzt wird", während jede ‚Erkenntnis' (bzw. Vorstellung) ‚tot' heißt, die solches nicht zu bewirken vermag, „ohnerachtet sie wahr ist."[39] Die in der Philosophie der Zeit geläufige Differenzierung zwischen ‚lebendiger' und ‚toter' Erkenntnis problematisiert das Verhältnis von Erkenntnis- und Begehrungsvermögen, also den Übergang von Kognitionen zur volitiven bzw. affektiven Dimension des Gemüts (und infolgedessen zum Handeln). Sie thematisiert den Umstand, dass keineswegs alle theoretisch affirmierten Gehalte, Einsichten oder „Wahrheiten" auch entsprechende affektive Gemütsbewegungen, Willensregungen und Handlungen hervorrufen.

Verschiedenen Äußerungen – sei es von Baumgarten selbst, sei es aus seinem Umfeld – lässt sich entnehmen, dass das Projekt der philosophischen Ästhetik wesentlich auf das bezeichnete Problem bezogen ist. Dies ist schon an der Disposition der *Aesthetica* abzulesen, deren heuristischer Teil, wäre er vollendet worden, im Abschnitt über die *vita cognitionis aesthetica* kulminiert hätte. Wie darüber hinaus vor allem Ausführungen des Baumgarten-Schülers Georg Friedrich Meier (1718–1777) zur betreffenden Thematik belegen,[40] entspringt die Hallische Ästhetik im Kern der Frage, wie aus abstrakten, aber ‚toten' Vorstellungen ‚lebendige' Vorstellungen gebildet werden können, also solche Vorstellungen, wel-

---

[37] Womöglich ließe sich in Baumgartens Denken auch die Rezeption derjenigen theologischen Disziplin aufweisen, die für die Reflexion solcher religiöser Veranschaulichung von Hause aus zuständig war, die Rezeption also der zeitgenössischen Homiletik. Hier wäre an A. H. Francke, J. Lange und insbesondere J. J. Rambach zu denken. Baumgartens Interesse für die Kanzelrede und ihre religiöse Versinnlichungsleistung spiegelt sich darin, dass er die Predigtlehre neben der allgemeinen Rhetorik, der Poetik, der Musik (und verschiedenen anderen Kunstlehren) auch explizit als Spezialdisziplin der Ästhetik begreift: vgl. A.G. Baumgarten, Aesthetica (Anm. 13), § 4.

[38] Vgl. zum Folgenden Joachim Jacob, Heilige Poesie. Zu einem literarischen Modell bei Pyra, Klopstock und Wieland, Tübingen 1997, 43ff.

[39] Johann Georg Walch, Philosophisches Lexicon. Mit einer kurzen kritischen Geschichte der Philosophie von Justus Christian Hennings (1726), 2 Bde., Leipzig ^{4}1775 (Ndr. Hildesheim 1968), 1606.

[40] Vgl. vor allem Georg Friedrich Meier, Theoretische Lehre von den Gemüthsbewegungen überhaupt, Halle/S. 1744 (Ndr. Frankfurt a.M. 1971), §§ 54ff.; Ders., Anfangsgründe aller schönen Wissenschaften, 3 Bde. (^{1}1748–50), Halle/S. ^{2}1754–1759 (Ndr. Hildesheim / New York 1976), §§ 178ff.

che auch die affektiven Schichten des Gemüts zu erreichen, das Herz zu ergreifen vermögen.

Maßgeblich ist dabei eine psychologische Grundannahme, nämlich die Prämisse eines Korrespondenzverhältnisses zwischen dem *unteren Erkenntnis*- und dem *unteren Begehrungs*vermögen.[41] Nach der von Christian Wolff übernommenen Überzeugung der Hallenser zeitigt die kognitive Aktivität des Gemüts, sofern sie von ‚sinnlichen' (‚sensitiven') Vorstellungen in Beschlag genommen ist, unmittelbar eine entsprechende volitive, genauer: affektive Resonanz, wohingegen die Distinktionstätigkeit des Verstandes die Wirkung auf die Willens- und Affektregion der Seele eher hemmt. Nur sinnliche Vorstellungen sprechen auch das Herz an, während deutliche (‚distinkte') Vorstellungen das Gemüt gewissermaßen kalt lassen. Kurz: ‚Distinkte Erkenntnis' ist ‚tot', ‚sinnliche Erkenntnis' ist ‚lebendig'. Daraus folgt: Wer das Herz eines Menschen erreichen will, darf ihn nicht mit Begriffen und logischen Schlüssen zu überzeugen suchen, sondern muss in ihm vor allen Dingen ‚sinnliche', lebhaft-anschauliche und eindrückliche Vorstellungen erwecken (und zwar – hier bringt sich der begehrenstheoretische Affektbegriff der Schulphilosophie zur Geltung – derartige Vorstellungen von erstrebenswerten Gütern).

Ihrer Idee und Substanz nach ist die Baumgarten'sche Ästhetik die Theorie und Kunstlehre der Erweckung von dergleichen Vorstellungen. Sie ist Theorie und Kunstlehre der Versinnlichung abstrakter Wahrheiten mit dem Ziel der Erregung entsprechender sinnlicher Begierden, d.h. mit dem Ziel einer entsprechenden affektiven Wirkung. Nach moderner Klassifikation ist die schulphilosophische Ästhetik demnach als Wirkungsästhetik mit breitem werk- oder darstellungsästhetischem[42] Vorbau und inhaltsästhetischem Fundament zu beschreiben. Bei der Erfindung der Ästhetik ist die Idee leitend, die ‚Wissenschaft des schönen Denkens' habe eine Kunstlehre der Versinnlichung auszuarbeiten, die die anschauliche Darstellung von bestimmten Gehalten vorwiegend aus der Sphäre von Religion und Tugend zum Gegenstand hat und letztlich darauf abgestellt ist, nämlichen Gehalten eine angemessene Herzenswirkung zu verschaffen.

Diese Rekonstruktion ließ sich, vor allem was die Religion betrifft, bereits mit einzelnen Zitaten untermauern. Es haben sich Baumgartens (und Meiers) Überlegungen zum Verhältnis von Ästhetik und Religion aber nicht auf solche eher en passant geäußerten Bemerkungen und Beispiele innerhalb der ästhetischen

---

41 Diese Prämisse bringt besonders deutlich G. F. Meier in § 66 der *Theoretischen Lehre von den Gemüthsbewegungen überhaupt* (Anm. 40) zum Ausdruck: „Aus dem was ich bisher abgehandelt habe erhellet also, daß in den Leidenschaften bey nahe die gantze untere Erkenntnißkraft der Seele würcksam sey. Und wie ist es auch anders möglich? In den Leidenschaften ist, bey nahe die gantze untere Begehrungskraft, in Bewegung, und die soll doch immer den Würckungen der ersten gleich seyn" (80); vgl. 124: „Nun habe ich erwiesen, daß in den Leidenschaften bey nahe die gantze untere Erkenntniß- und Begehrungskraft beschäftiget sey, das ist, bey nahe der gantze untere Theil der Seele."

42 Dieser Begriff wird hier gebraucht, wo die ästhetische Analyse auf die spezifische Gestalt der sprachlichen Repräsentation eines Sujets Bezug nimmt, ohne dass dabei schon ein Rekurs auf das Ganze des Kunstwerks und ein entsprechend elaborierter Werkbegriff mitgesetzt wäre.

Schriften beschränkt. Vielmehr finden sich auch in religionstheoretischen Abhandlungen der beiden Hallenser interessante Äußerungen zur Angewiesenheit der Religion auf das Ästhetische.

1749, im Jahr des Erscheinens von Band II der *Anfangsgründe aller schönen Wissenschaften* (und 50 Jahre vor dem Erscheinen von Schleiermachers *Reden über die Religion*), veröffentlicht G. F. Meier eine kleine Schrift mit *Gedancken von der Religion.* Eine der grundlegenden Aussagen der Abhandlung ist die an Wolff anschließende Bestimmung, „daß das Wesen der Religion [...] in der lebendigen Erkentniß der göttlichen Volkommenheiten [...] bestehe“[43]. Wie die Fortsetzung des Paragraphen zeigt, zielt diese Wesensbestimmung – anders als bei Wolff[44] – darauf, die gelebte Frömmigkeit von der philosophischen oder dogmatischen Theologie abzuheben. Denn der wahrhaft religiöse Mensch, der das „Leben der Erkentniß GOttes“ sucht, so Meier,

> „begnügt sich nicht etwa bloß mit einer trockenen Theorie, mit einer unfruchtbaren Untersuchung der göttlichen Volkommenheiten. Sondern seine Begriffe von der GOttheit sind feurig, und durchglühen ihn durch und durch.“[45]

Offenkundig handelt es sich bei diesen Gedanken um eine religionstheoretische Variante des Begriffs der *cognitio viva.* Ähnliches findet sich bei Meiers Lehrer Baumgarten. Auch er hat das Konzept der ‚lebendigen Erkenntnis‘ im Rahmen religionstheoretischer Reflexionen zur Anwendung gebracht, nämlich in seiner *Ethica philosophica* (1751), die, ein Jahr nach Band I der *Aesthetica* publiziert, im ersten Kapitel auch die Religion behandelt.[46] In Übereinstimmung mit der zitierten Religionsbestimmung Meiers definiert Baumgarten dort: „Religio est viva entis perfectissimi cognitio.“[47] *Sectio V* des Kapitels widmet sich ausführlicher dem Thema der *viva Dei cognitio* und setzt in § 66 ein mit dem Grundsatz:

---

43 Georg Friedrich Meier, Gedancken von der Religion ([1]1749), Halle/S. [2]1752, § 17. Vgl. Christian Wolff, Deutsche Ethik (= Vernünfftige Gedancken von der Menschen Thun und Lassen, zu Beförderung ihrer Glückseeligkeit, den Liebhabern der Wahrheit mitgetheilet, [1]1720) neue verm. Aufl. Frankfurt/Leipzig 1733 (Ndr. Hildesheim u.a. 1976 = Ders., Gesammelte Werke, hg. v. J. École u.a., 3 Abt., Hildesheim u.a. 1962ff., Abt. I, Bd. 4), § 658: „Da nun die göttlichen Vollkommenheiten Bewegungs-Gründe zu unseren Handlungen abgeben, so bald sie mit Gewißheit erkand [!] werden (§. 169); so befördert der Mensch die Ehre GOttes, so bald er eine lebendige Erkäntniß von ihm hat (§. cit.), und demnach ist eine lebendige Erkäntniß GOttes das Mittel ihn zu ehren und seine Ehre zu befördern (§. 912. Met. & 652. 653. Mor.).“

44 Wie das Zitat in der vorangehenden Anmerkung andeutet, hängt das Leben der Erkenntnis nach Wolff gerade vom Grad der theoretischen Gewissheit ab. An der hier bestehenden Differenz zwischen Wolff einerseits und Meier (sowie Baumgarten) andererseits lässt sich innerhalb der Aufklärungsphilosophie ein grundlegendes Umdenken aufweisen bezüglich der Frage, wie die Theorie (sei es in Philosophie oder Theologie) praktisch zu werden vermag.

45 G.F. Meier, Gedancken von der Religion (Anm. 43), § 17.

46 Vgl. zum Folgenden Clemens Schwaiger, Baumgartens Ansatz einer philosophischen Ethikbegründung, in: Aufklärung 20 (2008), 219–237, 232ff.

47 Alexander Gottlieb Baumgarten, Ethica philosophica ([1]1751), Halle/S. [3]1763 (Ndr. Hildesheim / Zürich / New York [2]2000), § 15: „Religion ist die lebendige Erkenntnis des vollkommensten Wesens.“

„Suche in dir und in anderen die feurigste bzw. am meisten lebendige Erkenntnis, die dir und durch dich anderen möglich ist, von möglichst vielen und großen göttlichen Vollkommenheiten. Dasselbe ergibt sich klar daraus, dass das Leben der religiösen Erkenntnis eine Folge ist, ohne die das höchste Ergötzen an Gott, zu dem du angehalten bist, nicht wirklich sein kann.“[48]

Wie bei Meier ist Frömmigkeit für Baumgarten die Suche nach lebendiger (bzw. ‚feuriger‘) Gotteserkenntnis, d.h. in der Terminologie der zugrunde liegenden Metaphysik: Suche nach lebendiger Erkenntnis der göttlichen Vollkommenheiten. Von solcher Erkenntnis hängt es ab, ob einer das oberste Ziel der Religion erreicht, das Ergötzen an Gott. Solches Ergötzen gibt es nicht, um mit Meier zu reden, ohne „feurige“ „Begriffe von der GOttheit“, die ihn „durch und durch durchglühen“. Die Begriffe der „trockenen Theorie“ reichen zur Erweckung einer solch affektiven Frömmigkeit nicht hin:

„Weil die symbolische Erkenntnis des Göttlichen oder der ‚Buchstabe‘, von aller merklichen Anschauung entkleidet, tot ist, darum bist du immer wieder aufs Neue dazu angehalten, Anschauung des Göttlichen zu suchen. Diese Anschauung aber ist entweder sensitiv oder intellektuell. Suche beides, so viel du kannst. Die Vermehrung von beidem [...] ist die ‚Erbauung‘; daher vernachlässige nicht die Erbauung von dir und anderen, weder die sensitive noch die intellektuelle.“[49]

Vermutlich in Anspielung auf 2 Kor 3,6b (‚Denn der Buchstabe tötet, aber der Geist macht lebendig‘) bezieht Baumgarten die aus *Metaphysik* und *Ästhetik* bekannten Unterscheidungen von symbolischer und intuitiver Erkenntnis[50] einerseits und von ‚sensitiver‘ (bzw. klarer, verworrener) und ‚intellektueller‘ (bzw. deutlicher, distinkter) Erkenntnis andererseits auf die Gottesvorstellungen, die der Gehalt des frommen Bewusstseins sind. Der tote ‚Buchstabe‘, die um abstrakte Begriffe kreisende ‚trockene Theorie‘[51] – Baumgarten dürfte die Gotteslehre der Metaphysik oder der orthodoxen Dogmatik vor Augen haben – bedürfen der Umformung in ‚Anschauung des Göttlichen‘, um das Gemüt aus dem Stand religiöser Indifferenz zu bewegen, das Begehrungsvermögen zu religiösem Leben zu erwecken und mithin die fromme Seele zu ‚erbauen‘.

---

48 A.a.O., § 66: „Quaere in te et aliis ardentissimam s[eu] maxime vivam, quae tibi, quae per te aliis possibilis est, plurimarum maximarum perfectionum divinarum cognitionem [...]. Idem hinc patet, quia vita cognitionis sacrae est consectarium, sine quo delectatio in deo summa, ad quam obligaris [...] exsistere non potest“.

49 A.a.O., § 69: „Quum symbolica divinorum cognitio omni observabili intuitu destituta, s. *littera*, sit mortua, M. §. 669. denuo obligaris ad intuitum divinorum quaerendum, M. §. 652. Hic autem intuitus vel sensitivus, est, vel intellectualis, M. §. 651, 607. Utrumque quaere, quantum potes, §. 41, 43. Utriusque augmentum [...] est *aedificatio*; hinc aedificationem tuam et aliorum, nec sensitivam, nec intellectualem, neglige, §. 66“.

50 Im Falle der symbolischen Erkenntnis haftet das Vorstellungsvermögen primär an den sprachlichen Zeichen statt an der sprachlich dargestellten Sache. Die affektive Wirkung, die an der Sache hängt, wird dadurch völlig blockiert, weil der Darstellungsgehalt erst aufwendig dechiffriert werden muss. Nur die intuitive Erkenntnis kann überhaupt den Affekt ansprechen, innerhalb der intuitiven aber wiederum weniger, wie gezeigt, die intellektuelle als die sensitive Erkenntnis.

51 Vgl. A.G. Baumgarten, Kollegium zur Ästhetik (Anm. 15), § 583, 251: „das philosophisch Trockene“.

Mit seiner psychologischen Theorie der ‚Erbauung' verallgemeinert Baumgarten einen traditionellen theologischen Begriff, der vor allem in der Reformorthodoxie des 17. Jahrhunderts (z.B. bei J. Arndt, J. Gerhard) und dann im Pietismus eine wichtige Rolle spielt. ‚Erbauung' bezeichnet hier das zentrale Ziel des religiösen Lebens: die fromme Erweckung des inneren Menschen. Baumgarten lässt zwei Formen der *aedificatio* gelten: die ‚intellektuelle Erbauung' durch deutliche und die ‚sinnliche Erbauung' durch verworrene Vorstellungen des Göttlichen. Entsprechend werden in Abschnitt III über die *Clara Dei Cognitio* auch die beiden korrespondierenden Formen von Klarheit gewürdigt. Sowohl die intensive als auch die extensive Klarheit haben bei den Gottesvorstellungen der Frömmigkeit ihren Platz, und nur in der gegenseitigen Ergänzung beider Aspekte kann es in der Theologie bzw. in der Religion zum vollkommenen religiösen Bewusstsein kommen.[52]

Wenig später weist Baumgarten indessen noch einmal eigens auf die Bedeutung der *extensiven* Klarheit hin, unter Verwendung des Wechselbegriffs der ‚Lebhaftigkeit': „Suche möglichst lebhafte Vorstellungen des Göttlichen, und von denen, die du hast, suche von Tag zu Tag eine größere sowohl lebhafte als auch deutliche Durchsichtigkeit."[53] In der Ausrichtung der Frömmigkeit auf eine möglichst lebhafte Gotteserkenntnis artikuliert sich einmal mehr Baumgartens Bestreben, auf eine Komplementierung der deutlichen (respektive intensiv-klaren) durch die lebhafte (respektive extensiv-klare) Erkenntnis zu dringen – nun auch auf dem Gebiet des Religiösen. Das Ideal einer doppelten Durchsichtigkeit, einer *et vivida et distincta perspicuitas*, hebt auf eine Harmonie der oberen und unteren Erkenntnisvermögen im religiösen Bewusstsein ab und auf die entsprechende Resonanz im Begehrungsvermögen. Es zielt auf eine Frömmigkeit des ganzen Gemüts.

Dass der Ästhetik als Kunstlehre der Hervorbringung extensiv-klarer Vorstellungen für die Religion Bedeutung zukommt, liegt vor dem Hintergrund der skizzierten Theorie ‚lebhafter' und ‚lebendiger' Gotteserkenntnis offen zutage. Denn das Streben nach möglichst lebhaften Vorstellungen des Göttlichen ist in gewissem Sinne selbst ein ästhetisches Streben, sobald mit Baumgarten jede Bemühung um möglichst vollkommene sinnliche Erkenntnis als ‚ästhetisch' zu gelten hat. Sinnlich respektive extensiv-klar vom Göttlichen zu ‚denken' (i.S. von ‚vorstellen') heißt, wenigstens im Prinzip,[54] es ‚schön' vorzustellen, und nur solch ‚schönes Denken' vom Göttlichen vermag entsprechend das nötige Feuer in der Seele zu entzünden, das wahrhafte Frömmigkeit vom bloßen religiösen bzw. theologischen Wissen unterscheidet.

---

52 Vgl. A.G. Baumgarten, Ethica philosophica (Anm. 47), § 40.

53 A.a.O., § 43: „Quaere vividissimas, quas potes, divinorum repraesentationes, §. 40. earumque, quas habes, et vividam, et distinctam perspicuitatem in dies maiorem, M. §. 531."

54 Zur ‚Schönheit' dem Vollsinne des Begriffs nach ist, der Definition von § 14 der *Aesthetica* (Anm. 13) zufolge, freilich die ‚Vollkommenheit' der ‚sinnlichen Erkenntnis' gefordert, also das Zusammenstimmen sämtlicher ästhetischer Qualitäten.

Es fällt von daher noch einmal neues Licht auf den oben angesprochenen Sachverhalt, dass Religion und Theologie innerhalb der Ästhetik Baumgartens eine so überraschend große Rolle spielen. Die Konzeption der Ästhetik als Wissenschaft bzw. Kunstlehre der Versinnlichung nichtsinnlicher Wahrheiten hat in der *Ethica philosophica* gewissermaßen ein religionstheoretisches Gegenstück in der (in der Ästhetik bereits anklingenden) Ansicht, dass die Religion auf eine entsprechende Versinnlichung ihrer Gehalte angewiesen ist, will sie nicht trockene Theorie, sondern lebendige Frömmigkeit sein. Der Befund, dass sowohl die Predigt als auch die religiöse Dichtung für Baumgarten paradigmatische Anwendungsfälle der Ästhetik darstellen, verdankt sich also tatsächlich nicht einer zufälligen Vorliebe, sondern hat seinen Grund in einem Zusammenhang von religions- und kunstphilosophischer Reflexion. Wer die Lebhaftigkeit der Gottesvorstellungen als notwendiges Merkmal lebendiger Frömmigkeit begreift, muss der ästhetischen Darstellung des Göttlichen religiöse Relevanz zuschreiben und wird der Eigenart und Genese solcher Darstellung ein gesteigertes Interesse entgegenbringen.

Nach Maßgabe von Baumgartens religionsästhetischen Überlegungen, so lässt sich festhalten, kommt der ästhetisch gestalteten religiösen Rede die Funktion der Illustration der religiösen Gehalte zum Zweck ihrer erlebnismäßigen Aneignung zu. Predigt und geistliche Dichtung haben anschauliche sprachliche Darstellungen des Göttlichen zu schaffen, um die Gemüter der Rezipienten „sinnlich zu erbauen“ (‚sinnlich‘ im spezifisch Baumgarten'schen Sinn von ‚sensitiv‘, also sinnlich-mental verstanden), in ihnen fromme Begehrungen zu wecken und ihnen auf diese Weise zu „glühender“ Herzensfrömmigkeit zu verhelfen. Die Aufgabe geistlicher Rede und Dichtung besteht also, modern gesprochen, in der Ästhetisierung der religiösen Vorstellungen, sofern sie in der philosophischen oder theologischen Dogmatik in unsinnlich-lehrhafter Form vorliegen. Dabei ist herauszustreichen, dass ‚Ästhetisierung‘ im Sinne von Baumgartens ästhetisch-theologischem Denken alles andere bedeutet als den Gebrauch jener Gehalte zum Behufe eines bloßen Ergötzens und damit einen Verlust ihrer religiösen Bedeutsamkeit. Vielmehr intendiert die Versinnlichungsleistung der Dichtung bzw. Kunst die affektive Ergriffenheit des Rezipienten vom dargestellten Inhalt, also die Konstitution religiöser Innerlichkeit.

3.

Mit seiner Fokussierung auf die innerlich-lebendige Gotteserkenntnis lässt sich Baumgartens philosophisches Konzept der Ästhetisierung der Religion als eigentümliche Antwort auf ein Problem der zeitgenössischen Theologie verstehen, und zwar insbesondere der pietistischen Theologie. So greift Baumgarten mit der Verwendung des Topos der *cognitio viva* einen Begriff auf, der zwar längst zum allgemein gebräuchlichen philosophischen Terminus geworden ist, um dessen

Herkunft *ex foro Theologorum* die Zeitgenossen aber durchaus noch wissen.[55] Ein relativ spätes Beispiel der theologischen Verwendung des Begriffs findet sich etwa bei Johann Jakob Rambach (1693–1735), einem der bedeutendsten pietistischen Theologen seiner Generation. In der *Christlichen Sitten-Lehre* (1736 postum veröffentlicht) des ehemaligen Hallenser Theologieprofessors[56] fällt der Topos bezeichnenderweise innerhalb der Abhandlung des menschlichen *status corruptionis*. Dies deutet bereits darauf hin, dass die Unterscheidung von *cognitio viva* und *cognitio mortua* von vornherein das Problem eines Defizits artikuliert:

> „Zum fünften finden wir in dem Verstande eine todte Erkentniß. Denn wenn ja der Mensch einmahl eine richtige Erkentniß von der Sache hat, wenn ohngefehr sein Begriff mit den Grundsätzen der Vernunftlehre überein kömt: so ist doch seine Erkentniß todt und unkräftig, indem er durch eigene Schuld verhindert, daß keine geistliche Lebensbewegungen in ihm erwecket werden, und in äusserliche Handlungen ausbrechen."[57]

Rambach schlägt im Rahmen der Sündenfallthematik ein urpietistisches Thema an, nämlich das Problem des allgemeinen Mangels an „geistlichen Lebensbewegungen", auch unter nominellen Christen. Die Empfindung dieses Mangels führt zur vollständigen Ausrichtung der pietistischen Theologie auf die ‚Erbauung' der Seelen, und das heißt: auf die Erweckung von ‚lebendiger Erkenntnis' der Heilswahrheiten. Tatsächlich lässt sich „[d]ie pietistische Bewegung […] mit dem Programm einer ‚lebendigen Erkenntnis'" der christlichen Glaubenswahrheiten „nahezu identifizieren"[58] und mit der darin implizierten Kritik an einer Theologie und Frömmigkeit, deren Erkenntnis ‚tot' ist. Ausgangspunkt des pietistischen Reformprogramms ist die Missbilligung einer Theologie, die sich allein in der theoretischen Festschreibung und systematischen Ordnung der überkommenen Offenbarungsbestände sowie in unfruchtbarer Disputiersucht ergeht, und das empfundene Ungenügen an einer damit korrespondierenden Frömmigkeit, die sich an der nüchternen Zustimmung zu den entsprechend festgeschriebenen Heilstatsachen genügen lässt, ohne sich davon tiefer ergreifen oder gar im praktischen Leben grundlegend bestimmen zu lassen. So kann auch die Vaterfigur des hallischen Pietismus, August Hermann Francke, im Blick auf die Zeit vor seiner Bekehrung in seinem *Lebenslauf* (1690/91) selbstkritisch resümieren: „[M]eine theologiam faste ich in den Kopff, und nicht ins Hertz, und war vielmehr eine todte wissenschaft als eine lebendige Erkenntniß"[59].

---

[55] Vgl. Christian Wolff, Philosophia practica universalis, methodo scientifica pertractata, Frankfurt/Leipzig 1739 (Ndr. Hildesheim u.a. 1979 = Ders., Gesammelte Werke, hg. v. J. École u.a., 3 Abt., Hildesheim u.a. 1962ff., Abt. II, Bd. 11), § 244: „Denominatio haec (sc. cognitio viva) desumta est ex foro Theologorum, ubi scriptura praeeunte introducta."

[56] Nach Studium in Halle und Jena wird Rambach 1723 Adjunkt der Hallenser Fakultät, 1726 Extraordinarius und 1727 Nachfolger auf dem Lehrstuhl A. H. Franckes. 1731 folgt er einem Ruf nach Gießen.

[57] Johann Jakob Rambach, Christliche Sitten-Lehre, Halberstadt/Leipzig 1736, 131.

[58] J. Jacob, Heilige Poesie (Anm. 38), 46.

[59] Zit. n. Johannes Wallmann, Der Pietismus, Göttingen 2005, 106.

Vor dem Hintergrund der kardinalen pietistischen Fragestellung, wie die überlieferten Heilstatsachen auch in das Herz dringen und eine heiligende Wirkung im Leben des Einzelnen entfalten können, ist auch ein Blick auf eine andere Schrift Rambachs aufschlussreich. So stellt Rambach einer Ausgabe eigener geistlicher Dichtungen eine Vorrede voran, in der er, bei aller pietistischen Reserve gegenüber der Poesie überhaupt, solche Gedichte empfiehlt, die der Ehre Gottes dienen sowie „das Hertz rühren, und die Andacht entzünden“[60]. Diese Bestimmung lässt sich ohne weiteres auf das angesprochene Problem des Ausbleibens ‚geistlicher Lebensbewegungen‘ beim natürlichen, postlapsarischen Menschen beziehen. Die Formulierung, die mit der ‚Herzensrührung‘ einen Allgemeinplatz der zeitgenössischen Poetik und Rhetorik aufgreift und mit der theologischen Kategorie der ‚Andacht‘ verschränkt, legt die Vermutung nahe, dass Rambach die poetisch gestaltete Sprache als vorzügliches Mittel zur religiösen Erweckung des Gemüts ansieht.

Diese Vermutung wird wiederum durch Äußerungen der *Christlichen Sitten-Lehre* bestätigt. Dort wird im sechsten Kapitel ‚Von dem Unterscheid der Natur und Gnade in Absicht auf die Einbildungskraft‘ zunächst konstatiert, dass die Phantasie „durch den Fall verdorben“ sei „und in einen solchen Zustand gesetzet, daß sie den Menschen zu vielen Schwachheiten und Irrthümern verleiten kan“.[61] Trotzdem rechnet Rambach nun aber auch mit der Möglichkeit einer Heiligung der Einbildungskraft unter der „Zucht des Geistes GOttes“[62]. Mittel solcher Zucht ist die „öftere Vorstellung des Leidens Christi“, durch welche

> „der Heil. Geist der Einbildungskraft beygebracht, mitgetheilet und insinuieret wird, dieselbige von allen heimlichen Unreinigkeiten reiniget, und in derselben vermittelst des Wortes Gottes solche Bilder hervorbringet, dadurch heilige Gemüthsbewegungen erwecket, und das Herz zur Andacht entzündet werden kan.“[63]

Rambach schreibt die von der geistlichen Dichtung zu leistende Erregung frommer Herzensrührung der (durch den Heiligen Geist gelenkten) Einbildungskraft zu. Die Andacht, die ein geistliches Gedicht zu erwecken vermag, wird durch die Vorstellungsbilder desselben Gemütsvermögens hervorgerufen, das dann auch innerhalb der Ästhetik Baumgartens (als wichtiges Element des unteren Erkenntnisvermögens und mithin als Vermögen der ‚sensitiven‘ Vorstellungen) zentralen Rang einnimmt. Die Frage von falschem und rechtem Gebrauch der Dichtung entscheidet sich am geistlichen oder ungeistlichen Gebrauch desjenigen Seelenvermögens, das mit seinen Vorstellungen offenbar den stärksten Einfluss auf das Herz und seine Affekte (‚Gemütsbewegungen‘) hat. Rambach nimmt damit einen

---

60 Johann Jakob Rambach, Geistliche Poesien, Davon Der erste Theil Zwey und siebenzig *Cantaten* über alle Sonn- und Fest-Tags-Evangelia; Der andre Theil Einige erbauliche Madrigale, Sonnette und geistliche Lieder in sich fasset, Leipzig ^{2}1734, Vorrede (unpag).

61 J.J. Rambach, Christliche Sitten-Lehre (Anm. 57), 587.

62 A.a.O., 608.

63 Ebd.

poetologischen Grundgedanken in Anspruch, der sich bereits in der klassischen Rhetorik findet und der, vermittelt über die empirische Psychologie Christian Wolffs,[64] vermögenstheoretisch ausdifferenziert als basale psychologische Prämisse der Hallischen Ästhetik fungieren wird: das Theorem von der unmittelbaren Wirkung der Phantasiebilder auf das „Herz", die affektive Dimension der Seele.

Wenn durch die Vorstellungsbilder einer geheiligten Einbildungskraft „heilige Gemüthsbewegungen erwecket, und das Herz zur Andacht entzündet werden kan", ist die Erschaffung entsprechender religiös-poetischer Bilder für die notwendige „Erbauung"[65] der Seelen von Relevanz. Entscheidende Bedingung für derartige Dichtungen ist lediglich, – so Rambach in seiner ausführlichsten poetologischen Äußerung, in der Vorrede *Von dem Missbrauch und rechtem Gebrauch der Poesie* –, dass sie „zur Ehre Gottes" gebraucht werden, und das entscheidet sich für ihn primär an ihrem Inhalt. Denn zur Ehre Gottes dient die Poesie mit der „Besingung seiner unendlichen Vollkommenheiten, seiner liebenswürdigsten Eigenschaften, seiner anzubetenden Majestät"[66]. Die Aufzählung erinnert an Baumgartens Bestimmung der Religion als Suche nach möglichst vollkommenen Vorstellungen von den Vollkommenheiten Gottes. Diese können laut Rambach freilich auch in seinen Werken ansichtig werden. So besteht der mögliche Inhalt religiöser Poesie

> „nicht weniger in der Betrachtung seiner wunderbaren Wercke, die er so wol im Reich der Gnaden, als im Reich der Natur verrichtet und darstellet, davon der berühmte Herr L. Brocks [sc. Barthold Hinrich Brockes (1680–1747); M.F.] in seinem irrdischen [!] Vergnügen in GOTT, herrliche Proben abgeleget hat."[67]

Die poetische Darstellung der verschiedenen religiösen Gehalte zielt, wie gesagt, auf Erbauung. Im Einzelnen besteht die intendierte „Gemüths-Erweckung"[68] bzw. „Gemüths-Ermunterung"[69] der Leser nach Rambach darin,

> „daß ihre Hertzen dadurch zur Ehrfurcht vor GOtt, zur Liebe JEsu Christi, zum Lobe des Schöpfers, zur Erkäntniß ihrer Nichtigkeit, zum Verlangen nach seiner seligen Gemeinschaft, zum heiligen Wandel und gottseligen Leben erwecket werden"[70].

---

64 Vgl. z.B. Christian Wolff, Ausführliche Nachricht von seinen eigenen Schriften die er in deutscher Sprache von den verschiedenen Theilen der Welt-Weißheit heraus gegeben (1726), Ausg. Frankfurt a.M. 1733 (Ndr. Hildesheim u.a. 1973 = Ders., Gesammelte Werke, hg. v. J. École u.a., 3 Abt., Hildesheim u.a. 1962ff., Abt. I, Bd. 9), 254: „Zu dem unteren Theile der Seele rechne ich die dunckele und undeutliche Vorstellungen, und die daraus entstehende Appetite".

65 J.J. Rambach, Geistliche Poesien (Anm. 60), Vorrede (unpag). Vgl. Ders., Von dem Mißbrauch und rechtem Gebrauch der Poesie, in: Ders., Poetische Fest-Gedancken, Von den höchsten Wohlthaten Gottes, Zum andern mal Verbessert und vermehret heraus gegeben, Mit einem Anhange Andrer geistlichen Lieder und Gedichte, Und einer Vorrede Von dem Mißbrauch und rechtem Gebrauch der Poesie ([1]1722), Jena [2]1727, § 1.

66 A.a.O. § 11.

67 Ebd.

68 Ebd.

69 A.a.O. § 2.

70 Ebd.

Vergleicht man Rambachs ästhetisch-theologische Reflexionen mit denjenigen Baumgartens, ist die Nähe im Grundsätzlichen frappierend. Auch Rambachs Ausführungen artikulieren die Idee einer Ästhetisierung des Religiösen. Die pietistische Neuausrichtung der Religion am *cultus internus*, an innerer Erfahrung und lebenspraktischer Verwirklichung, d.h. an der ‚Erbauung' der Seele durch die ‚lebendige Erkenntnis' der religiösen Wahrheiten, führt den Theologen über das psychologische Theorem vom Konnex von Einbildungskraft und Herz zur Einsicht in den religiösen Nutzen poetisch-anschaulicher Darstellung der zentralen religiösen Gehalte. Sollen die Menschen „zum heiligen Wandel und gottseligen Leben" gelangen, müssen in ihren Herzen die zentralen religiösen Affekte erweckt werden: „Ehrfurcht vor Gott", „Liebe Jesu Christi" sowie die im „Lobe des Schöpfers" sich aussprechende Freude, und dazu wiederum muss die Einbildungskraft mit entsprechenden Vorstellungen angefüllt werden. Es genügt nicht „eine richtige Erkentniß von der Sache"[71] der Theologie, selbst wenn eine solche in Gestalt des Dogmas vorliegen mag, sondern es bedarf der Umbildung derartiger Erkenntnis in poetische Vorstellungsbilder, um jene auch in Herz und Leben der Menschen wirksam werden zu lassen.

Eine derartige Ästhetisierung ist die Aufgabe der religiösen Poesie – auch nach Baumgartens Ansicht. So lässt sich im Rückblick auf die obige Baumgarten-Interpretation sagen, dass dessen in der Zusammenschau von *Ästhetik* und *Philosophischer Ethik* sich abzeichnende Theorie der Ästhetisierung der Religion durchaus als wissenschaftliche Ausarbeitung von Anliegen *ex foro Theologorum* angesehen werden kann. Die eigentümliche Verbindung von religiöser Intention und schulphilosophischer Durchführung lässt Baumgartens Reflexionen als typisches Phänomen der Übergangszeit der späten dreißiger und vierziger Jahre des 18. Jahrhunderts in Halle erscheinen: Die pietistische Fokussierung auf innerlich-persönliche Erfahrung und lebenspraktische Verwirklichung der Religion, der sich die Tendenz zur Poetisierung bzw. Ästhetisierung derselben verdankt, trifft sich mit dem Wissenschaftlichkeitsideal der Aufklärung.

4.

Nachdem die pietistisch-aufklärerischen Ästhetisierungsideen in ihren Grundzügen vorgeführt worden sind, ist nun noch schlaglichtartig zu zeigen, dass sich der Hallischen Ästhetik auch konkrete Anweisungen zur sprachlichen Darstellung des Religiösen entnehmen lassen. Dem ist eine Bemerkung zum Verhältnis von Sprache und Vorstellung vorauszuschicken. Wie bereits deutlich wurde, ist die Ästhetik von Baumgarten und seinen Schülern primär vorstellungstheoretisch angelegt. Ihre Grundlage sind die Grunddogmen der empirischen Psychologie Leibniz-

---

[71] J.J. Rambach, Christliche Sitten-Lehre (Anm. 57), 131.

Wolff'scher Provenienz, deren erste dahingehend lautet, dass die Seele *vis repraesentativa* ist: Vorstellungskraft. Dem korrespondiert eine semiotische Sprachtheorie, wonach jede Rede als Komplexion von Zeichen für bestimmte Vorstellungen aufgefasst wird. Dementsprechend hebt die *Aesthetica* mit einer Lehre vom ‚schönen Denken' an, d.h. von den Merkmalen ‚schöner' *Vorstellungen.* Ihr wäre im Falle der Vollendung der *Aesthetica* eine Lehre von der ästhetischen Gestalt der sprachlichen Zeichen gefolgt.[72] Wie sogleich deutlich werden wird, ist indessen auch die vorstellungstheoretisch ausgerichtete Argumentation aufgrund der unmittelbaren Zusammengehörigkeit von Vorstellung und Zeichen immer zugleich sprachtheoretisch relevant.

Es wurde bereits erwähnt, dass das Thema Religion innerhalb der *Aesthetica* sachlich vor allem dem Abschnitt über die ‚ästhetische Größe' zugehört, in dem eine Klassifizierung unterschiedlich würdiger Stoffe vorgenommen und deren adäquate Vorstellung (bzw. Darstellung) verhandelt wird. Was das Erhabene und mithin die religiösen Sujets betrifft, geht es hier primär um eine Angemessenheit von Sujet und Darstellung. Um ihrer leichteren Fasslichkeit und größeren Gefälligkeit willen sollen für den fraglichen Sachverhalt die entsprechenden Ausführungen von Baumgartens Schüler G. F. Meier herangezogen werden.[73] Ausgehend von der Maxime, dass für die Rede möglichst hohe *Gegenstände* zu wählen sind – unter denen die Gegenstände der Religion den höchsten Platz einnehmen –, hebt Meier sogleich die Notwendigkeit entsprechend erhabener *Gedanken* hervor:

> „[D]ie Gedanken müssen diesen Gegenständen proportioniert seyn, dergestalt, daß sie, durch die Gedanken, in denjenigen Gesichtspunct gestelt werden, aus welchem man sie in ihrer völligen Grösse sehen kann"[74].

Anders gesagt:

> „[D]ie Grösse der Sache mus […] dergestalt vorgestelt werden, daß man, durch die Vorstellung, die Sache in ihrer Grösse und als eine grosse Sache gewahr wird. Dieses Stück ist unentbehrlich. Man kan, um so zu reden, die grösten Dinge durch ein Verkleinerungs-Glas betrachten, und da ist eben es so viel, als wäre sie gar nicht gros. Die allervortreflichsten Gegenstände schrumpfen, unter den Händen eines kleinen Geistes, zusammen, und sie verlieren in dem Gesichtspuncte solcher Leute alle Grösse."[75]

Dass die Regel der ‚Proportioniertheit' von erhabenen Gegenständen und erhabenen Gedanken keine Banalität ist, zeigt für Meier die Dichtung „kleiner Geister"

[72] Die theoretische Ästhetik hätte nach dem Gliederungsprospekt von § 13 der *Aesthetica* (Anm. 13) analog der rhetorischen Unterscheidung von *inventio*, *dispositio* und *elocutio* einen heuristischen, einen methodologischen und einen semiotischen Teil haben sollen. Vgl. dazu die semiotischen Ausführungen der §§ 77–107 von Baumgartens *Meditationes* (Anm. 11).

[73] Diese Ausführungen haben ihr Pendant in Baumgartens *Aesthetica* (Anm. 13) in den Paragraphen zur *magnitudo aesthetica materiae relativa* (§§ 17ff.).

[74] G.F. Meier, Anfangsgründe (Anm. 40), 169.

[75] A.a.O., 119.

vom Schlage eines Lohenstein[76], die noch im erhabensten Sujet ihre nichtswürdigen Kleinigkeiten ausbreiten oder umgekehrt mit haltlosen Übertreibungen einen falschen Schein von Erhabenheit zu erzeugen versuchen. Deshalb bedarf es auch der gesonderten Behandlung dieser beiden Abirrungen vom erhabenen Denken, des „Kriechenden“[77] und des „Schwulstes“[78]. Der erste Fehler liegt, wie gesagt, vor:

> „Wenn man grosse und würdige Gegenstände auf eine Art denkt, die sich nur für Kleinigkeiten und Narrenspossen schickt. [...] Es ist zu bedauren, daß viele Geistliche diesen Fehler, bey dem Vortrage göttlicher Wahrheiten, begehen. Ich erinnere mich gelesen zu haben, daß jemand das Bekehrungsgeschäfte des heiligen Geistes, unter dem Bilde eines Schornsteinfegers vorgestelt, wie er ins Herze fährt, dasselbe auskehrt, und, wenn er fertig ist, Abba lieber Vater ruft. Heißt dieses nicht die göttlichen erhabenen Wahrheiten lächerlich und verächtlich machen? Ein einziges Wort verursacht manchmal diesen Fehler. Der Engländer Blachmor [sc. Richard Blackmore (1654–1729); M.F.] sagt, in seinem Hiob, von GOtt: er mißt mit einer wundersamen Geschicklichkeit alle Tropfen, womit die schwarzen Wolken ihre schwimmenden Bouteillen füllen. Das Wort Bouteille verdirbt hier alles.“[79]

Es werden zwei misslungene Metaphern als Beispiele des ‚Kriechenden‘, des „Zu-niedrig-Denkens vom Hohen“ angeführt. Das erste stammt aus einer Predigt, für Meier der vorzügliche Ort der Realisierung des Erhabenen – und seiner Verfehlung.[80] Durch eine Metapher wird ein „Gegenstand“ „unter dem Bilde“ von etwas, er wird als etwas anderes vorgestellt (z.B. der heilige Geist als Schornsteinfeger), und insofern hier eine Verknüpfung von Vorstellungen vorliegt, durch die der Gegenstand in einen bestimmten „Gesichtspunkt gestellt“, in ein bestimmtes Licht gerückt wird, liegt jeweils ein ‚Gedanke‘ vor. Im Falle der missglückten Metaphern ist dies allerdings kein hoher, sondern ein „poßierlicher“[81] Gedanke, weil die Verknüpfung der Vorstellung des hohen ‚Gegenstands‘ (des

---

76 Vgl. a.a.O., 177: „*Lohenstein* sagt an einem Orte: *der götlichen* [!] *Vorsehung in die Speichen treten.* Wer kein Bauer ist, der versteht nicht einmal diese Redensart; kan man es ihm daher wol vergeben, daß er so eine erhabene Sache, als die göttliche Vorsehung ist, mit einer so niederträchtigen Redensart ausdruckt?“

77 Vgl. a.a.O., 176.

78 Vgl. a.a.O., 180ff

79 A.a.O., 139f.

80 Vgl. G.F. Meier, Untersuchung (Anm. 31), 77: „Ich darf [*lies*: muss; M.F.] nicht beweisen, daß die meisten Predigten, die unter uns gehalten werden, nicht einmal den Schatten einer wahren und männlichen Beredsamkeit an sich haben. Die allermeisten Prediger tragen, die erhabenen Wahrheiten der Religion, auf eine so elende niedrige und kriechende Art vor, daß es unverantwortlich ist. Ja einige gehen gar so weit, daß sie es für eine Sünde und für ein weltliches Wesen halten, oratorisch zu predigen. Ich stehe dafür, daß iederzeit derienige Prediger, den man einen hertzlichen, einen lieben Mann nennt, so etwas in den Tag hinein schwatzt, daß Leute von Verstande und Geschmack ein Mitleiden mit ihm haben. Man kan diese Männer durchaus nicht entschuldigen. Die Männer GOttes in der Bibel sind ihnen, mit gutem Exempel, vorgegangen. Esaias hat ein solches Feuer der Beredsamkeit bewiesen, daß ihm weder Demosthenes, noch Cicero völlig gleich sind, und Paulus ist so gar von Longin bewundert worden. Ein ieder wird mir zugestehen, daß der herrschende Geschmack der Deutschen in Absicht auf die Beredsamkeit, von den Predigern gebildet werde. Muß derselbe also nicht verdorben seyn, da die meisten Prediger keine Beredsamkeit beweisen?“

81 G.F. Meier, Anfangsgründe (Anm. 40), 177.

Heiligen Geistes) mit der Vorstellung eines Schornsteinfegers (mit all den Assoziationen eines gewöhnlichen, geringgeachteten und schmutzigen Berufes) jenen in einer erniedrigenden Perspektive vor Augen führt. Auf diese Weise wird das göttliche Handeln bzw. sein Subjekt, der heilige Geist, nicht als etwas Erhabenes vorgestellt, sondern als etwas ganz Gemeines. Und so wird die „göttliche erhabene Wahrheit", solchermaßen „lächerlich und verächtlich" gemacht, kaum die ihr gebührende Bewegung der Seele hervorrufen. – Als konkrete Anweisung aus dem dargelegten Proportioniertheitsgebot folgt laut Meier für den Redner oder Poeten:

> „Wer in den schönen Gedanken jedesmal die gehörige Grösse erreichen will, der mus [...] diejenigen Ursachen seines Gegenstandes, oder diejenigen Theile desselben, oder die Folgen und Würkungen aussuchen und vorstellen, welche den Gegenstand in dem Grade der Grösse und Würde vorstellen, den er vorstellen will"[82].

Die Fähigkeit, dem erhabenen Gegenstand angemessene ‚Gedanken' zu bilden – die vorzüglich dem Prediger und dem Schöpfer geistlicher Dichtung eignen muss – ist in erster Linie eine Kunst der Auswahl geeigneter Aspekte des zu präsentierenden Gegenstandes bzw., wie sich aus der oben vorgeführten Metaphernkritik schließen lässt, der Auswahl adäquater Bilder für denselben: von Bildern, welche ihn in „gehöriger" Grösse und Würde erscheinen lassen.[83] Werden die betreffenden Aspekte und Bilder dann auch in ‚proportionierte' Worte gefasst und auf diese Weise dem Rezipienten getreu mitgeteilt, ist nach der Überzeugung der Hallenser mindestens im Falle eines ausreichend kultivierten Hörers oder Lesers[84] damit zu rechnen, dass auch die entsprechenden ‚hohen' Gemütsbewegungen bei ihm hervorgerufen werden. Hier wäre etwa an jene „Ehrfurcht vor Gott" zu denken, die auch Rambach als Affektwirkung eines gelungenen geistlichen Gedichts veranschlagen konnte.

Die kurze Skizze kann vielleicht einen Eindruck von den darstellungsästhetischen Konkretisierungen vermitteln, welche die Theorie der poetischen Repräsentation des Göttlichen im Rahmen der Hallischen Ästhetik erfahren hat. Aus gewissen psychologischen und poetologischen Axiomen werden in instruktiver Weise ästhetische Kriterien für das Gelingen religiöser Mitteilung abgeleitet. Die prinzipielle Bedeutung der fraglichen Theoriebestrebungen besteht darin, dass sie ein Bild des konkreten religiösen Bewusstseins zeichnen, worin poetische Darstellungen (bzw. durch solche transportierte Vorstellungen) religiöser Gehalte Gemütszustände bedingen, in denen kognitive und affektive Dimension gleichermaßen religiös in Beschlag genommen sind. Mit diesem Bild ästhetisch-religiöser Erlebnissubjektivität ist eine grundlegende Einsicht in den psychologischen Zusammenhang von Kunst und Religion formuliert, die unter anderem auf Klop-

---

82 A.a.O., 185f.
83 Vgl. a.a.O., 124.
84 Vgl. a.a.O., 473.

stock, Mendelssohn und Herder gewirkt hat und die noch in der frühromantischen Idee der Kunstreligion bzw. Kunstandacht nachklingt.[85]

5.

Der Rückgang in die Gründungszeit der wissenschaftlichen Ästhetik hat die im Überschneidungsbereich von Pietismus und Aufklärung liegenden Anfänge einer Theorietradition sichtbar gemacht, innerhalb derer im Zusammenspiel von ästhetischen und theologischen bzw. religionsphilosophischen Theoremen die ästhetische Seite von religiöser Sprache und religiösem Bewusstsein in den Blick rückt. Es werden die ästhetischen Bedingungen gelungener Vermittlung frommer Innerlichkeit reflektiert, wobei die Notwendigkeit kunstmäßiger Darstellung des Göttlichen in Predigt und geistlicher Poesie hervortritt.

Die besagte Tradition stellt auch den geistesgeschichtlichen Hallraum von Schleiermachers Äußerungen zur „rednerischen" Gestalt religiöser Mitteilung dar. Es hat den Anschein, als verdanke sich das Plädoyer der Erstauflage der *Reden*, die Religion sei „in aller Anstrengung und Kunst der Sprache"[86] zu kommunizieren, weder allein dem Enthusiasmus des jungen Schleiermacher noch einer kurzfristigen Theoriemode. Vielmehr greift der Redner damit einen Diskurs auf, der in die Anfänge der Ästhetik zurückreicht und der religionstheoretische und -praktische sowie zeitdiagnostische Kardinalfragen betrifft.

Nach Auffassung der Hallenser Pioniere der Ästhetik, die frömmigkeits- und bildungsbiographisch sämtlich im Pietismus verwurzelt sind,[87] hängt von der anschaulichen Vermittlung die Lebendigkeit der Religion ab, also die Möglichkeit ihrer innerlichen Aneignung. Die Religion kann affektive Kraft nur gewinnen, kann nur dann auch eine Sache des Erlebens, der Erbauung werden, wenn ihr eindrückliche Bilder vom Göttlichen den Zugang zu den vorrationalen Tiefenschichten der Seele bahnen. Darum bedarf sie der rhetorischen bzw. poetischen Erschaffung und Gestaltung solcher Bilder. Vor diesem Hintergrund wirken manche Formulierungen Schleiermachers – etwa die Forderung, die Religion sei „in angemessener Kraft und Würde darzustellen"[88] – wie unmittelbare Reformulierungen von Überzeugungen Baumgartens oder Meiers (auch wenn sich die ästhetischen Grundkoordinaten inzwischen verschoben haben mögen)[89]. Wie jene ist

---

85 Vgl. dazu Markus Buntfuß, Die Erscheinungsform des Christentums. Zur ästhetischen Neugestaltung der Religionstheologie bei Herder, Wackenroder und De Wette, Berlin / New York 2004.

86 F.D.E. Schleiermacher, Über die Religion (Anm. 1), 181.

87 Hier wären neben Baumgarten und Meier vor allem Jakob Immanuel Pyra und Samuel Gotthold Lange, die Protagonisten der sog. Älteren Hallischen Dichterschule, zu nennen.

88 F.D.E. Schleiermacher, a.a.O., 181.

89 Anders als die „Althallenser" denkt Schleiermacher nicht primär inhalts- und wirkungsästhetisch, sondern ausdrucksästhetisch, wenngleich im Gedanken der religiösen Mitteilung natürlich ein wirkungsästhetisches Moment enthalten ist.

offenbar auch Schleiermacher der Ansicht, dass eine Mitteilung innerlicher Religion ihr Ziel verfehlt, wenn sie nicht gewisse ästhetische Bedingungen erfüllt.

Übereinstimmung herrscht ferner in der kritischen Ausrichtung der fraglichen Ästhetisierungsbestrebungen, insofern sie sich jeweils gegen ein einseitig lehrhaftes Verständnis des Religiösen wenden. Getragen von der pietistischen Grundüberzeugung von der Notwendigkeit einer Aneignung des Christlichen am Ort des je eigenen Affektlebens versteht sich das Hallische Programm einer ‚lebendigen Erkenntnis' des Religiösen als produktive Antwort auf die Vermittlungsdefizite der religiösen Institutionen, die in Gestalt von Schuldogmatik und Lehrpredigt lediglich ‚tote Erkenntnis' hervorbringen. Denn nach Maßgabe der zugrunde liegenden Psychologie können die abstrakten Vorstellungen und die entsprechend formelhafte Sprache der altprotestantischen Theologenreligion aufgrund ihrer begrifflichen Verfasstheit kaum affektive Resonanz erzeugen und bleiben sonach erlebnismäßig folgenlos.

Ähnlich dringt bekanntlich der junge Schleiermacher in den *Reden* darauf, Dogmen und Lehren nur als abgeleitete Formen des Religiösen zu begreifen, die dem Erleben als dem Eigentlichen der Religion selbst äußerlich sind – ist doch die Religion ihrem Wesen nach nicht Wissen, sondern „Anschauung und Gefühl"[90]. Im Zuge der zeitdiagnostischen Einschätzung, das Christentum sei von entsprechenden Veräußerlichungstendenzen bedroht, wirbt Schleiermacher auf der Basis dieser Wesensbestimmung wie seine Hallischen Vorgänger für eine Mitteilungs- und Erlebniskultur, in der dem „Sinn und Geschmack fürs Unendliche" ein „Sinn und Geschmack" für die ästhetische Gestalt der religiösen Sprache korrespondiert.

Es dürfte deutlich geworden sein, dass das nachgezeichnete Ideal eines ästhetischen, undogmatischen Christentums entgegen immer noch verbreiteten theologischen Vorbehalten nicht ästhetizistische Oberflächeneffekte, sondern eine neue Verinnerlichung des Christlichen anstrebt. Es geht um die Generierung einer religiösen Sprach- und Vorstellungswelt, die – anders als die Begrifflichkeit der Dogmatik – der innerlich-religiösen Erbauung zu dienen vermag. Mit seiner Intention auf Anschaulichkeit und Erlebnistiefe stellt sich das Programm der Ästhetisierung des Christentums als Versuch dar, die vom Pietismus breitenwirksam propagierte Verinnerlichung der Religion mit ästhetischen Mitteln umzusetzen. Betrachtet man die Innenwendung als Signum moderner Religiosität, erweist sich jenes Ästhetisierungsprogramm als Faktor nicht etwa der „Säkularisierung", sondern der Modernisierung des Christentums.

Im Prinzipiellen ist Schleiermacher dieser Linie im Laufe seiner Entwicklung treu geblieben. Auch seine frühen Äußerungen zur religiösen Mitteilung hat er nicht grundsätzlich revidiert. Dass die Religion sich ausdrücken muss und dass dies – zumindest auch – mit ästhetischen Mitteln zu geschehen hat, von dieser

---

90 F.D.E. Schleiermacher, a.a.O., 50.

Ansicht ist Schleiermacher nie abgerückt.[91] Freilich ist er hinsichtlich der Frage des Verhältnisses von Ästhetischem und Religiösem durchaus zu weiterführenden Klärungen gekommen.[92] Sie lassen sich formelhaft in einem Satz zusammenfassen: Die Kunst ist die Sprache der Religion. Die Formel macht die Konvergenz mit den Intentionen der Hallischen Avantgarde der wissenschaftlichen Ästhetik deutlich. Sie zeigt aber auch eine maßgebliche Divergenz. Denn Schleiermacher zielt hier mit ‚Kunst' gerade auf die nonverbalen Künste – also etwa die Malerei oder die Musik – ab, die seines Erachtens allein in der Lage sind, (religiöse) Gefühle als solche adäquat zum Ausdruck zu bringen, während die Wortsprache das Gefühl aufgrund ihrer logischen Verfasstheit immer nur mittelbar, in objektivierender Weise zu artikulieren vermag. Der theologiegeschichtliche Fortschritt zur gefühlstheoretischen Religionsbestimmung sowie der ästhetikgeschichtliche Wandel von der Inhaltsästhetik zur Ausdrucksästhetik, die zwischen Schleiermacher und seinen Vorgängern liegen, stehen im Hintergrund dieser religionsästhetischen Neuausrichtung.

Womöglich ist auch der anfangs zitierte Kommentar der dritten zur ersten Auflage der *Reden* in diesem Zusammenhang zu lesen – davon abgesehen, dass es hier auch um eine durch die Praxis veränderte Sicht der ästhetischen Möglichkeiten und Erfordernisse pastoraler Predigt- und gemeindlicher Sangespraxis geht. Die betreffende Selbstrevision Schleiermachers ist weniger als prinzipielle Absage an die ästhetische Gestaltung religiöser Rede zu verstehen denn als Abkehr von dem spezifischen Stilideal der Jugend.[93]

Im Übrigen birgt die Frage nach der Eigenart und den Potentialen der verschiedenen Künste schwierigste ästhetische Probleme, zu denen auch Schleiermacher kaum das letzte Wort gesprochen hat. Hier kommt es indessen nur auf die prinzipielle Einsicht in die Angewiesenheit der Religion auf die Kunst als ihre notwendige Vermittlungsgestalt an. Mit Schleiermacher und den Hallensern ist festzuhalten, dass das religiöse Leben der ästhetischen Darstellung des Religiösen bedarf.

In Bezug auf die Themenformulierung dieses Bandes lässt sich damit resümieren: Die Sprache des Glaubens – sei sie verbal oder nonverbal – hat eine essentielle ästhetische Dimension. Und: Wie der Glaube zur Sprache zu kommen hat, ist nicht primär eine Frage der Dogmatik, sondern einer religionstheologischen

91 Vgl. dazu Friedrich Daniel Ernst Schleiermacher, Der christliche Glaube, Zweite Auflage (1830/31), §§ 15f.

92 Die wichtigsten Reflexionen zur Frage finden sich in der *Philosophischen Ethik* und in der *Ästhetik*. Dazu knapp Ulrich Barth, Was heißt ‚Vernunft der Religion'? Subjektsphilosophische, kulturtheoretische und religionswissenschaftliche Erwägungen im Anschluss an Schleiermacher, in: Bernd Oberdorfer / Jörg Lauster (Hg.), Der Gott der Vernunft. Protestantismus und vernünftiger Gottesgedanke, Tübingen 2009, 189–215, 194ff.

93 Vor dem Hintergrund der ästhetischen Debatten des 18. Jahrhunderts dürfte Schleiermacher klar gewesen sein, dass auch und gerade der ‚schlichten Rede' das ästhetische Prädikat des Erhabenen zugeschrieben werden konnte. Vgl. dazu M. Fritz, Vom Erhabenen (Anm. 10), bes. Teil II / Kap. 1.1 und Kap. 3.3.1.

Ästhetik. Eine ausgearbeitete Ästhetik der religiösen Mitteilung hätte einen wichtigen Beitrag zur Vermittlung des Christlichen zu leisten. Denn nicht zuletzt davon, dass der Glaube eine adäquate Sprache findet, hängt es ab, ob das Christentum auch in Zukunft jene Erbauung des inneren Menschen zu leisten vermag, die einen lebendigen Glauben ausmacht.

Regina Fritz

Sittliche Evidenz

Die Funktion der Rhetorik für die ethische Bildung

Der Wissenstransfer zwischen Ethik und Rhetorik ist seit jeher spärlich – zumindest aus Sicht der Ethik. Ursache dafür ist die schon in der Antike immer wieder geäußerte Skepsis gegenüber einer Rhetorik, die die Rezipienten durch gezielt eingesetzte sprachliche Techniken zu manipulieren scheint. Bei einem derartigen instrumentellen Verständnis der Rhetorik als Persuasionsmittel kann diese für die Ethik keine Gesprächspartnerin auf Augenhöhe sein, von der man sich produktive Erkenntnisse für die eigenen Belange erwarten könnte. Vielmehr kommt aus ethischer Perspektive die Rhetorik lediglich als „Beratungsfall" in Betracht, insofern die Redekunst mit Hilfe ethischer Reflexionen allererst ihre moralische Integrität auszuweisen hat.

Ist der Bezug der Ethik zur Rhetorik vor allem durch eine einseitige Übermittlung ethischer Prinzipien gegeben, so ist deren Rezeption innerhalb der Rhetorik auf einen sehr klar definierten Bereich beschränkt. In der für die Antike grundlegenden aristotelischen Rhetorik etwa ist das ἦθος eines der Überzeugungsmittel der Rede. Während die Rede durch das πάθος affektiv und durch den λόγος argumentativ zu gestalten ist, dient das ἦθος der „Selbstrepräsentation des Redners"[1]. In Form seiner Tugenden wird das Ethos des Redners zum Maßstab zur Beurteilung der sittlichen Qualität der Rede, die ihre Überzeugungskraft stützt. Die ethisch-rhetorischen Reflexionen über das Ideal des Redners finden ihren berühmtesten Ausdruck schließlich in dem von Quintilian überlieferten Diktum Catos vom *vir bonus dicendi peritus,* wodurch neben der Klugheit gerade die Rechtschaffenheit des Redners zur Voraussetzung gelungener Persuasion erklärt wird.[2] Auf diese Weise ist in der Rhetorik das Ethos dem Ziel rhetorischer Überzeugungskraft funktional untergeordnet.

Das Verhältnis zwischen Ethik und Rhetorik ist also seit der antiken Tradition auf die ethische Reflexion hinsichtlich der Charakterisierung des Redners beschränkt, um so die Persuasion als Ziel aller Redekunst sittlich zu legitimieren. In

[1] Neben der Charakterisierung des Redners wird auch die Darstellung des Gegners ethisch reflektiert, vgl. William Fortenbaugh, Art. Ethos. B. I. Antike, in: HWRh 2 (1994), 1517–1525, 1517. Darüber hinaus wird das Ethos noch im Zusammenhang mit der Dreistillehre thematisch, innerhalb derer es den mittleren Stil bezeichnen kann, vgl. Franz-Hubert Robling, Art. Ethos. A, in: HWRh 2 (1994), 1516f., 1517. Vgl. auch den Aufsatz von Peter L. Oesterreich in diesem Band.

[2] Marcus F. Quintilianus, Institutio oratoria / Ausbildung des Redners, Lateinisch/Deutsch, hg. u. übers. v. H. Rahn, Darmstadt ^{2}2001, XII, 1,1, vgl. auch a.a.O., II 15,34.

weiter führenden inhaltlichen Fragen werden Ethik und Rhetorik nicht in Beziehung gesetzt.

In jüngerer Zeit wird nun der Austausch zwischen Ethik und Rhetorik neu belebt – und zwar gerade von ethischer Seite. Vor allem hermeneutisch orientierte Ethikentwürfe, die den Prozess der Bildung eines Ethos als der sittlichen Ausrichtung des Lebens zu beschreiben suchen, öffnen sich der Rhetorik. Wenn dargelegt werden soll, wie ein Ethos generiert wird, liegt die Annahme nahe, dass dies zu einem nicht unerheblichen Teil im Modus der Rede erfolgt. Damit wird aber die Rhetorik zu einer von der Ethik gefragten Gesprächspartnerin. In der ethischen Debatte der letzten zehn Jahre ist es insbesondere die unter rhetorischen Gesichtspunkten verhandelte Erzählung, die auf ihre Ethos bildende Funktion hin diskutiert wird. Ansätze zu einer „narrativen Ethik" haben Konjunktur.[3]

Die folgenden Überlegungen werden vor dem Hintergrund der jüngeren Diskussionen zwischen Ethik und Rhetorik angestellt, um der Funktion des Rhetorischen für die ethische Bildung weiter nachzugehen.[4] Dazu wird zunächst der ethische Entwurf des Zürcher Theologen Johannes Fischer entfaltet, der eine grundlegende Annäherung zur Rhetorik vorgenommen hat, um eben jene Frage der Genese des Ethos zu erhellen (1). In einem weiteren Schritt werden theoriegeschichtliche Bezüge dieses Ansatzes in der antiken Rhetorik und der Ästhetik des 18. Jahrhunderts aufgezeigt (2.), um daraufhin kurz die Potenziale weiterer Forschung auf der Schnittstelle zwischen ethischer und rhetorischer Reflexionen zu skizzieren (3).

1. Der ethische Entwurf von Johannes Fischer

Johannes Fischer hat 2003 eine Theologische Ethik vorgelegt, in der er die Genese eines christlichen Ethos untersucht.[5] Sein deskriptiv-hermeneutischer Ansatz führt Fischer dazu, die Ethik nicht als Begründung christlicher Normen und Regeln zu konzipieren, die aus theologischen Aussagen zu deduzieren wären. Vielmehr ist es ihm darum zu tun, das Ethos gelebten Christentums in seiner Vielgestaltigkeit allererst zu beschreiben. So erachtet er es als wesentliche Aufgabe der Ethik „in Auseinandersetzung mit anderen Auffassungen des menschlichen Lebens und Handelns die sittliche Ausrichtung des Glaubens dem Verstehen [zu] erschließen", um dann in einem weiteren Schritt „dem, was im Sinne dieser Ausrichtung ist, argumentative und institutionelle Wirksamkeit [zu] verschaffen".[6]

---

3 Vgl. dazu Walter Lesch, Art. Hermeneutische Ethik / Narrative Ethik, in: Marcus Düwell / Christoph Hübenthal / Micha H. Werner (Hg.), Handbuch Ethik, 2. aktual. u. erw. Aufl., Stuttgart/Weimar 2006, 231–242. Von den jüngst erschienenen Veröffentlichungen sei exemplarisch genannt: Karen Joisten (Hg.), Narrative Ethik. Das Gute und das Böse erzählen, Berlin 2007.

4 Die in diesem Band thematisierten Sprachen des Glaubens werden also in ethischer Hinsicht beleuchtet.

5 Johannes Fischer, Theologische Ethik. Grundwissen und Orientierung, Stuttgart/Berlin/Köln 2002.

6 A.a.O., 53.

Zur Beschreibung des Ethos bedient sich Fischer einer Handlungstheorie als analytischem Instrumentarium, das es ihm erlaubt, den Realisierungszusammenhang der sittlichen Ausrichtung des Glaubens möglichst umfassend darzustellen. Dabei entwickelt er seine Handlungstheorie in Abgrenzung zu den üblichen handlungstheoretischen Überlegungen der Moderne.[7] Denn der moderne Handlungsbegriff beruht nach Fischer darauf, das Handeln als ein Handeln aus Gründen zu konzipieren, bei dem das sittliche Subjekt als primär rationales Wesen verstanden wird, das sich vor seinen sittlichen Urteilen und Handlungen Rechenschaft über seine Gründe ablegt und in der Diskussion dieser Gründe schließlich dazu gelangt, ein bestimmtes Urteil oder eine bestimmte Handlung zu vollziehen. Mit der Konzeptualisierung des Handelns aus Gründen sieht Fischer nun aber einen wesentlichen Teil vor allem des alltäglichen Handelns nicht erfasst. Das intuitive Handeln, das ohne rationale Diskussion von Handlungsgründen spontan erfolgt, kann mit den gängigen Handlungstheorien nicht beschrieben werden. Dieses Defizit behebt Fischer, indem er ‚Intuitionen' als zentrale sittliche Instanz beschreibt.

1.1. Intuitionen als zentrale sittliche Instanz

1.1.1. Charakteristika und handlungstheoretische Funktion

Sollen sittliche Intuitionen näher charakterisiert und in ihrer handlungstheoretischen Funktion beschrieben werden, so ist zunächst festzuhalten, dass auf Grund der Forschungslage keine eindeutige Definition von sittlichen Intuitionen gegeben werden kann. Das liegt vor allem daran, dass der Begriff der ‚Intuitionen' klassischerweise auf dem Gebiet der Erkenntnistheorie verwendet wird. Mit der Übertragung des Begriffs in ethische Grundlagendiskussionen nimmt Fischer eine noch recht junge Debatte auf, die in den USA seit den 1990er Jahren geführt wird.[8] Auch wenn hier (sittliche) Intuitionen Gegenstand des Ethikdiskurses sind, herrscht doch keine Einigkeit darüber, was exakt darunter zu verstehen sei. So konstatiert Fischer: „Die Frage, was genau moralische Intuitionen sind, muss gegenwärtig als weitgehend ungeklärt gelten."[9]

Dennoch lassen sich mit Fischer Konturen dessen nachzeichnen, was in seiner eigenen ethischen Konzeption unter sittlichen Intuitionen verstanden werden soll. Intuitionen sind an das Erleben und die Wahrnehmung von Situationen gekoppelt, denn „in ihnen manifestiert sich die Wirkung, die von Szenen ausgeht"[10]. Daher

---

7 Vgl. dazu a.a.O., 104–120.

8 Vgl. dazu u.a. Michael R. DePaul / William Ramsey, Rethinking Intuition. The Psychology of Intuition an Its Role in Philosophichal Inquiry, Lanham/Md. 1998.

9 J. Fischer, Theologische Ethik (Anm. 4), 240.

10 Johannes Fischer, Sittliche Intuition und reflektives Gleichgewicht, in: ZEE 44 (2000), 247–268, 266.

sind sie keine Urteile, die am Ende eines rationalen Reflexionsprozesses stünden, vielmehr sind sie nach Fischer diejenige Instanz, die „zu Erkenntnissen, Urteilen, Handlungen usw. bewegt und herausfordert“[11]. Als diese Instanz sind Intuitionen dem Subjekt nicht wie ein Urteil zuschreibbar, da sie – lokalisiert auf der Ebene des Erlebens – nicht als von diesem getrennt betrachtet werden können, sondern nur im Handlungsprozess beschreibbar werden.[12] Insofern ist nach Fischer die der Struktur von Intuitionen angemessene Sprachform nicht die substantivische, sondern die adverbiale Rede.[13] Ein Subjekt *hat* nicht Intuitionen, die sein Handeln evoziert, sondern ein Subjekt *handelt intuitiv*. Wird ein Handeln als intuitiv bezeichnet, ist gerade keine Aussage über eine Eigenschaft oder einen Habitus des handelnden Subjekts getroffen, sondern über dessen Art und Weise des Handelns.

Wenngleich in struktureller Hinsicht über Intuitionen angemessener Weise nur adverbial gesprochen werden sollte, entziehen sie sich in materialer Perspektive nicht jeder Versprachlichung. Der sachliche Gehalt von Intuitionen kann durchaus expliziert werden.[14] Derartige Artikulationen von Intuitionen können allerdings immer nur den Inhalt der Intuition versprachlichen und bewusst machen, nicht aber deren formale Konstitutionsbedingungen.[15] Nach Fischer können also die sogenannten Explikationen die Inhalte von Intuitionen bewusst machen. Dies ist für die sittliche Orientierung des Subjekts von Bedeutung, insofern es möglich wird, die Inhalte von Intuitionen kritisch zu reflektieren und zu kommunizieren.

Obwohl Intuitionen wie gezeigt ihrer Struktur nach grundlegend von Urteilen unterschieden sind, kommt jenen doch wie diesen die ethisch entscheidende Funktion der Handlungsorientierung zu. Während der Verstand durch evaluativ gewonnene Urteile in Form von Gründen Orientierung bietet, tun Intuitionen dies, indem sie eine Situation wahrnehmen lassen und ein ihr entsprechendes Handeln auslösen. Neben einer Handlungsorientierung aus Gründen gibt es nach Fischer also auch eine Handlungsorientierung durch Intuitionen. Aus der These der intuitiven Orientierung des Handelns ergibt sich nun die grundsätzliche Frage, wie Handlungsorientierung überhaupt erfolgt. Deren Genese soll nun im Weiteren dargestellt werden.

---

[11] A.a.O., 251.

[12] Vgl. ebd.

[13] Vgl. J. Fischer, Theologische Ethik (Anm. 4), 249, ebenso Ders., Moralische und sittliche Orientierung. Eine metaethische Skizze, in: ThLZ 130 (2005), 471–488, 477. Auch wenn angemessener Weise nur adverbial von intuitivem Handeln gesprochen werden sollte, behält Fischer die übliche substantivische Rede von den Intuitionen aus pragmatischen Gründen bei.

[14] Vgl. J. Fischer, Theologische Ethik (Anm. 4), 246f.

[15] Vgl. J. Fischer, Moralische und sittliche Orientierung (Anm. 12), 483.

1.1.2. Moralische und sittliche Orientierung

Die Frage nach der Genese moralischer Orientierung führt in ein klassisches Feld ethischer Auseinandersetzungen. Die Positionen, die um die Erklärung des Zustandekommens von Handlungsorientierung konkurrieren, unterscheiden sich v.a. in der Bestimmung derjenigen Instanz, die das handelnde Subjekt moralisch orientiert: Wird auf der einen Seite in der Tradition Kants die Meinung vertreten, der Verstand sei handlungsorientierend tätig, so wird auf der anderen Seite mit Hume darauf verwiesen, dass das Gefühl die für die Handlungsorientierung ausschlaggebende Instanz sei. In der immer wieder aufflammenden Kontroverse um die Genese moralischer Handlungsorientierung scheinen sich diese beiden Positionen meist auszuschließen: *Entweder* dem Verstand *oder* dem Gefühl wird die Funktion der Handlungsorientierung zugestanden. Da Fischer nun an der klassischen Handlungstheorie kritisiert hatte, dass sie nur den Handlungstypus des Handelns aus Gründen kennt, wäre anzunehmen, dass er der Option folgt, die Handlungsorientierung im Gefühl zu lokalisieren. Doch das Gefühl als eine dem Verstand kategorial entgegengesetzte Instanz der Handlungsorientierung anzusehen, ist nach Fischer insofern irreführend, als sowohl Verstand als auch Gefühl dem handelnden Subjekt prädiziert werden. Die von Fischer vollzogene Erweiterung der modernen Handlungstheorie um das intuitive Handeln hatte ihn aber gerade dazu geführt, Orientierung nicht nur als vom selbsttätigen Subjekt ausgehend anzunehmen, sondern auch von der Atmosphäre und Struktur der Situation, die das Subjekt erlebt und die dieses intuitiv handeln lässt. Die Pointe an Fischers Erweiterung des Handlungsbegriffs liegt gerade darin, eine dem Subjekt nicht direkt prädizierte Instanz als handlungsorientierend anzunehmen: die sittliche Intuition.

Doch vertritt Fischer nun keineswegs die These, dass moralische Handlungsorientierung *ausschließlich* durch Intuitionen erfolge und Verstand oder Gefühl dabei keine Rolle mehr spielten. Er zielt in der Erklärung der Genese sittlicher Orientierung nicht auf eine exklusive Alternative, sondern auf eine Ergänzung klassischer Modelle. Es ist ihm darum zu tun, neben den bisher diskutierten Instanzen von Verstand und Gefühl *auch* die Intuitionen als handlungsorientierend auszuweisen. Gerade im Zusammenspiel der durch die intuitiv wahrgenommene Situation und den dem Subjekt zugeschriebenen Instanzen sieht Fischer den methodischen Schlüssel zum Verständnis moralischer Handlungsorientierung.

Um dieses Zusammenwirken darstellen zu können, bedient sich Fischer des Modells des „reflektiven Überlegungsgleichgewichts“, das John Rawls in seiner Anfang der 1970er Jahre erschienen *Theorie der Gerechtigkeit* entwickelt hat als ein Instrumentarium zur Kontrolle der Geltung von Normen.[16] Diente Rawls das reflektive Überlegungsgleichgewicht dazu, die Begründung normativer Orientie-

[16] John Rawls, Eine Theorie der Gerechtigkeit, Frankfurt a.M. 1975, 38.

rungen methodisch durch eine „wechselseitige Anpassung von Grundsätzen und überlegten Urteilen"[17] zu prüfen, nutzt Fischer es dazu, das Zustandekommen moralischer Handlungsorientierung aus Verstand und Intuitionen darstellen zu können.[18] Mit dem reflektiven Überlegungsgleichgewicht ist nach Fischer das Zusammenspiel der dem Subjekt prädizierten Instanzen Verstand und Gefühl sowie der durch eine Situation vermittelten Intuitionen beschreibbar: Während der Verstand verschiedene Handlungsmöglichkeiten prüft und wertet, werden durch die vom Verstand abgewogenen imaginierten Handlungsoptionen wiederum jeweils Intuitionen ausgelöst, zu denen sich der Verstand dann neuerlich reflexiv verhält.

Es ist deutlich, dass keine der genannten Instanzen das sittliche Handeln allein lenkt. Wo jemand in eine Situation involviert ist, findet nicht allein ein Handeln aus Gründen statt; wo umgekehrt Handlungsalternativen abgewogen werden, wird nicht nur intuitiv gehandelt. Die verschiedenen handlungsorientierenden Instanzen wirken zusammen und nehmen wechselseitig aufeinander Bezug. Diese Bezugnahme kann sich auch dergestalt äußern, dass sich Intuitionen oder Urteile durch die jeweils andere Größe in ihrem Inhalt verändern.[19] Weder bei Intuitionen noch bei Urteilen handelt es sich also um fixe Größen. Vielmehr werden sie im reflektiven Überlegungsgleichgewicht in ein Entsprechungsverhältnis zueinander gesetzt. Erst in ihrer wechselseitigen Balance kommt der Prozess der gegenseitigen Einflussnahme von Verstand, Gefühl und Intuition zu einem vorläufigen Ende.[20] Dieses reflektive Gleichgewicht zwischen „Lebenswelt und Diskurs"[21] bietet dann eine Handlungsorientierung, in der das Subjekt gebunden ist und sich zu binden vermag. Verstand, Gefühl und Intuition leisten also in der konkreten Handlungssituation erst in ihrem Wechselverhältnis Orientierung.

Nun sind Intuitionen nicht als solche schon dem Verstand zugänglich, so dass dieser direkt auf sie reagieren könnte. Da sich Intuitionen nur im Handeln aktualisieren, selbst aber keine Urteile oder Überzeugungen, mithin nicht sprachlich strukturiert sind, können sie in der Herstellung des reflektiven Gleichgewichts vom Verstand nur als vermittelte bearbeitet werden. Diese Vermittlung geschieht nach Fischer in Form der oben bereits angedeuteten sprachlichen Explikation des Inhalts der Intuition. Neben den Intuitionen sind laut Fischer daher auch deren sprachliche Artikulationen am reflektiven Überlegungsgleichgewicht beteiligt. Ist damit die Möglichkeit der sprachlichen Explikation der Intuitionen ausgesagt,

---

17 Ebd. (Fn. 7).

18 Vgl. auch J. Fischer, Theologische Ethik (Anm. 4), 239–250.

19 Fischer legt am Beispiel des Embryonenschutzes dar, dass Intuitionen durch rationale Urteile beeinflussbar sind, und zeigt umgekehrt am Beispiel der aktiven Sterbehilfe, wie rationale Urteile durch Intuitionen bedingt sind. Vgl. Theologische Ethik (Anm. 4), 244ff. u. Ders., Sittliche Intuition (Anm. 9), 259.

20 Vgl. a.a.O., 256 u. 258.

21 Johannes Fischer, Moralische Perzeption und Selbstverständnis, in: Ingolf Hübner / Carsten Laudien / Johannes Zachhuber (Hg.), Lebenstechnologie und Selbstverständnis. Hintergründe einer aktuellen Debatte, Frankfurt 2004, 159–188, 188.

wird diese von Fischer für den ethischen Diskurs als notwendig ausgewiesen. Er verweist darauf, dass gerade im ethischen Alltagsdiskurs häufig Intuitionen artikuliert werden. Dies geschieht meist dadurch, dass ein Gesprächspartner eine beispielhafte Situation schildert, die die durch sie aktivierten Intuitionen illustrieren sollen.[22] Eine derartige Erzählung wird häufig verbunden mit „der Aufforderung, sich in die Situation eines Betroffenen hineinzuversetzen und zu testen, ob man einen bestimmten moralischen Standpunkt auch unter dem Eindruck dieser Situation noch aufrechterhalten kann"[23]. Im Alltagsdiskurs ist demnach besonders die narrative Artikulation von Intuitionen von hoher Relevanz und wird zur sittlichen Handlungsorientierung eingesetzt. Im Allgemeinen ethischen Diskurs sind neben der narrativen Form der Explikation von Intuitionen auch deren begriffliche Explikationen präsent. So kann beispielsweise die „Würde der Kreatur" als eine Explikation der Intuition gelten, die in einer ethischen Diskussion über die Frage des Umgangs mit Tieren angeführt werden könnte. Kennzeichen der narrativen wie begrifflichen Explikationen von Intuitionen ist es nach Fischer, dass sie weder rein deskriptiv noch rein präskriptiv, sondern beides zugleich sind. „Das hat seine Erklärung darin, dass sie etwas formulieren, das sich über die Anschauung und Vorstellung vermittelt und zugleich zum Handeln herausfordert."[24] Die Explikationen von Intuitionen machen einerseits deren sachlichen Gehalt explizit als sie andererseits auch auf ein diesem Gehalt angemessenes Handeln verweisen. „Insofern kommt der Artikulation eine eigenständige, formende und gestaltende Bedeutung für die bewusste moralische Orientierung zu."[25]

Sowohl für die Handlungsorientierung im Erleben als auch für die Urteilsfindung im ethischen Diskurs gilt also nach Fischer, dass sie durch die Wechselwirkung von Verstand und Gefühlen, Intuitionen und deren begrifflichen oder narrativen Explikationen erfolgt. Erst das Gleichgewicht zwischen diesen Instanzen führt zu einer Orientierung, der das Subjekt in seinem Handeln entsprechen kann.[26] Dabei darf dieses Gleichgewicht nicht als notwendigerweise stabil verstanden werden, das, einmal austariert, auch für immer fixiert wäre. Ist das Überlegungs-

---

[22] Die Narration kann demnach im ethischen Diskurs als Argument fungieren. Vgl. dazu Fischers Ausführungen zu „narrativen Begründungen" in: Ders., Vier Ebenen der Narrativität. Die Bedeutung der Erzählung in theologisch-ethischer Perspektive, in: K. Joisten (Hg.), Narrative Ethik (Anm. 3), 235–252, 236–242.

[23] J. Fischer, Sittliche Intuition (Anm. 9), 247.

[24] A.a.O., 261.

[25] Johannes Fischer, Kognitivismus ohne Relativismus, Eine philosophisch-theologische Kritik am moralischen Realismus, in: Ders. / Stefan Grotefeld / Peter Schaber (Hg.), Moralischer Realismus. Theologische Beiträge zu einer philosophischen Debatte, Stuttgart 2004, 53–85, 83.

[26] Zu den verschiedenen Polen der sittlichen Orientierung vgl. auch J. Fischer, Moralische und sittliche Orientierung (Anm. 12), 481ff. Fischer unterscheidet hier zwischen dem Erleben, der Artikulation des Erlebten und dem Verstehen als drei Ebenen der sittlichen Orientierung. Damit ist auch deutlich, dass Fischer das sogenannte „enge" Modell des reflektiven Überlegungsgleichgewichts rezipiert, das sich anders als dessen „weite" Variante auf die genannten Instanzen der sittlichen Urteilsfindung beschränkt und damit weltanschaulich, kulturell und religiös bedingte Grundüberzeugungen im Verständnis des Menschen, der Kultur oder Natur nicht näher berücksichtigt. Vgl. dazu Ders., Theologische Ethik (Anm. 4), 242.

gleichgewicht schon bei Rawls als erfahrungs- und revisionsoffen zu charakterisieren, so ist dies auch bei Fischer der Fall. Das Gleichgewicht zwischen Verstand, Intuition und deren Explikation kann immer nur ein vorläufiges sein, das im Licht neuer Erkenntnisse oder Ereignisse zu überprüfen und gegebenenfalls neu zu justieren ist.

1.1.3. Genese und Prägung sittlicher Intuition

Fischer nimmt an, dass für Genese und Prägung sittlicher Intuitionen sowohl biologische als auch soziale Faktoren maßgeblich sind. Auf Grund einer bestimmten physiologischen Grundausstattung des Menschen kommt es im Laufe der Sozialisation zur Ausbildung der Intuitionen.[27] Welche Rolle die biologischen Einflüsse bei Genese und Prägung von Intuitionen im Einzelnen spielen, ist aber noch wenig erforscht. Erste Untersuchungen aus der Hirnforschung lassen darauf schließen, dass Intuitionen in der Amygdala, dem sogenannten Mandelkern, einem entwicklungsgeschichtlich alten Teil des Hirns zu verorten sind, der sowohl Menschen als auch höher entwickelten Tieren zueigen ist. Dieser Teil des Gehirns empfängt als erster die Reize der Umwelt und verarbeitet sie in Form einer vorsprachlichen Bewertung, die einen Handlungsimpuls auslöst. Diese Erkenntnisse der Hirnforschung mögen plausibilisieren, dass intuitives Handeln einem reflektierten Handeln vorausgeht, eine hinreichende Erklärung für intuitives Handeln geben sie nicht.[28]

Neben neurobiologischen Einflüssen auf die Genese von Intuitionen verweist Fischer deshalb auch auf deren soziale Formationszusammenhänge. Fischer spricht mehrfach allgemein von „kultureller und religiöser Prägung“[29], der die Intuitionen unterliegen. Eine derartige Prägung durch das soziale Umfeld erfolgt in zwei Stufen:[30] zum einen als Neubildung in der Primärsozialisation, zum anderen als spätere Um- oder Neubildung im Erwachsenenleben. Für die erste basale Genese sittlicher Intuitionen ist also mit Fischer davon auszugehen, dass sie im Laufe der kindlichen Sozialisation stattfindet. In der Art und Weise des Lebens und Handelns in der Familie vermittelt sich wohl für das Individuum so etwas wie das Grundsetting sittlicher Intuitionen.[31] Indem das Kind an der familiären Lebenspraxis teilhat, erlernt es intuitives Verhalten „über die Internalisierung von

---

[27] Der Zusammenhang biologischer und sozialer Einflüsse muss zur Zeit noch als weitgehend ungeklärt gelten. Vgl. J. Fischer, Kognitivismus ohne Relativismus (Anm. 24), 72.

[28] Vgl. J. Fischer, Theologische Ethik (Anm. 4), 127. Fischer greift auf neurobiologische Erkenntnisse zurück, die Albert Zeyer im Rahmen einer Diplomarbeit am Ethik-Zentrum in Zürich gewonnen hat.

[29] J. Fischer, Theologische Ethik (Anm. 4), 147.

[30] Zur zweistufigen Prägung von Intuitionen vgl. J. Fischer, Moralische Perzeption und Selbstverständnis (Anm. 20), 177f. und Ders., Vier Ebenen der Narrativität (Anm. 21), 243.

[31] Vgl. dazu die Überlegungen in: J. Fischer, Sittliche Intuition (Anm. 9), 250.

Geschehensabläufen und ‚Normalverhaltensweisen'"[32]. Diese verdichten sich zu Schlüsselszenen, deren Verhaltensgerichtetheit im späteren Erleben wiedererkannt wird und intuitives Handeln auslöst. Genauere Aussagen zu dieser basalen Ausbildung von Intuitionen fehlen allerdings bei Fischer, nicht zuletzt deswegen, weil von Seiten der Entwicklungspsychologie oder der (Religions-)Pädagogik keine einschlägigen Untersuchungen zur Frage der Genese und Prägung von Intuitionen bei Kindern vorliegen.[33]

Fischer konzentriert sich darum auf die Frage der Um- und Neuformierung von Intuitionen nach ihrer primären Ausbildung durch die Lebenspraxis im Erwachsenenalter. Dabei geht er implizit davon aus, dass die Bedingungen, unter denen sich bereits vorhandene Intuitionen aktualisieren, auch diejenigen sind, unter denen neue Intuitionen entstehen und geformt werden. Fischers Überlegungen zur Aktualisierung von Intuitionen hatten darauf abgehoben, dass das handelnde Subjekt eine Szene erlebt und darin eine ihr strukturell korrespondierende Schlüsselszene wiedererkennt. Das Subjekt wird im Erleben in die Szene „hineingezogen" und handelt entsprechend der Schlüsselszene, d.h. intuitiv. Wie Fischer immer wieder festhält, ist also das „Erleben" notwendiger Aktualisierungszusammenhang von Intuitionen. Nun ist bei dem „Erleben" zu differenzieren zwischen realem Erleben, das unmittelbar erfolgt, und einem imaginierten Erleben, das durch die Vorstellungskraft vermittelt ist. Nach Fischer können Intuitionen in beiden Formen des Erlebens hervorgerufen werden. Da Fischer annimmt, dass die Aktualisierungsbedingungen von Intuitionen mit ihren Entstehungsbedingungen identisch sind, zieht er aus seinen Überlegungen der sittlichen Orientierung die Schlussfolgerung, dass Intuitionen im realen oder imaginierten Erleben entstehen und geformt bzw. aktualisiert werden.[34]

Für die folgenden Überlegungen ist nun gerade die durch Imagination hervorgerufene Genese der Intuitionen von Bedeutung. Wenn mit Fischer solche Imaginationsprozesse als Aktualisierungs- und damit Entstehungszusammenhang von Intuitionen zu verstehen sind, dann ist genauer zu klären, wie solches Imaginieren evoziert wird. Fischer scheint anzunehmen, dass Imaginationsprozesse durch symbolische Handlungen und durch Sprache angeregt werden. Dies wird deutlich in einigen kurzen Passagen Fischers, in denen er auf die kulturellen Vermittlungsinstanzen hinweist, die imaginiertes und damit Intuitionen bildendes Erleben ermöglichen: Neben Religion und Mythos verweist Fischer auf Literatur, Theater

[32] J. Fischer, Kognitivismus ohne Relativismus (Anm. 24), 72.

[33] Trotz fehlender entwicklungspsychologischer und pädagogischer Forschungsergebnisse erachtet Fischer die Vermittlung von Intuitionen „in Bildung und Erziehung" als gesellschaftliche Aufgabe; vgl. Ders., Sittliche Intuition (Anm. 9), 255.

[34] Die Frage der Vermittlung der Intuitionen hat zwei Aspekte: eine materiale und eine ästhetische. Die folgenden Überlegungen beschränken sich auf den ästhetischen Aspekt. Der materiale Aspekt der Genese konkreter Inhalte bleibt bei Fischer weitgehend unbeachtet. Vgl. dazu kritisch Reiner Anselm, Rez. Johannes Fischer: Theologische Ethik. Grundwissen und Orientierung, in: ZEE 47 (2003), 235–238 und ausführlicher Regina Fritz, Ethos und Predigt. Eine ethisch-homiletische Studie zu Konstitution und Kommunikation sittlichen Urteilens (PrThGG 9), Tübingen 2011, bes. 112–115.

und Kino als potentielle Quellen der Tradierung von Intuitionen.[35] Allerdings sind diese Ausführungen bei Fischer eher thetisch, er unterzieht die einzelnen Vermittlungsinstanzen keiner detaillierten Analyse bezüglich der ihnen eigenen Funktion im Vermittlungsprozess der Intuitionen. So werden symbolische Handlungen weder in ihrem spezifischen Handlungscharakter noch in ihrem sprachlichen Zusammenhang daraufhin untersucht, wie sie Erleben und damit Intuitionen zu generieren vermögen. Eine nähere Beschreibung, auf welche Weise etwa in einem religiösen Ritual wie dem Abendmahl oder in einem Theaterstück sittliche Intuitionen generiert werden, fehlt.

Bezüglich der rein sprachlichen Vermittlung von Intuitionen wendet sich nun Fischer konstruktiv der Rhetorik zu und gibt so einige Hinweise darauf, wie der Prozess der inhaltlichen Prägung von Intuitionen zu verstehen ist. Fischer betont, dass nicht jede Sprachform geeignet sei, Imagination und damit Intuitionen zu evozieren. Vielmehr „bedarf es einer Form der Rede, die auf *Anstiftung zum Sehen* zielt, indem sie die Gerichtetheit eines Geschehens, Verhaltens oder Handelns vor Augen führt, und zwar so vor Augen führt, dass der Hörer davon intuitiv erfasst und geneigt gemacht wird“[36]. Die das imaginierte Erleben ermöglichende Rede bestimmt Fischer als Narration: „Der Modus, in dem diese [die Intuitionen, R.F.] zur Sprache kommen, ist die Erzählung.“[37] In Auseinandersetzung mit Paul Ricoeur skizziert Fischer Erzählungen als die Sprachformen, die „in den kommunikativen Raum und die kommunikative Zeit des erzählten Geschehens selbst entführen, in dem bzw. in der die Akteure anwesend und gegenwärtig sind“[38]. Indem in Erzählungen das erzählte Geschehen vergegenwärtigt wird, können die Rezipienten in ihrer Imagination dieses Geschehen (mit)erleben. „Die Erzählung entführt [...] den Hörer in der Phantasie in die erzählte Situation, um ihn an deren Erlebnisqualität teilhaben zu lassen.“[39] Daher können Erzählungen nach Fischer sittliche Intuitionen hervorrufen.

Hinsichtlich der Bildung von Intuitionen durch Narration ist nun noch einmal zu differenzieren.[40] Zum einen kann eine Erzählung an eine bestimmte Schlüsselszene erinnern und die ihr entsprechenden, bereits vorhandenen Intuitionen aufrufen. Die Narration fungiert dann als ein Aktualisierungsgrund für Intuitionen. Zum anderen kann eine Erzählung aber auch dahingehend wirken, dass der Rezipient so zum Sehen angestiftet wird, dass er etwas Paradigmatisches oder auch ihm Neues „sieht“, das er so noch nicht erlebt hat. Auf diese Weise kann sich die Erzählung selbst zu einer Schlüsselszene verdichten, die der Rezipient im Weite-

---

[35] Vgl. dazu J. Fischer, Sittliche Intuition (Anm. 9), 251.

[36] J. Fischer, Theologische Ethik (Anm. 4), 157 (Hvhg. im Original).

[37] J. Fischer, Sittliche Intuition (Anm. 9), 251, ebenso Ders., Vier Ebenen der Narrativität (Anm. 21), 242–246, wo Fischer die „narrative Prägung der moralischen Perzeption“ analysiert.

[38] Johannes Fischer, Über moralische und andere Gründe. Protestantische Einwände zu einer philosophischen Debatte, in: ZThK 95 (1998), 118–157, 144.

[39] J. Fischer, Theologische Ethik (Anm. 4), 107.

[40] Vgl. a.a.O., 158.

ren wiedererkennen kann und die sein intuitives Handeln bestimmt. In diesen Erzählungen wird die Lebenswirklichkeit auf ihre Struktur hin transparent, so dass die Wahrnehmung der Rezipienten gelenkt ist und diese intuitiv ausgerichtet werden.[41] Derartige Erzählungen, die zu Schlüsselszenen geworden sind und damit grundlegende Intuitionen bilden, entstammen vor allem dem Mythos und der Religion.[42] Als Beispiel führt Fischer die biblische Erzählung vom barmherzigen Samariter an, „deren Ziel es ist, zum Sehen anzustiften und die Liebe zum Nächsten vor Augen zu stellen."[43] Zusammenfassend ist mit Fischer festzuhalten, dass offenbar Erzählungen in besonderer Weise sittliche Intuitionen zu aktualisieren, aber auch zu generieren vermögen.

1.2. Die Vermittlung der Intuitionen durch Sprache

Indem Fischer die Intuitionen thematisiert, gelingt es ihm, einen im Alltag relevanten Handlungstypus – den des intuitiven Handelns – beschreibbar zu machen. Seine Ausführungen zu den Intuitionen erhellen die während eines Handlungsprozesses in einem Subjekt ablaufende sittliche Wahrnehmung und das daraus resultierende Handeln. Bezüglich sittlicher Urteilsfindung vermag Fischers Intuitionentheorie zu erklären, warum auch logisch korrekt deduzierte Urteile nicht immer überzeugen. Gegen seinen „intuitiven" Widerstand ist einem Diskussionsteilnehmer kein noch so rationales Argument „anzudemonstrieren". So kann Fischer also zeigen, dass sittliches Handeln und sittliche Orientierung nicht allein im Verstand gründen, sondern ihre Wurzeln auch in der basaleren Ebene der Intuitionen haben, deren primäres Kennzeichen darin besteht, dass sie eine intersubjektiv ausgerichtete und präreflexive Form sittlicher Perzeption sind. Damit ist ein wichtiges Argument gegen Konzeptionen gewonnen, die einseitig die Rationalität des handelnden Subjekts betonen und es damit handlungstheoretisch überfrachten. Hinsichtlich der Vermittlungsformen sittlicher Intuitionen richtet Fischer seinen Fokus auf deren sprachliche Tradierung, die er primär in der Redegattung der Erzählung verwirklicht sieht.

Gerade in diesem Punkt nun scheint eine theoriegeschichtliche Vertiefung der Überlegungen Fischers sinnvoll. Fischers These der Intuitionenbildung durch Narration wirft die Frage auf, inwiefern die Vermittlung von Intuitionen durch rhetorisch gestaltete Sprache im Allgemeinen erfolgt. Fischers Ausführungen implizieren diese Möglichkeit, nehmen eine derartige Generalisierung aber nirgends explizit vor. Wenn auch die Narration auf besondere Weise dazu geeignet sein mag, Vorstellungen hervorzurufen, so scheint es dennoch nicht plausibel, dass sie die alleinige Sprachform sein soll, die dies zu leisten im Stande ist. Auch

---

41 Vgl. J. Fischer, Über moralische und andere Gründe (Anm. 37), 150f.

42 Vgl. J. Fischer, Kognitivismus ohne Relativismus (Anm. 24), 72f.

43 J. Fischer, Theologische Ethik (Anm. 4), 158.

Argumentationen in begrifflicher Sprache vermögen bestimmte Vorstellungen und Imaginationen zu evozieren, durch die sich Intuitionen bilden können. Fischer selbst deutet das an, wenn er formuliert: „Jede Bezeichnung oder Beschreibung einer Handlung kann Vorstellungen erzeugen, die uns die Handlungen gleichsam vor das innere Auge stellen“[44]. Die mehrfach formulierte Behauptung Fischers, die Bildung von Intuitionen sei exklusiv an die erzählende Rede gebunden, wird an dieser Stelle aufgehoben zugunsten der These, dass „jede“ Sprachform Vorstellungen und damit Intuitionen generieren kann. Um die Bedingungen der Vermittlung von Intuitionen in der Vorstellung näher zu beschreiben, ist offenbar eine Einschränkung auf nur eine Sprachform wie die der Narration nicht sinnvoll. Vielmehr muss die von Fischer aufgerufene Rhetorik im Allgemeinen in den Blick kommen, sofern sie der Veranschaulichung von Situationen dient und szenische Wahrnehmung in der Imagination ermöglicht. Damit stellt sich die Frage, inwiefern die Rhetoriktradition selbst Deutekategorien für eine bildgenerierende Rede bereitstellt, die für eine Theorie der Ethosvermittlung durch rhetorisch gestaltete Rede in Anschlag zu bringen sind.

Tatsächlich wird in der antiken Rhetorik unter dem Konzept der ‚Evidentia‘ die Genese sprachlicher Bilder verhandelt. Während diese rhetorischen Überlegungen in der Antike noch unabhängig von bestimmten Inhalten angestellt werden, so werden sie im 18. Jahrhundert insbesondere auf dem Gebiet der Ethik implementiert. Hier wird im Rahmen der neuaufkommenden Ästhetik die ethische Bildung mittels rhetorischer Kategorien thematisch. Um die genannten theoriegeschichtlichen Zusammenhänge nachzeichnen zu können, wird im Folgenden zunächst das antike Konzept der ‚Evidentia‘ vorgestellt, woraufhin exemplarisch für den Diskurs des 18. Jahrhunderts die ästhetische Theorie Johann Georg Sulzers skizziert wird, der die Bedeutung der Rhetorik für die ethische Bildung pointiert darlegt.

2. Das rhetorische Konzept der ‚Evidentia‘

2.1. Die Tradition der antiken Rhetorik

Ein theoriegeschichtlicher Vorläufer von Fischers Reflexionen zur anschaulichen respektive Intuitionen bildenden Rede darf in der Rhetorik der Antike vermutet werden. Ein zentrales Thema der antiken Autoren ist die Frage, inwiefern eine Rede die Imaginationskraft der Hörer weckt und ihnen damit ihren Gegenstand vor Augen stellt. So schreibt beispielsweise Quintilian im 6. Buch seiner *Institutio oratoria*:

---

[44] J. Fischer, Kognitivismus ohne Relativismus (Anm. 24), 61f. Zur Möglichkeit szenischer Wahrnehmung, ausgelöst durch Begriffe vgl. auch Ders., Sittliche Intuition (Anm. 9), 258, und Ders., Theologische Ethik (Anm. 4), 243.

„Was die Griechen φαντασίαι nennen (wir nennen sie wohl *visiones*), durch die die Bilder abwesender Dinge der Seele so vergegenwärtigt werden, dass wir sie mit den Augen zu sehen und gegenwärtig zu haben scheinen: jeder der diese gut erfasst, wird sehr großen Einfluß haben *in adfectibus*. [...] Es wird ἐναργεια folgen, die von Cicero *inlustratio* und *evidentia* genannt wird, die nicht so sehr zu sagen scheint als zu zeigen, und die *adfectus* werden nicht anders folgen, als wenn wir an den Ereignissen selbst teilnehmen."[45]

Quintilian beschreibt hier den Prozess der Vermittlung von inneren Bildern durch die Rede, die bei den Hörenden eine starke affektive Wirkung erzielen. Zunächst wird dabei die Imaginationskraft des Redners tätig, die als „psychisch-geistiges Vermögen"[46] zum Inhalt der Rede bildliche Vorstellungen entwickelt. „Unser Inneres ist es nämlich, was uns beredt macht, und die geistige Kraft in uns."[47] Der Redner fokussiert den Gegenstand seiner Rede nach Einzelsequenzen unterteilt und bringt diese zu einer je eigenen Darstellung, indem er sie so vor sein inneres Auge stellt, dass er sie gleichsam vor sich zu sehen meint. Die auf diese Weise vom Redner zunächst nur im Geiste evozierten φαντασίαι sind Bilder im psychologischen Sinne einer „erinnerten oder erdachten Wahrnehmung"[48]. Bei ihrer Betrachtung wird es dem Redner möglich, das zu schildernde Ereignis nachzuerleben und die damit einhergehenden Affekte zu empfinden. Die durch die Vorstellungskraft des Redners bedingte Erlebnisqualität seiner inneren Bilder ist die Voraussetzung für eine gelungene Rede, die eben jene Bilder sprachlich auf so lebendige Art nachzeichnet, dass sie für die Rezipienten nachvollziehbar werden. Nur was der Redner selbst plastisch vor Augen hat, kann er den Rezipienten in der Rede anschaulich vor Augen führen. Diese wiederum generieren anhand der rhetorisch gestalteten Sequenzen eigene innere Bilder, die ein Erleben des geschilderten Ereignisses ermöglichen, in dem die Affekte bewegt werden. Auf diese Weise gewinnt die Rede aus sich heraus Überzeugungskraft, weil einleuchtet, was quasi aus ihr herausstrahlt.[49]

Die damit skizzierte Augenscheinlichkeit der Rede wird von Quintilian mit dem Begriff der *evidentia* bezeichnet, dem ciceronianischen Äquivalent der in der griechischen Rhetorik sogenannten ἐνάργεια. Evidentia ist notwendig, weil die Rede nach Ansicht Quintilians hinter ihren persuasiven Möglichkeiten zurück bleibt, „wenn ihre Kraft nur bis zu den Ohren reicht"[50]. Volle Wirksamkeit hat eine Rede erst dann erlangt, wenn ihr Gegenstand den Hörern auf Grund seiner rhetorisch evozierten Erlebnisqualität bildlich vor Augen steht und sich ihnen damit von selbst erschließt. Die Rezipienten erleben so eine „unmittelbare Gewissheit des anschaulich Eingesehenen oder notwendig zu Denkenden"[51], eine

---

45 M.F. Quintilianus, Institutio oratoria (Anm. 2), VI, 2,29.32.

46 Ulrich J. Beil, Art. Einbildungskraft, Vorstellung, Phantasie, Imagination, in: HWRh 6 (2003), 927–943, 927.

47 M.F. Quintilianus, Institutio oratoria (Anm. 2), X, 7,15.

48 Bernard Asmuth, Art. Bild, Bildlichkeit, in: HWRh 2 (1994), 10–21, 10.

49 Vgl. Alfons Kemmann, Art. Evidentia, Evidenz, in: HWRh 4 (1996), 33–47, 33.

50 M.F. Quintilianus, Institutio oratoria (Anm. 2), VIII, 3,62.

51 A. Kemmann, Art. Evidentia (Anm. 48), 33.

durch das Hören der Rede angeregte und sich in der Imagination einstellende Evidenz.

Der rhetorische Leitbegriff *evidentia*/ἐνάργεια, mit dem die anschauliche Rede bei Quintilian – wie auch bei anderen einschlägigen Autoren der antiken Rhetorik – beschrieben wird, ist wie gezeigt aufs Engste mit den Begriffen *visiones*/φαντασίαι und *affectus*/πάθος verwoben, eine klare Abgrenzung und eindeutige Bestimmung des Begriffs wird aber nirgends geboten.[52] Doch kann grundsätzlich festgehalten werden, dass die antike Rhetorik mit der *evidentia* eine Kategorie bereit stellt, die zu beschreiben verhilft, wie durch eine rhetorisch bewusst gestaltete Rede bei den Rezipienten Imaginationsprozesse aktiviert werden und so auf nicht-diskursive Weise die Einsicht der Hörer in das Offenkundige erzielt wird.

Neben der Beschreibungsleistung aus rezeptionsästhetischer Perspektive ist das Konzept der *evidentia* auch in produktionsästhetischer Hinsicht weiterführend, insofern damit ein Verfahren sowohl der Verlebendigung wie auch der dazu notwendigen Detaillierung des Redegegenstands zur Verfügung steht.[53] Dabei ist die *evidentia* kein singuläres rhetorisches Mittel, sondern der „Oberbegriff für eine ganze Reihe von Techniken des Vor-Augen-Stellens“[54]. So ist der Redegegenstand etwa durch das Aktualisierungsverfahren der *translatio temporum*[55] in die Gegenwart der Hörer zu verlebendigen, sei es dass bereits Geschehenes oder erst Geplantes aktuell präsent wird. Vor allem aber dient die Metapher als eine der geläufigsten Tropen dazu, das Gesagte sprachlich zu animieren. Um neben der Verlebendigung die für die Evidenz der Rede erforderliche Detaillierung zu erreichen, wird von den antiken Autoren insbesondere das Beweisverfahren der *amplificatio* empfohlen, bei dem der Redegegenstand „in einer mehr als realen Deutlichkeit parteiisch“[56] dargestellt wird. Dabei dienen gerade diejenigen rhetorischen Figuren der angestrebten Klarheit, die den Redegegenstand kunstvoll auszuschmücken helfen.[57]

Mit dem Evidentia-Konzept der antiken Rhetorik liegt eine plausible Beschreibung ebenso wie eine konstruktive Anleitung der Genese bildhafter Vorstellungen durch die Rede vor. Allerdings wird die *evidentia* in der Antike weitgehend unabhängig vom Inhalt thematisiert, dessen Augenscheinlichkeit in der Rede zu Tage treten sollte. Überlegungen zur ethischen Orientierung, die den Hörern durch

---

52 Zur ambivalenten Einordnung der *evidentia* im rhetorischen System Quintilians, nämlich einerseits als „Regel für die Erzählung“ und andererseits als „Schmuckmittel“ vgl. M.F. Quintilianus, Institutio oratoria (Anm. 2), VIII, 3,61.

53 Zur Zweiteilung der rhetorischen Verfahren vgl. A. Kemmann, Art. Evidentia (Anm. 48), 40.

54 Ebd. Zu den von Quintilian empfohlenen Techniken vgl. Ders., Institutio oratoria (Anm. 2), VIII, 3,63–90.

55 A.a.O., IX,2,41.

56 Gert Ueding / Bernd Steinbrink: Grundriß der Rhetorik. Geschichte – Technik – Methode, 4. aktual. Aufl., Stuttgart/Weimar 2005, 272–274, 272.

57 Vgl. etwa die Aufzählung der durch „szenische Erweiterung der Rede und Publikumsansprache gebildete[n] Gedankenfiguren“, a.a.O., 320–324.

evidente Rede zu bestimmten sittlichen Gegebenheiten oder Handlungen zu Teil wird, fehlen. Gerade diese Verbindung von Ethik und Rhetorik ist es aber, die die hier verhandelte Frage nach der Vermittlung eines Ethos in Weiterführung des ethischen Ansatzes von Fischer zu klären vermag.

Tatsächlich ist die Theorie der *evidentia* in der Geschichte der Rhetorik bereits auf die ethische Bildung bezogen worden: Der Rekurs auf das Evidentia-Konzept der Rhetorik zum Zwecke sittlicher Orientierung erfolgt bereits im 18. Jahrhundert, just zu einer Zeit, in der die Rhetorik mehr und mehr durch die aufkommende Ästhetik beerbt und verdrängt wird. Die ethisch-rhetorischen Überlegungen von Johann Georg Sulzer, einem prominenten Vertreter der Ästhetik dieser Zeit sollen im Folgenden skizziert werden.

2.2. Die aufkommende Ästhetik im 18. Jahrhundert

Die Rhetorik verliert im 18. Jahrhundert an Reputation. Zum einen ist sie seit der Frühaufklärung primär auf „rationale Überzeugungsherstellung“[58] ausgerichtet und berücksichtigt die Affekte nicht mehr im ausreichenden Maße, zum anderen wird sie immer wieder als instrumentelles Verfahren zur Manipulation der Hörer diskreditiert. Diese Engführung der Rhetorik lässt aber die Theorie der imaginativen Wirkmächtigkeit der Rede nicht bedeutungslos werden. Sie wird nur nicht mehr in der Rhetorik, sondern im Zusammenhang mit poetologischen und ästhetischen Reflexionen verhandelt.[59] Ist diese Transformation der Rhetorik in Poetik bzw. Ästhetik zunächst von Johann Jakob Bodmer und Johann Jakob Breitinger in der Schweiz unternommen worden, so wird sie in Deutschland unter anderem von dem Bodmer-Schüler Johann Georg Sulzer etabliert. In dessen Lexikon der Ästhetik der *Allgemeinen Theorie der schönen Künste* wird nun das Evidentia-Konzept in dezidiert ethischer Perspektive aufgenommen.[60]

Die Theorie imaginativer Rede der klassischen Rhetorik dient Sulzer dazu, Sinnlichkeit und Anschaulichkeit als führende Leistungen der Poesie und als Grundkategorien der Ästhetik überhaupt zu konzipieren. Poetik und Ästhetik treten somit bezüglich der Frage Bild generierenden Redens das Erbe der antiken Rhetorik an. Dabei werden aber bei Sulzer die rhetorischen Begriffe nicht nur übernommen, sondern gleichzeitig durch die spezifische Zwecksetzung von Poetik und Ästhetik inhaltlich bestimmt. So ist Sulzer von dem Konnex der „Aus-

---

58 A.a.O., 105.

59 Zu den Entwicklungen von Rhetorik und Ästhetik im 18. Jh. etwa in Halle vgl. die Ausführungen von Martin Fritz in diesem Band.

60 Johann Georg Sulzer, Allgemeine Theorie der schönen Künste, in einzeln, nach alphabetischer Ordnung der Kunstwörter auf einander folgenden Artikeln abgehandelt, Leipzig 1771/1774. Daneben wären für weiterführende Überlegungen etwa auch einschlägig: Alexander Gottlieb Baumgarten, Aesthetica, 2 Tle., Frankfurt/Oder 1750/1758, und Georg Friedrich Meier, Anfangsgründe aller schönen Wissenschaften, 3 Bde., Halle [1]1748–1750, [2]1754–1759.

breitung des guten Geschmaks" und der „sittliche[n] Bildung des Menschen" überzeugt.[61] Insofern er Poesie und Literatur aber die Aufgabe zuweist, die Sittlichkeit zu fördern, erfährt das Evidentia-Konzept bei Sulzer ein ethisches „Reframing".

Die schönen Künste zielen demnach in Abgrenzung gegen eine einseitig betonte Vernunft vor allem auf die „Empfindungen" der Hörer bzw. Leser. Gerade die Empfindungen sind es aber, die laut Sulzer sittliche Orientierungskraft haben:

> „In moralischem Sinn ist die Empfindung ein durch öftere Wiederholung zur Fertigkeit gewordenes Gefühl, in so fern es zur Quelle gewisser innerlicher oder äußerlicher Handlungen wird. So sind Empfindungen der Ehre, der Rechtschaffenheit, der Dankbarkeit, Eindrücke, die gewisse Gegenstände so oft auf uns gemacht haben, dass sie wenn ähnliche Gegenstände wieder vorkommen, schnell in uns entstehen und sich als herrschende Grundtriebe der Handlungen äußern."[62]

Moralische ‚Empfindungen' werden hier verstanden als eine sich im Zusammenhang mit Affekten entwickelnde sittliche Kompetenz, die das Handeln des Subjekts bestimmt. Der Ort ihrer ursprünglichen Prägung ebenso wie ihrer je aktuellen Realisierung ist das Erleben. So bedingt die Rezeption wiederkehrender Situationen die spezifische inhaltliche Prägung verschiedener Empfindungen, die dann, sind sie einmal ausgebildet, in einem neuerlichen Erleben aktualisiert werden. Indem aber die Empfindungen im Erleben geprägt und aufgerufen werden, gewinnen sie Gestalt im weiteren sittlichen Handeln. Nach Sulzer orientieren also die Empfindungen auf vorrationaler Ebene das sittliche Handeln durch die Steuerung der Perzeption und der sich daraus ergebenden Handlungsoption.

Wenn den Empfindungen aber eine derart zentrale Rolle im sittlichen Handeln zugemessen wird, gilt es eben diese auszubilden. Nun sind es nach Ansicht Sulzers gerade Poesie und Literatur, die entsprechenden Empfindungen hervorzurufen vermögen:

> „Die schönen Künste haben zwey Wege dem Menschen Empfindungen einzuflössen. Wenn du mich willst zum Weinen bewegen, sagt Horaz, so weine du selbst; dieses ist der eine Weg. Der andere ist die lebhafte Darstellung oder Vorbildung der Gegenstände, worauf die Empfindung unmittelbar geht; […] Eben so gewiß kann der Künstler jeder Empfindung den Weg in unser Herz bahnen, wenn er durch seine zauberische Kunst den Gegenstand derselben unserer Phantasie lebhaft vorbildet."[63]

Neben dem realen Miterleben von Empfindungen anderer sind es demnach gerade die schönen Künste, die Empfindungen zu wecken und damit sittliches Handeln zu orientieren in der Lage sind. Indem Poesie und Literatur eine lebendige Beschreibung einer Begebenheit liefern, regen sie die Imagination der Rezipienten

---

[61] Johann Georg Sulzer, Vorrede [zum ersten Teil], in: Ders., Allgemeine Theorie (Anm. 58), 3–10, 9.

[62] Johann Georg Sulzer, Art. Empfindung, in: Ders., Allgemeine Theorie (Anm. 58), 311–316, 311f.

[63] A.a.O., 314, mit Rekurs auf das klassische Horaz-Zitat: „Si vis me flere, dolendum est primum ipsi tibi." Quintus Horatius Flaccus, Ars Poetica – Die Dichtkunst, lateinisch/deutsch, übers. u. hg. v. E. Schäfer, Stuttgart 1972, V. 102–103.

so an, dass diesen das geschilderte sittliche Handeln anschaulich vor Augen steht und für sie erlebbar wird. Auf diese Weise werden in der Vorstellung moralische Empfindungen aktualisiert, die sittliche Handlungen in späteren realen Situationen bestimmen können.

Die dazu erforderliche „lebhafte Darstellung“ hat nach Sulzer zur Voraussetzung, dass die „Gedanken, die wir anderen mittheilen wollen, [...] wie ein schönes Gemählde, deutlich in unserer Vorstellung liegen“[64]. Erst die Imaginationskraft des Poeten lässt ihn das Dargestellte so klar vor seinem inneren Auge entstehen, dass er einen angemessenen Ausdruck für diese Vorstellung zu finden und ein sprachliches Bild zu entwerfen in der Lage ist. Bei der Wahrnehmung dieses Bildes imaginieren die Hörer bzw. Leser die geschilderten Situation so, als wären sie unmittelbar beteiligt. Die Bildhaftigkeit der Rede wird von Sulzer als zentrales Kriterium der Verlebendigung in den schönen Künsten genannt:

> „Dieses ist überhaupt die Beschaffenheit und Würkung einzelner poetischer Gemählde; man befindet sich in der Nähe der beschriebenen Scene, sieht und fühlt jedes Einzelne darin, und empfindet eine so lebhafte Würkung davon, als wenn man sich die Sachen nicht blos in der Phantasie vorstellte, sondern sie durch die Gliedmaaßen der Sinnen empfände.“[65]

Es ist deutlich, dass hier die Theorie anschaulicher Rede der antiken Rhetorik aufgenommen und als maßgebliche Bedingung ästhetisch-ethischer Bildung in Anschlag gebracht ist.

Ist damit bei Sulzer die durch die schönen Künste hervorgerufene Anschaulichkeit beschrieben, bietet das Lexikon der Ästhetik den Künstlern seiner Zeit zudem ein umfassendes Repertoire an stilistischen Techniken, um die angemahnte Bildhaftigkeit des Ausdrucks erreichen zu können. Die entsprechenden Kunstgriffe, wie etwa die Beschreibung[66] oder die Metapher[67], sind dabei wiederum in enger Anlehnung an die griechische und lateinische Dichtkunst und Rhetorik dargelegt.

Schon aus den kurzen Zitaten aus Sulzers Lexikon der schönen Künste wird erkennbar, dass hier das oben dargelegte Evidentia-Konzept der rhetorischen Tradition in ästhetische Überlegungen überführt wird. Ohne die Begriffsgeschichte der einzelnen rhetorisch-ästhetischen Aspekte hier im Einzelnen nachzeichnen zu müssen, sind die zentralen Analogien in der Beschreibung des jeweils sprachlich vermittelten Imaginationsprozesses noch einmal hervorzuheben: Die Vorstellungskraft des Produzenten ermöglicht klare Imaginationen des darzustellenden Gegenstands, der durch adäquate rhetorische Techniken und ästhetische Kunst-

---

64 Johann Georg Sulzer, Art. Ausdruk, in: Ders., Allgemeine Theorie (Anm. 58), 100–112, 102.

65 Johann Georg Sulzer, Art. Gemählde, in: Ders., Allgemeine Theorie (Anm. 58), 452–454, 452, mit Rekurs auf das Diktum vom „poetischen Gemälde“ seines Schweizer Lehrers Bodmer vgl.: Johann Jakob Bodmer, Critische Betrachtungen über die Poetischen Gemälde der Dichter. Mit einer Vorrede von Johann Jakob Breitinger, Zürich 1741 (Nd. Frankfurt a.M. 1971).

66 Johann Georg Sulzer, Art. Beschreibung, in: Ders., Allgemeine Theorie (Anm. 58), 154f.

67 Johann Georg Sulzer, Art. Metapher, Metaphorisch, in: Ders., Allgemeine Theorie (Anm. 58), 761–763.

griffe so zum Ausdruck gebracht werden kann, dass eine bildhafte Rede bzw. ein anschauliches Kunstwerk entsteht. In der Rezeption generieren die Hörer bzw. Leser ihrerseits innere Bilder von großer Erlebnisqualität, wodurch entsprechende Affekte und Empfindungen geweckt werden.

Decken sich Sulzers Überlegungen bis dahin mit der Theorie bildlicher Rede in der antiken Rhetorik so liegt ihr *sur plus* in der Übertragung des Evidentia-Konzepts in ethische Reflexionszusammenhänge. Die anschauliche Gestalt der schönen Künste vermag demnach die moralischen Empfindungen als basale Orientierungskräfte sittlichen Handelns auszubilden. Sulzer beschreibt die sprachliche Vermittlung eines Ethos aus ästhetischer Perspektive.

Mit dem Evidentia-Konzept der antiken Rhetorik und seiner ethischen Deutung bei Sulzer sind mögliche theoriegeschichtliche Vorläufer der oben dargelegten Ethos-Theorie Fischers aufgedeckt. Gälte es auch hier, die inhaltlichen Kongruenzen und Divergenzen etwa zwischen ‚Empfindungen' bei Sulzer und ‚Intuitionen' bei Fischer im Detail nachzuzeichnen, so ist doch festzuhalten, dass die Deskription des basalen ethischen Bildungsprozesses durch gestaltete Sprache in weiten Teilen identisch ist. Zentral ist jeweils die Vorstellung einer sittlichen Instanz, die neben dem Verstand das Handeln steuert, insofern sie die sinnliche Wahrnehmung von Situationen strukturiert und so auf vorrationaler Ebene ein ihr korrespondierendes Handeln aus sich heraus setzt. Die Genese dieser Größe wird sodann bei Sulzer und Fischer deckungsgleich in einem Erleben lokalisiert, das sich – neben dem realen Erleben – auch in der Rezeption kunstvoll gestalteter Sprache einstellen kann. Die so in der Phantasie des Subjekts aktualisierte sittliche Instanz realisiert sich aber nach beiden Entwürfen, indem sie das konkrete sittliche Handeln in denjenigen Situationen bestimmt, die den imaginierten ähneln.

Während Fischer vor allem den Narrationen eine imaginationsfördernde und damit Ethos generierende Kraft zugesprochen hatte, lässt sich mit Sulzer im Anschluss an die antike Rhetorik plausibilisieren, dass nicht nur die spezifische Gattung der Erzählung, sondern rhetorisch-ästhetisch gestaltete Sprache im Allgemeinen zur Bildgenerierung beim Hörer und damit zu dessen sittlicher Bildung beitragen kann.

3. Ethik und Rhetorik – eine vielversprechende Verbindung

Die Rhetorik als regelmäßig missachtete Gesprächspartnerin der Ethik scheint nicht nur rehabilitiert, vielmehr verspricht eine Weiterführung der Forschung auf der Schnittstelle von ethischer und rhetorischer Forschung in mehrfacher Hinsicht instruktiv zu sein. Daher seien abschließend noch kurze Schlaglichter auf mögliche rhetorisch-ethische Fragestellungen geworfen.

Die oben ausgeführten ethisch-theoretischen Reflexionen haben gerade durch den Rekurs auf die Rhetorikgeschichte am Beispiel von Sulzers Ästhetik die Vielschichtigkeit ethischer Bildungsprozesse plausibel beschreibbar werden lassen. So ließ sich die These erhärten, dass sowohl die Produzenten wie die Rezipienten des ethischen Vermittlungsprozesses nicht nur einer rationalen Logik, sondern auch einer „imaginativen Logik“[68] folgen, die in bildhafter Sprache ihren Ausdruck findet. Die rhetorikgeschichtlichen Bezüge aktueller ethischer Forschung wären nun über Sulzer hinaus noch gewinnbringend zu vertiefen. So liegen mit den Arbeiten von Alexander Gottlieb Baumgarten und Georg Friedrich Meier weitere ästhetische Entwürfe des 18. Jahrhunderts vor,[69] aus denen Theoriemodelle ethischer Bildung zu erheben sind, die die Funktion der Rhetorik für die Ethik präziser bestimmen lassen.[70]

Neben der historisch geschulten Analyse der sprachlichen Ethosvermittlung im Allgemeinen bietet eine Zusammenschau ethischer und rhetorischer Reflexionen aber auch die Möglichkeit, konkrete Anwendungsgebiete ethischer Bildung nach Kriterien der Redekunst exemplarisch zu untersuchen. Im Bereich christlich-ethischer Bildung ist dabei natürlich zuallererst an das Handlungsfeld der Religionspädagogik zu denken. Daneben sind aber etwa auch die evangelische Publizistik oder die Homiletik zu nennen. Denn selbst wenn weder Printmedien noch Predigten primär und ausschließlich als Orte ethischer Bildung zu gelten haben, so beziehen doch sowohl Journalisten wie auch Predigerinnen zu gesellschaftspolitischen Themen Stellung und tradieren so öffentlich wirksam einen christlich-ethischen Standpunkt. Eine rhetorische Analyse von exemplarischen Schulstunden, von Zeitungsartikeln oder Kanzelreden hätte nachzuzeichnen, wie die Gestaltung der Sprache in ethischen Bildungsprozessen konkret vorgenommen wird. Insbesondere die Untersuchung der Konstruktion rationaler Argumente und sprachlicher Bilder in religionspädagogischem, publizistischem oder auch homiletischem Material ließe erkennen, in welchem Zusammenhang die rhetorisch gesteuerte rationale und imaginative Logik in der ethischen Bildung stehen.

Schließlich könnte die Analyse empirischen Materials vor dem Hintergrund historisch fundierter Theoriemodelle zum Zusammenhang von Ethik und Rhetorik konkrete Prozesse ethischer Bildung nicht nur erhellen, sondern diesen auch neue konzeptionelle Impulse geben. Über die Deskriptionsleistung hinaus böte eine derartige Untersuchung die Möglichkeit, Hinweise für eine konstruktive Ausarbeitung dieser Prozesse zu entwickeln. Für die Gestaltung von Religionsunterricht, evangelischer Pressearbeit und Kanzelrede wäre die Verbindung ethischen und rhetorischen Denkens auch in praktischer Hinsicht fruchtbar zu machen.

---

68 Peter L. Oesterreich, Fundamentalrhetorik. Untersuchungen zu Person und Rede in der Öffentlichkeit, Marburg 1990, 123. Statt von imaginativer Logik spricht Oesterreich hier auch von der „Logik der Phantasie“.

69 Vgl. oben Anm. 58.

70 Vgl. dazu die Ausführungen von Martin Fritz, Vom Erhabenen. Der Traktat ‚Peri Hypsous‘ und seine ästhetisch-religiöse Renaissance im 18. Jahrhundert, Tübingen 2011, Teil II / Kap. 2, bes. 248–273.

Konstanze Kemnitzer

Von der Kunst, die anmutende Sprache des Glaubens als performativen Ereignisraum zu inszenieren

Trends und Tendenzen in der neueren Homiletik

1. Zum beständigen Anspruch an die Homiletik – ein Einstieg aus der Perspektive des Homiletischen Hauptseminars

„Ich hoffe, dass ich am Ende weiß, wie ich zu einem Gottesdienst mit einer guten Predigt komme." In der Anfangsrunde eines Homiletischen Hauptseminars äußern die Teilnehmenden, was sie erwarten. In allen Voten schwingt hohe Motivation und Neugier mit, sichtlich auch die Bereitschaft, sich mit der ganzen Person in einen Lernprozess hineinzubegeben. Und fast alle sprechen von Sorge oder gar Angst: „Ich weiß nicht, wie und ob ich das packen werde: Gottesdienst und Predigt halten – nicht nur irgendwie so, sondern als Theologiestudentin."

Auf dem Reader für das Seminar steht: „Einführung in die methodisch verantwortete Praxis der Predigt."[1] Professor Klaus Raschzok erläutert: „In diesem Seminar kann es nicht darum gehen, Sie zu einem großartigen Prediger, einer großartigen Predigerin zu machen. Praktische Theologie ist keine Anwendungswissenschaft, und mitreißendes Predigen bleibt ein unverfügbares Charisma. Aber hier soll Ihnen ein Weg gezeigt werden, theologisch reflektiert einen Gottesdienst und eine Predigt in ihrer Gestalt begründen zu können." Die Studierenden reagieren auf diesen Hinweis spürbar erleichtert – ein erster Effekt homiletischer Theorie: Versachlichung, Einholung der für viele emotional behafteten, überbordend-ganzheitlichen Herausforderung in den kognitiven Modus nachvollziehbarer Wissenschaft. „Methodisch verantwortete Praxis der Predigt", das verheißt die Option, nicht den Kopf zu verlieren in einer unübersichtlichen Mischung aus Eigen- und Fremderwartungen, persönlicher und irgendwie allgemein anerkannter Kirchentheologie (was immer das auch sei) und hohen Anforderungen an Kreativität und Originalität.

Schon in dieser ersten Sitzung des homiletischen Seminars ist damit zu spüren, welchem Anspruch auch die gegenwärtige Homiletik genügen muss: Sie soll wissenschaftliche Theoriebildung sein, die praktisch, im Sinne von nützlich, ist. Ihr soll gelingen, Gottesdienst und Predigt als Phänomen kognitiv nachvollziehbar zu durchdringen, geistige Treppengeländer hinauf in die Höhen und hinunter

[1] Klaus Raschzok / Konstanze Kemnitzer, Reader: Einführung in die methodisch verantwortete Praxis der Predigt, Manuskript 2010.

in die Tiefen aufzuzeigen. Homiletik wie Liturgiewissenschaft haben als Formen nachgängiger Theoriebildung Gottesdienstphänomene so zu erschließen, dass sie der Analyse wie der Praxis relevante Kunstregeln und weiterführende Perspektiven eröffnen.[2]

Das Interesse an immer neuer praktisch-theologischer Theoriebildung dieser Art ist ungebrochen[3] – und das, obwohl zugleich gewusst wird: Grundlegend Neues kann es hier eigentlich nicht geben. Denn zum einen ist die Homiletik eben *nachgängige* Wissenschaft, d.h. alles, was sie präsentiert, hat höchstwahrscheinlich schon einmal irgendjemand gedacht, weil der entsprechende Impuls vom Ereignis ausgeht. Die Praxis ist der Theorie voraus – und zwischen Praxis und tatsächlicher wissenschaftlicher Theoriebildung (gar veröffentlicht zwischen zwei Buchdeckeln) liegt der umfassende Bereich außerakademischer Reflexionsprozesse, die vielerorts und zu allen Zeiten wichtige Erkenntnisse zum Gottesdienst evozieren.

Zum anderen sind die Schatzkammern der Homiletik so reich gefüllt, dass Expertinnen und Experten sogar behaupten, dass gar keine wirklich neuen Aspekte mehr zu entdecken seien.[4] 2006 kommentierte Klaus Raschzok: „Homiletische Theoriebildung hat zu Beginn des 21. Jahrhunderts einen gewissen Sättigungsgrad erreicht." Es könne also nicht um das Generieren von Neuheiten gehen, sondern lediglich darum, „die vorhandenen Argumentationspotentiale der klassischen Homiletik ... immer wieder neu auszuschöpfen."[5]

Eine Sichtung der neueren homiletischen Diskurslandschaft bedeutet vor diesem Hintergrund, danach zu fragen, wie gegenwärtig der beständige Anspruch an integrale Entwürfe innovativer Theoriepraxis im Sinne einer aktuellen Übersetzung homiletischer Reichtümer flüchtiger Erfahrungs- und archivierter Traditionswelten eingelöst wird.

---

2 Vgl. dazu auch David Plüss, Gottesdienst als Textinszenierung. Perspektiven einer performativen Ästhetik des Gottesdienstes, Zürich 2007, 23f.

3 Dazu noch ein Zitat von Klaus Raschzok: „Im Gegensatz zu früheren homiletischen Debatten, die dazu neigten, Predigt als Krisenphänomen des Protestantismus zu kennzeichnen, kann (heute) von einer gewissen Stabilität der Predigt als einem entscheidenden Medium der Glaubenskommunikation ausgegangen werden" (Die Predigt zwischen Alltagsdogmatik und Lebenskunst: Neue homiletische Herausforderungen. Eine Zusammenfassung und Ertragssicherung der Beiträge des Symposiums „Predigt in einer polyphonen Kultur", in: Hanns Kerner, Predigt in einer polyphonen Kultur, Leipzig 2006, 129–143, 131).

4 2002 notierte Christian Albrecht: „Im Laufe der bisherigen Theoriegeschichte [sind] alle wesentlichen Gesichtspunkte, die für eine evangelische Homiletik in Frage kommen können, ins Auge gefasst worden" (Einleitung, in: Ders. / Martin Weeber (Hg.), Klassiker der protestantischen Predigtlehre. Einführungen in homiletische Theorieentwürfe von Luther bis Lange, Tübingen 2002, 1–8, 7f.).

5 K. Raschzok, Die Predigt (Anm. 3), 130f.

2. Die neuere homiletische Diskurslandschaft – zwei Aufnahmen in unterschiedlichen Zoom-Modi

2.1. *Großaufnahme: Die Homiletik im so genannten „cultural turn"*

Seit einigen Jahren vollzieht sich innerhalb der Praktischen Theologie – wie auch in den übrigen theologischen Disziplinen – der so genannte „cultural turn". Dieser Begriff bezeichnet signifikante Veränderungen und Neufokussierungen[6] in der Wissenschaftslandschaft aller Geistes- und Sozialwissenschaften, die durch die interdisziplinären Kontakte auch die Theologie erfasst haben. Die wichtigste Veränderung lässt sich mit dem Stichwort „Multiperspektivität der Theoriebildung" benennen: Das Forschungsinteresse hat sich verschoben, weg von monokausalen Ableitungen hin zu Erkundungen von dynamisch und temporär bedingten Phänomenen aus unterschiedlichen Blickwinkeln. Keine Theorie erhebt dabei den Anspruch, Phänomene und Ereignisse in ihrer Komplexität erschöpfend erforschen zu können.[7]

Dies führt dazu, dass heutige Theoriebildungen in der Praktischen Theologie zwar eine klärende, aber nicht mehr eine alles umfassende Funktion erfüllen wollen. Stattdessen geht es um das Erarbeiten unterschiedlicher Modellvorstellungen aus spezifischen Perspektiven, um jeweils signifikante Dimensionen eines Ereignisses zu erfassen. Diese Theoriebildungen schließen sich „nicht mehr gegenseitig aus, sondern ergänzen einander"[8]. Vielfältige Fragerichtungen, die bisher gar nicht oder nur als Nebenaspekte behandelt wurden, kommen dabei neben klassischen Forschungsthemen mindestens gleichberechtigt zu stehen oder interessieren durch ihre ungewohnte Perspektive sogar intensiver.

So hat die gegenwärtige Praktische Theologie im Zuge des *cultural turn* eine besondere Aufmerksamkeit entwickelt für materielle, korporale, performative, mediale und theatrale Manifestationen religiöser Praxis. Andere Geistes- und Kulturwissenschaften werden nach ihren Methoden, Techniken und Erkenntnissen befragt. Fächergrenzen verschwimmen. Die heutige Praktische Theologie versteht sich als Beteiligte innerhalb eines weiten Diskussionsfeldes der Kulturwissenschaften, die ihrerseits eine dynamische Theorie- und Forschungslandschaft darstellen, die sich nicht auf einen einheitlichen und feststehenden Kulturbegriff reduzieren lässt.[9]

---

6 Es handelt sich aber nicht um eine vollständige Kehrtwende, nicht um die Ausbildung eines neuen Paradigmas, das ein vorhergehendes vollständig ersetzt. Vgl. Doris Bachmann-Medick, Cultural Turns. Neuorientierungen in den Kulturwissenschaften, Reinbek bei Hamburg [3]2009, 17f.

7 Vgl. Klaus Raschzok, Modeerscheinung oder Wahrnehmungszugewinn? Diskurse praktischer Theologie, in: VF 54 (2009), 75–87, 76.

8 Liturgische Konferenz, Gottesdienst feiern. Erwägungen zur Fortführung des agendarischen Reformprozesses in den evangelischen Kirchen, ein Dokument, in: Michael Meyer-Blanck / Klaus Raschzok / Helmut Schwier (Hg), Gottesdienst feiern. Zur Zukunft der Agendenarbeit in den evangelischen Kirchen, Gütersloh 2009, 26–79, 48.

9 Vgl. K. Raschzok, Modeerscheinung (Anm. 7), 76.

Für die Frage nach der neueren Homiletik lassen sich mindestens zwei Effekte des *cultural turn* holzschnittartig skizzieren: die Ästhetisierung und die Pluralisierung der Homiletik.

2.1.1. Ästhetisierung der Homiletik

Das Interesse an der multiperspektivischen Reflexion von Phänomenen und Ereignissen der Gestalten christlicher Gottesdienstpraxis führt zu erhöhter Aufmerksamkeit gegenüber dem Erfahrbaren. Ästhetische Aspekte spielen daher eine zentrale Rolle für die gegenwärtige homiletische Theoriebildung.[10] Predigt interessiert als sinnlich wahrnehmbares Geschehen. „Das Hören einer Predigt ist ein sinnlicher Vorgang ... Selbst das Lesen einer Predigt ist ein sinnlicher Vorgang. Für die Homiletik bedeutet dies, dass sie sich intensiv mit der Ästhetik als Theorie der sinnlichen Erkenntnis (Aisthesis) auseinandersetzen muss."[11]

Nun hat sich bereits die Homiletik, die sich mit empirischer Kommunikationsforschung beschäftigte, mit Ästhetik befasst. Im Zuge des *cultural turn* aber wird dies deutlich erweitert: „Die integrale Einheit von Form und Inhalt ist ... ein Anliegen der homiletischen Rezeption der Ästhetik. Im empirischen Paradigma der Kommunikationswissenschaften ging es darum, die Predigt so auf die Sinne abzustimmen, dass die Botschaft der Predigt möglichst verlustfrei ankommt. Im ästhetischen Paradigma geht es darum, dass die Sinne als Sinne in Anspruch genommen werden"[12] und keine von ihnen und ihren Wahrnehmungsmodi abstrahierbare Botschaft angenommen wird. Predigende, Predigttexte und Predigthörende – um das klassische „homiletische Dreieck" aufzugreifen – alle drei auch in der gegenwärtigen Homiletik als für eine Predigt konstitutive Bedingungsfaktoren vorausgesetzten Pole gelten als ihrerseits hoch komplexe – durch die Theorie in sorgfältiger Kleinarbeit partikular aber niemals umfassend beschreibbare – *Wahrnehmungswelten*. Und: Sie alle gelten als *Subjekte* des Predigtgeschehens! (Unbenommen davon ist in der homiletischen Debatte der pneumatologische Vorbehalt, der alles Predigtgeschehen bei allem menschlich Beobacht- und Beschreibbaren für unverfügbar erklärt.)

Ästhetisierung der neueren Homiletik meint also, dass die Predigt als komplexes sinnliches Wahrnehmungsgeschehen interessiert. Homiletik versteht sich selbst als Kunstlehre, als Lehre von der Kunst der Predigtwahrnehmung. Sie ver-

---

[10] Zum Verständnis des Begriffs Ästhetik sind die drei Grundmodelle zu beachten: Ästhetik als Theorie des Schönen, als Theorie der sinnlichen Erkenntnis und als Theorie der Kunst. Vgl. dazu Albrecht Grözinger, Ästhetik – Wahrheit – Theologie und Was heißt „Theologische Ästhetik", in: Ders., Praktische Theologie und Ästhetik, München 1987, 1–135.

[11] Michael Gibel, Predigt zwischen Kerygma und Kunst. Fundamentalhomiletische Überlegungen zu den Herausforderungen von Homiletik in der Postmoderne, Neukirchen-Vluyn 2009, 285.

[12] Ebd.

sucht sinnenhaft-sinnliche Phänomene des Predigtgeschehens zu erfassen und sie in Modellvorstellungen der Reflexion zugänglich zu machen.

2.1.2. Pluralisierung der Homiletik

Ein zweiter Effekt des *cultural turn* ist die Pluralisierung homiletischer Theoriebildung. Die Multiperspektivität führt zu vielfachen Entgrenzungen: zum einen innerhalb der Disziplin selbst (a), zum anderen im Beziehungsgefüge der Homiletik zu den anderen praktisch-theologischen Disziplinen (b) und zum dritten in der Breite der kulturwissenschaftlichen Diskurse (c).

(a) Innerhalb der Disziplin löst sich die klassische Dreiteilung von Alexander Schweizer in eine prinzipielle, materiale und formale Homiletik auf. Sie mag nicht mehr einleuchten, weil sich das konsekutive Denken „Inhalt-Form" im Zuge einer kulturwissenschaftlichen Fragerichtung nicht bewährt. Stattdessen steht in der Homiletik „der Aspekt der Performativität im Zentrum. Es geht um die Predigt, die zur Aufführung gebracht wird. Die Predigt existiert nur im Augenblick ihrer Performance."[13] Vor diesem Hintergrund kann nicht erst die Bedingung der Möglichkeit des Predigens, dann ihr Inhalt, dann ihre Gestaltung betrachtet werden. Vielmehr interessiert umfassend die Performativität der Predigt:[14] „Ein ganzes Kompendium von Kategorien – Subjektivität, poiesis, Imagination, Symbolisierung, Originalität und Form ... stürzt um und verliert seine Gültigkeit. An seine Stelle treten andere Evidenzen: Performanz, Ekstasis, Wirkung, Ereignis und Aura. Dort der Gegenstand, das Werk, die Dauer und die Geschlossenheit, hier das Flüchtige, die ‚Bricolage', das Risiko, die Situierung im Augenblick, die ‚Konfiguration der Präsenz im hic et nunc'. Nicht länger fungieren als Modell Sprache und Text, sondern Vollzug und Ereignis."[15] Gegenwärtige Homiletik kann Predigt darum nicht nach prinzipiellen, materiellen und formalen Aspekten auseinandernehmen, sondern geht vom Ineinander dieser Aspekte aus. Das Predigtgeschehen ist in seinem Vollzug zu betrachten und zu analysieren. Dabei gilt: „So evident eine solche performative Perspektive ... prima vista ist, so schwierig ist es, ihr gerecht zu werden, weil sich gerade die Live-Situation als ausgespro-

---

13 Andrea Bieler / Hans-Martin Gutmann, Rechtfertigung der „Überflüssigen". Die Aufgabe der Predigt heute, Gütersloh 2008, 222.

14 „Hilfreich zum Verständnis von Performativität ist seine Herkunft aus dem Lateinischen forma: Form, Gestalt, Figur, Beschaffenheit, Modell; formare: gestalten, bilden, darstellen, verfertigen; formatio: Gestaltung; per: durch und durch, instrumental: mittels, mit Hilfe von abgeleiteter Etymologie, welche darauf aufmerksam macht, dass es sich dabei um einen über die Gestalt vermittelten Verkörperungsakt handelt" (Klaus Raschzok, Gottesdienst und Performativität, in: Ders. / Konrad Müller (Hg), Grundfragen des evangelischen Gottesdienstes, Leipzig 2010, 115–142, 117).

15 Dieter Mersch, Ereignis und Aura. Untersuchungen zu einer Ästhetik des Performativen, Frankfurt a.M. 2002, 223. Vgl. K. Raschzok, a.a.O., 118.

chen komplex erweist und eine Analyse, zumal wenn sie empirisch fundiert verfahren will, sich auf einige methodische Schwierigkeiten gefasst machen muss."[16]

(b) Innerhalb der Praktischen Theologie verwischen sich die Grenzen der einzelnen Disziplinen, im Blick auf die Homiletik insbesondere diejenigen zur Liturgiewissenschaft. Homiletik und Liturgiewissenschaft führten lange Zeit mehr oder weniger ein Eigenleben.[17] Die Liturgiewissenschaft galt vor allem als ein historisches Fach, oftmals nicht einmal von Praktischen Theologen, sondern von Historikern betrieben. Heute verändert sich das Verhältnis der beiden Disziplinen. Im Zuge des kulturwissenschaftlich-ästhetischen Forschungsinteresses empfiehlt sich – um mit Worten von Michael Meyer-Blanck zu sprechen – „eine integrative praktisch-theologische Theorie des Gottesdienstes, eine evangelische Gottesdienstlehre …, die als positive Wissenschaft an dem all(sonn)täglichen Geschehen Gottesdienst als einer Einheit orientiert ist"[18]. Innerhalb dieser Gottesdienstlehre gilt es, „Homiletik und Liturgiewissenschaft gemeinsam stark zu machen, … durch die Stärkung des jeweiligen Eigengewichtes im Rahmen eines dramaturgischen Gesamtkonzeptes"[19]. Mit den Begriffen von Schleiermacher (Predigt als religiöse Mitteilung, Liturgie als darstellendes Handeln) gesagt: „Auch die Predigt benötigt die Darstellung, worauf nicht zuletzt die Einsichten der ‚Liturgischen Präsenz' aufmerksam gemacht haben, und auch die Liturgie muss eine Art von persönlicher Mitteilung sein, was man aus der Pastoralpsychologie gelernt haben sollte."[20] Die Predigt interessiert in der neueren Homiletik also nicht unabhängig vom Gesamtereignis Gottesdienst. Manfred Seitz pointiert: „Die Predigt ist in Wirklichkeit ein Teil der Liturgie."[21]

Das Verwischen der Grenzen zwischen Homiletik und Liturgiewissenschaft bedeutet nun freilich nicht, dass es die von Michael Meyer-Blanck postulierte evangelische Gottesdienstlehre im Sinne einer umfassenden integralen theologischen Theoriebildung zum Gesamten des evangelischen Gottesdienstes gegenwärtig bereits geben würde.[22] Noch entscheiden sich die einschlägigen Veröffentlichungen jeweils deutlich für einen Schwerpunkt (entweder in der Homiletik oder in der Liturgiewissenschaft) oder sie bieten zwar für beide Bereiche Erkenntnisse an (z.B. in Form von abgegrenzten Aufsätzen), dringen aber nicht zu einer integralen evangelischen Gottesdiensttheorie vor.

---

16 D. Plüss, Gottesdienst als Textinszenierung (Anm. 2), 99.

17 Zum Folgenden vgl. Michael Meyer-Blanck, Evangelische Gottesdienstlehre heute – Ein Überblick, in: ThLZ 133 (2008), 3–20.

18 A.a.O., 4.

19 Ebd.

20 A.a.O., 18.

21 Manfred Seitz, Gottesdienst und Predigt, in: K. Raschzok / K. Müller (Hg.), Grundfragen (Anm. 14), 35–44, 38ff.

22 Vgl. Liturgische Konferenz, Gottesdienst feiern (Anm. 8), 58.

(c) Die gegenwärtige Homiletik verwischt nicht nur innerhalb der praktischen Theologie ihre Grenzen zu den anderen theologischen Disziplinen, sie kann sich gegenwärtig eigentlich mit jeder denkbaren Forschungsrichtung zusammentun. Für die Homiletik gilt also wie für die gesamte Praktische Theologie und die gesamte Theologie: Der *cultural turn* ermöglicht eine deutliche Öffnung der Forschungsfragen und -ansätze. Keine Perspektive scheint gegenwärtig von vorneherein völlig abwegig. Ein exemplarischer Ausschnitt aus dem Horizont homiletischer Veröffentlichungen der letzten Jahre[23] mag dies verdeutlichen:

2006 überschrieb Frank M. Lütze seinen Ansatz mit *Absicht und Wirkung der Predigt. Eine Untersuchung zur homiletischen Pragmatik*[24]. Lütze bietet auf der Basis einer grundlegenden Neubestimmung der in den 1970er Jahren rezipierten Sprechakttheorie ein Instrumentarium, um verschiedene Handlungsmuster von Predigten zu analysieren und sie mithilfe eigener Überschriften zu typisieren. Michael Meyer-Blanck würdigt Lützes Ansatz als „die wichtigste homiletische Arbeit der letzten Jahre“[25]. Auch Andrea Bieler und Hans-Martin Gutmann nutzen in *Die Rechtfertigung der „Überflüssigen“* (2008) sprechakttheoretische Performativitätsdiskurse, wobei sie diese um den eigens betonten Aspekt der Leiblichkeit und, mit der „Option für die Armen“, um eine politisierende Dimension erweiterten.[26]

Als besonders häufig interessierende kulturwissenschaftliche Nachbardisziplinen begegnen in der neueren Homiletik Dramaturgie und Theaterwissenschaft.[27] Immer noch viel beachtet sind dabei Thomas Kabels Veröffentlichungen zur ‚liturgischen Präsenz‘.[28] Außerdem legten David Plüss und Ursula Roth ihre Untersuchungen zum *Gottesdienst als Textinszenierung*[29] und zur *Theatralität des Gottesdienstes*[30] vor. Sie vernetzen dazu mit jeweils eigenen Schwerpunkten (Plüss vom reformierten Predigtgottesdienst her, Ursula Roth ausgehend vom lutherischen Abendmahlsgottesdienst) praktisch-theologische Reflexion des Gottesdienstes dezidiert mit Theatralitäts- bzw. Inszenierungsdiskursen. Schließlich sind Martin Nicols homiletische Veröffentlichungen vom Dialog mit der Dramaturgie inspiriert – allerdings weniger der Theater- als vielmehr der Filmdramaturgie. Er nennt seine Homiletik explizit „dramaturgisch“.[31] Nicol ist überdies ein Beispiel

---

23 Siehe dazu Rezensionen der Theologischen Literaturzeitung von 2000–2010.

24 Frank M. Lütze, Absicht und Wirkung der Predigt. Eine Untersuchung zur homiletischen Pragmatik, Leipzig 2006.

25 M. Meyer-Blanck, Evangelische Gottesdienstlehre (Anm. 17), 16.

26 Andrea Bieler / Hans-Martin Gutmann, Rechtfertigung der „Überflüssigen“. Die Aufgabe der Predigt heute, Gütersloh 2008.

27 Besonders einflussreich ist dabei das Werk der Theaterwissenschaftlerin Erika Fischer-Lichte. Siehe z.B. E. Fischer-Lichte, Theaterwissenschaft, Tübingen 2010.

28 Thomas Kabel, Handbuch Liturgische Präsenz, Bd. 1: Zur praktischen Inszenierung des Gottesdienstes, Gütersloh 2002; Bd. 2: Zur praktischen Inszenierung der Kasualien, Gütersloh 2007.

29 D. Plüss, Gottesdienst als Textinszenierung (Anm. 2).

30 Ursula Roth, Die Theatralität des Gottesdienstes, Gütersloh 2006.

31 Martin Nicol, Einander ins Bild setzen. Dramaturgische Homiletik, Göttingen 2002. Ders. / Alexander Deeg, Im Wechselschritt zur Kanzel. Praxisbuch dramaturgische Homiletik, Göttingen 2005.

für die gegenwärtige Vernetzung der homiletischen Debatten im internationalen Diskurs. Er profitiert vor allem von nordamerikanischen Autoren.

Eine weitere kulturwissenschaftliche Nachbardisziplin, aus der die neuere Homiletik Gewinn zieht – hier mag man sagen „weiterhin“, denn dieser Kontakt hat schon eine recht lange Geschichte – ist die Rhetorik- und Kommunikationsforschung. Hier verdienen vor allem Gerd Ottos *Rhetorische Predigtlehre*[32] und Michael Thieles Predigtlehrbuch *Geistliche Beredsamkeit*[33] Erwähnung.

Noch zwei weitere Perspektiven seien genannt: Thomas Klie arbeitet u.a. mit Reflexionen aus der Spieltheorie,[34] ebenso Susanne Wolf-Wilhöft im Gefolge von Albrecht Grözinger.[35] Winfried Engemann greift nicht nur auf semiotische und rezeptionsästhetische Theorieelemente, sondern auch auf Anleihen aus philosophischen Debatten um die Lebenskunst zurück.[36]

Reibungslos verlaufen die Grenzverwischungen zu den Kulturwissenschaften im Übrigen nicht. Immer wieder findet sich die Kritik, dass die Theologie vorschnell Begriffe aus anderen Perspektiven für die Homiletik nutzbar zu machen versucht.[37]

2.2. Nahaufnahme: Pointen der neueren Homiletik

Die folgenden Nahaufnahmen beanspruchen nicht, ein umfassendes Mosaik aus den facettenreichen Gedanken der neueren Homiletik zusammenzusetzen. Im Gegenteil: Hier soll versucht werden, gegenwärtig vielfach wiederkehrende Begriffe in jeweils ausgewählten Pointen vorzustellen. Die Nahaufnahme erläutert dazu die Bestandteile der hier als Überschrift formulierten exemplarischen Definition der neueren Homiletik als Lehre „von der Kunst, die anmutende Sprache des Glaubens als performativen Ereignisraum zu inszenieren.“

2.2.1. Von der Kunst …

Kaum eine neuere homiletische Veröffentlichung kommt am Begriff ‚Kunst‘ und seinen vielfältigen Interpretationsmöglichkeiten vorbei. Das ist natürlich nicht neu: Schon Friedrich Schleiermacher bezeichnete den Prediger als „ausübenden

---

32 Gerd Otto, Rhetorische Predigtlehre. Ein Grundriss, Mainz 1999.

33 Michael Tiele, Geistliche Beredsamkeit. Reflexionen zur Predigtkunst, Stuttgart 2004.

34 Thomas Klie, Zeichen und Spiel. Semiotische und spieltheoretische Rekonstruktion der Pastoraltheologie, Gütersloh 2003 (zum Gottesdienst insbesondere Kapitel 4). Siehe auch Ders., Fremde Heimat Liturgie. Ästhetik gottesdienstlicher Stücke, Stuttgart 2010.

35 Susanne Wolf-Withöft, Predigen lernen. Homiletische Konturen einer praktisch-theologischen Spieltheorie, Stuttgart 2002.

36 Wilfried Engemann, Aneignung der Freiheit. Essays zur christlichen Lebenskunst, Stuttgart 2007.

37 Vgl. z.B. D. Plüss, Gottesdienst als Textinszenierung (Anm. 2), 242ff.

Künstler“[38], und Friedrich Niebergall zog 1929 Vergleiche zwischen zeitgenössischer Kunstentwicklung und moderner Predigt.[39] Im 20. Jahrhundert findet sich allerdings eine gewisse Fokussierung: Bis 1984 wurde die Verbindung zwischen Kunst und Predigt besonders auf dem Gebiet der Poetik bzw. der Lyrik hergestellt (Gert Otto, Rudolf Bohren, Klaus-Peter Hertzsch, Kurt Marti). Seit Mitte der 1980er Jahre ist die Debatte im Zuge einer intensiven Umberto-Eco-Rezeption entscheidend durch die Rede von der Predigt als offenem Kunstwerk bestimmt (Gerhard Marcel Martin, später vor allem auch Winfried Engemann). Einige Jahre lang war dies ein vor allem rezeptionsästhetisches Paradigma, d.h. es diente dazu, immer wieder zu betonen, dass eine Predigt nicht durch das Amen des Predigers abgeschlossen wird, sondern sich erst bei den Hörenden in einem individuellen Aneignungsprozess vollendet.[40]

Seit Mitte der 1990er Jahre weitete sich der Fokus der Rede von der Predigt als Kunst auch auf die Frage nach der Produktionstheorie (Mike Graves: „musikalische Komposition“, Rainer Volp: „ars recte celebrandi“ als „künstlerische Arbeit am Leib Christi“)[41]. Überdies sah sich die Praktische Theologie als akademische Disziplin insgesamt zunehmend an der Schnittstelle zwischen Wissenschaft und Kunst angesiedelt.[42] Die bildenden Künste traten damit ins Zentrum homiletischer Aufmerksamkeit. Im Zuge dieser Entwicklungen gilt in der heutigen Homiletik Predigen „nicht als Handwerk, dessen regelrechte Ausübung das Gelingen garantiert, sondern als Kunst“[43]. Dies impliziert, für die Predigt wie für die Kunst einen Frei-Zweck zu postulieren. „Predigt dient nicht der Erlangung irgendwelcher Zwecke bei ihren Hörern und zielt nicht auf deren Verhaltensänderung hin … Vergleichbar der Kunst, die in einem freien Spiel ihrer Rahmenbedingungen darauf zielt, Schönheit als unbedingtes Empfinden bei ihrem Rezipienten hervorzurufen, dient die Predigt der ihr unverfügbaren Gegenwart des Dreieinigen Gottes.“[44] Ästhetische Theoriebildung in der Homiletik spricht dabei von kunstvoller „Schönheit“ in einem spannungsreichen Sinn: Brüchigkeit, Negativität und Vorläufigkeit aller menschlicher Lebens- und Glaubensgestaltung gehören ebenso hinein wie „die Selbstrücknahme der Gott-Rede in die Frage, in die Selbstbe-

---

38 Friedrich Schleiermacher, Die praktische Theologie nach den Grundsätzen der evangelischen Kirche im Zusammenhange dargestellt (1850). Aus Schleiermachers handschriftl. Nachlasse und nachgeschriebenen Vorlesungen, hg. v. J. Frerichs, Berlin 1850, 203.

39 Friedrich Niebergall, Die moderne Predigt. Kulturgeschichtliche und theologische Grundlage. Geschichte und Ertrag, Tübingen 1929, 32f. 76. Siehe dazu auch Klaus Raschzok, Methode der Predigt. Vom homiletischen Nutzen einer zeitgenössischen Künstlertheorie (Thomas Lehnerer), in: ZThK 97 (2000), 110–127, 111.

40 Vgl. a.a.O., 113ff.

41 Vgl. Mike Graves, The Sermon as Symphony. Preaching the literary Forms of the New Testament, Valley Forge 1997. Rainer Volp, Liturgik. Die Kunst, Gott zu feiern, Bd. 1, Gütersloh 1992, 10f., und Bd. 2, 1994, 963.

42 Vgl. Albrecht Grözinger, Praktische Theologie als Kunst der Wahrnehmung, Gütersloh 1995, 158f.

43 Henning Luther, Predigt als inszenierter Text – Überlegungen zur Kunst der Predigt, in: ThPr 18 (1983), 89–100, 90.

44 K. Raschzok, Methode der Predigt (Anm. 39), 122.

scheidung und Demut desjenigen, der seinen Gott nicht hat, sondern zu ihm auf dem Weg ist“[45].

An zwei Beispielen sei noch einmal markiert, was die Rede von der Predigt als Kunst für die homiletische Theoriebildung austragen kann: Klaus Raschzok leitete für die Homiletik aus modernen Künstlertheorien (insbesondere von Thomas Lehnerer) ab, dass der Produktionsprozess einer Predigt mit Anfechtungserfahrungen verbunden ist und sich verstehen lässt als ein „freies Spiel“, das zwar hohe fachliche Souveränität durch die Einsichten der wissenschaftlichen Theologie voraussetzt, darüber hinaus aber die Fähigkeit braucht, sich von diesen um der Predigt willen distanzieren zu können.[46]

Zweitens reihte Martin Nicol die Predigt in die Reihe der „Performing Arts“ ein. „Gemeint sind Künste, die zeitlich bewegte Abläufe gestalten und auf das Ereignis der Aufführung (performance) zielen, also etwa Tanz, Musik, Theater oder Film.“[47] Von dieser Analogie her stellte Nicol fest: „Schönes lässt sich nicht zusammenfassen. Leitvorstellung für die Predigtarbeit ist nicht die Zusammenfassung, sondern die Entfaltung. Es gehört zu den Grundeinsichten von New Homiletic, dass es Aufgabe der Predigt nicht sei, eine Wahrheit des Glaubens zu erklären ..., sondern Erfahrungen des Glaubens zu teilen. ... Der Blick richtet sich von der Drei-Punkte-Predigt weg und auf andere Formen hin, die sich als Entfaltungen in der Zeit verstehen und damit der zeitlichen Struktur menschlicher Erfahrung besser entsprechen.“[48] Predigt ist „gestaltete Zeit“ (mit Eugene Lowry), „gestaltete Bewegung“ (mit David Buttrick), „entfaltendes im Gegenüber zu einem zusammenfassenden Denken“.

Beide Beispiele zeigen, dass in der neueren Homiletik die Rede von der Kunst vor allem dazu dient, für alle drei Dimensionen (Predigende, Predigttexte, Predigthörende) insbesondere die semiotischen wie rezeptionsästhetischen Erkenntnisse so fruchtbar zu machen, dass durchgehend (künstlerische) „Freiheit“ als unumgängliches Paradigma mitgedacht werden kann – ohne dass sich Predigt und ihre wissenschaftliche Reflexion in die Beliebigkeit verliert.

2.2.2. ... die anmutende Sprache des Glaubens ...

Predigt ist (auch) in der neueren Homiletik nicht einfach Auslegung eines Textes und vor allem nicht einfach Rede über Gott. Weiterhin wirkt Karl Barth nach: „Predigt ist im Lauschen auf die Aussage der Schrift selbständig vollzogene Aussage und Erklärung des Evangeliums, selbständig gewagter evangelischer Anruf:

45 Karl-Josef Kuschel, Im Spiegel der Dichter. Mensch, Gott und Jesus in der Literatur des 20. Jahrhunderts, Düsseldorf 2000, 14.

46 Vgl. K. Raschzok, Methode der Predigt (Anm. 39), 123.

47 M. Nicol, Einander ins Bild setzen (Anm. 31), 34.

48 A.a.O., 35.

insofern nicht mehr, nicht etwas Besseres, aber deutlich etwas Anderes als einfache Schriftauslegung … Die Predigt hat aus der Bibel, nicht über sie zu reden.“[49] In diesem Sinne ist sie gemeinschaftlich sich ereignendes Sprechen und Hören im vielstimmigen Text- und Lebensraum, immer wieder neu gestaltete Sprache des Glaubens – von theologischer Theoriesprache ebenso wie von reiner Alltagssprache unterschieden.

Albrecht Grözinger beschreibt sie „weder als Sprache der Behauptung … noch als Sprache der Indifferenz“. Sie bewege sich „in einem Dazwischen. Und dieser Ort zwischen Behauptung und Indifferenz lässt sich genauerhin als Anmutung kennzeichnen. Die Sprache der Predigt muss deshalb die Sprache der Anmutung sein … Anmut das ist etwas, das auf uns Menschen beglückend wie ein Geschenk zukommt … Die Erfahrung der Anmut ist die Erfahrung, dass nicht alles gemacht werden muss und nicht alles gemacht werden kann, dass nicht alles erreicht werden muss und nicht alles erreicht werden kann – und dass das Leben uns doch beschenkt. Die Erfahrung der Anmut transzendiert eine Welt, in der – wie wir heute sagen – die technisch-instrumentelle Vernunft vorherrscht. Die Anmut rückt die Menschen in ein neues Verhältnis zur Welt, aber auch in ein neues Verhältnis zueinander.“[50]

Anmutende Predigt – wie Grözinger das nennt – zeichnet sich als gestaltete Sprache des Glaubens wesentlich durch ihre Freundlichkeit aus. Die Predigt behauptet nicht, sondern sie malt vor Augen. Sie zwingt nicht, sondern sie bewegt in aller Freiheit. Sie enthält eine Verlockung, eine Einladung. Die Predigt als anmutende Sprache des Glaubens fügt der Wirklichkeit etwas hinzu: ein neues Bild, eine ungewohnte Perspektive, eine überraschende Wendung.[51] Sie erweitert Horizonte, lässt Seele und Geist Flügel ausspannen.

2.2.3. … als performativen Erlebnisraum …

Die neuere Homiletik versteht Predigt als performatives Ereignis, d.h. als ein Geschehen, aus dem alle Beteiligten (Predigende, Hörende und Texte) verändert hervorgehen.

Exemplarisch sei auf Andrea Bieler hingewiesen. Sie erklärt: „So wie die Musik erst in dem Moment existiert, in dem sie erklingt, existiert auch die Predigt erst in dem Moment, in dem sie erklingt.“[52] Dabei versteht Bieler die Predigt als Handlungsform, die eine Abkehr von der Gewaltförmigkeit wirksamen Handelns

[49] Karl Barth, Die kirchliche Dogmatik, Bd. IV/3, Zürich 1959, 996. Vgl. Albrecht Grözinger, Toleranz und Leidenschaft. Über das Predigen in einer pluralistischen Gesellschaft, Gütersloh 2004, 229f.

[50] A.a.O., 230ff.

[51] Vgl. a.a.O., 238f.

[52] A. Bieler / H.-M. Gutmann, Rechtfertigung der „Überflüssigen“ (Anm. 13), 224.

beinhaltet. Die Kraft des Wortes bezeichnet sie als energetische Dynamik.[53] „Worte werden laut, sie erfüllen den Raum, sie breiten sich über den Menschen aus. Die Menschen, die in dem Bereich dieses machtvollen Wort-Raumes leben, werden in ihrem ganzen Leben neu, werden von Tod und Teufel befreit, werden von Gott gerecht gesprochen und können unter den Bedingungen der alten Welt ihr Leben als Christinnen und Christen führen. ... Das gepredigte Wort breitet sich aus, ergreift immer mehr Menschen und verändert die Wirklichkeit."[54]

Predigt lässt einen Klangraum entstehen, in dem die Gemeinde leben kann. Damit dies gelingt, muss sich ein Mensch mit seinem Körper, mit seiner ganzen Person zur Verfügung stellen. Predigt ist also Performance im Sinne von Verleiblichung des Wortes. Zur Reflexion bietet Bieler in ihrer performativen Homiletik Erkenntnisse aus dem Gespräch mit den *performance studies* an. Sie befasst sich mit Stimme, Rhythmus, Klang und Energie als wesentlichen Gestaltungsfaktoren der Predigt.[55] Predigt ist als performativer Ereignisraum wie der gesamte Gottesdienst „Körperarbeit am Leib Christi" (Klaus Raschzok). Sie geschieht ganzheitlich, leiblich – und dies nicht nur individuell, sondern als vieldimensional vernetzte Gemeinschaft. Im performativen Ereignisraum der Predigt begegnen Menschen Symbole, Worte, Bilder – und ebenso Klänge, Gerüche und Geräusche. Nichts ist unbedeutend für das Geschehen der Predigt. Und zugleich gilt: Diese Räume sind flüchtig und verletzlich, sie entstehen und zerfallen und sind nie für alle Beteiligten gleich. Das gepredigte Wort ist wie ein Fluidum, ein Klang- und Lichtgefilde. Es „wird also laut durch die menschliche Stimme, die sowohl Macht als auch Verletzlichkeit repräsentiert"[56]. Die performative Dimension wird dabei insbesondere bei Bieler und Gutmann als explizit lutherische Pointe homiletischen Nachdenkens verstanden: „Die Predigt des Evangeliums ist nicht ein Referat über die Rechtfertigung der ‚Überflüssigen', sondern verleiblichtes Wort als performatives Ereignis, in dem Rechtfertigung geschieht."[57]

Mit dem Aspekt der räumlichen Performativität der Predigt ist in der neueren Homiletik auch ein wesentlicher Anspruch verbunden: Das Ereignis der Predigt interessiert als nichts weniger, als dass es bewegend, wirklichkeitsgestaltend, Menschen verändernd sei. Das führt dazu, dass homiletische Reflexion in allen wissenschaftlichen Ansprüchen – und manchen Unkenrufen, die Homiletik sei durch die Ästhetik abgehoben und lebensfern geworden, zum Trotz – durchgehend mit engagiertem Impetus betrieben wird. Ästhetische Homiletik ist keine abstrakte Modeerscheinung, sondern leidenschaftliche Suche nach der Predigt, die heute performativ ist – sagen wir einmal ruhig: die heute die Welt verändert.

---

53 Vgl. a.a.O., 207ff.

54 A.a.O., 211.

55 Beispiel: Sie benennt die entscheidenden Energien, die sich im Austausch menschlicher Körper entfalten als Thrust, Shape, Hang und Swing. Für die homiletische Ausbildung fordert sie, dass sich Prediger in allen Energiemustern bewegen lernen, um das Wort Gottes zu verleiblichen.

56 A.a.O., 206.

57 A.a.O., 205.

Albrecht Grözinger widmet sein Buch „allen, die sich etwas von der Predigt erwarten“. Andrea Bieler tritt mit dem Ehrgeiz an, jedwede individualistischen Engführungen, in denen sich die ästhetischen und phänomenologischen Debatten verfangen könnten, um der Predigt selbst willen zu vermeiden und sie „auf drängende gesellschaftliche Konflikte und auf die Kirche als Leib Christi zu beziehen“[58]. Predigt als performativer Ereignisraum – das ist in der neueren Homiletik nicht weniger als ein *existentielles* Theorieprogramm, existentiell für den Einzelnen wie für die Kirche.

2.2.4. … zu inszenieren

Eine letzte Nahaufnahme eines gegenwärtig zentralen Begriffs der Homiletik steht noch aus: Spätestens seit Michael Meyer-Blanck ist der Begriff der „Inszenierung des Evangeliums“ weit verbreitet. Dies wird heute nicht mehr überall unkritisch übernommen. David Plüss sieht in der Zusammenstellung dieser Worte eine ungute Vermischung aus theologischen und theaterwissenschaftlichen Dimensionen: Das Evangelium lässt sich nicht von Menschen inszenieren. Von dieser Präzisierung begleitet ist die Rede von der „Inszenierung der Predigt“ aber auch weiter ein wichtiges Hilfsmittel: Die Predigt wird verstanden als Teil einer ganzen Reihe von Textinszenierungen im Gottesdienst.[59] Sie partizipiert damit auch am Rollenwechsel innerhalb des Gottesdienstes – wohlgemerkt nicht nur des Liturgen bzw. Predigenden, sondern auch der Gemeinde. (Auf deren Rollenwechsel machen besonders Ursula Roths Hinweise zur Rolle des Chors in der antiken Tragödie aufmerksam).[60]

Mit David Plüss kann festgehalten werden: „Die Textpredigt bringt einen Bibeltext zur Aufführung, und zwar so, dass er sich in eine Szenerie verwandelt, in die die Predigthörerin hineingerät, bzw. ein- und wieder austreten kann. Inszenierungstheoretisch geht es in der Predigt nicht darum, einen Bibeltext nach gründlicher exegetischer Arbeit gemäß den Regeln der historischen Kritik in einem konkreten Gottesdienst zu erklären und auszulegen, … sondern ihn so zur Aufführung zu bringen, dass sich Text und Situation in einer zirkulären Hermeneutik gegenseitig erschließen.“[61]

Damit bündeln sich im Inszenierungsparadigma noch einmal die zentralen Aspekte des Verständnisses der gegenwärtigen Homiletik als Wissenschaft von der Kunst, die anmutende Sprache des Glaubens als performativen Ereignisraum zu inszenieren.

---

58 A.a.O., Vorwort.

59 Vgl. D. Plüss, Gottesdienst als Textinszenierung (Anm. 2), 226.

60 Vgl. U. Roth, Die Theatralität des Gottesdienstes (Anm. 30), 256ff.

61 D. Plüss, Gottesdienst als Textinszenierung (Anm. 2), 228.

3. Versuch einer Würdigung der gegenwärtigen Homiletik – Streiflichter aus den Schlussrunden homiletischer Seminare

Was leistet die neuere Homiletik für eine Gruppe junger Theologiestudierender, die sich erstmals mit dem Anspruch, selbst zu predigen, mit dem Phänomen Gottesdienst und Predigt auseinandersetzen? Einige Streiflichter aus den Schlussrunden und schriftlichen Rückblicken homiletischer Seminare der letzten Jahre mögen darüber einen gewissen Aufschluss geben.

Die Nähe von Homiletik und Liturgiewissenschaft wird von vielen Studierenden als wichtig erlebt. Ein Student formuliert:

> „Gut, dass ich nicht nur eine Predigt halten durfte, sondern dass von Anfang an klar war, dass die Gesamtgestaltung eines Gottesdienstes in der Spannung von Ritus und Rede aufgetragen wird. Das half mir, mich in beide Rollen besser einzufinden. Ich wollte im Nachhinein nicht predigen, ohne nicht auch zu feiern, und nicht feiern, ohne nicht auch zu predigen."

Die Analogie zur Kunst scheint vielen einzuleuchten. Sie erleben die Arbeit an einer eigenen Predigt als kreativen Akt und nehmen interessiert zur Kenntnis, dass das in der Homiletik wissenschaftlich reflektiert wird. Dieser Hintergrund ermöglicht ihnen, die besondere Dynamik der Predigt- und Gottesdienstgestaltung als eigenen künstlerischen Prozess zu beschreiben. Ein Student notiert:

> „Alle Überlegungen, Ideen und Hintergründe fließen im Lauf der Vorbereitung in ein sich immer deutlicher zeigendes Zentrum ein, das sich selbst bis zuletzt nicht als starr oder fest erweist, sondern als in Bewegung seiend und fließend. Die Entstehung der Predigt und des Gottesdienstes prägt diese dauernde Prozesshaftigkeit, die mich selbst hineinnimmt: kreativ, theologisch verantwortet, vielfältig – und letztlich unvollendet."

Sich dieser Unverfügbarkeit und Unabgeschlossenheit der Predigt bewusst zu sein, bezeichnen einige zwar als anstrengend, aber auch als positiv herausfordernd. Eine Studentin schreibt:

> „Die Predigtarbeit war eine neue und fremdartige Erfahrung in Bezug auf die Zirkularität des Erarbeitens und die damit verbundene Tatsache, dass man an einer Predigt immer weiterarbeiten kann, sprich: dass sie nie ganz fertig ist. Bisherige Arbeiten im Studium hatten immer ein klares Ziel – nicht so die Predigtarbeit und der Gottesdienst. Die Schritte dorthin sind bis zum Ereignis letztlich unfertig – eigentlich auch dabei und danach, im Vollzug und darüber hinaus. Das ist eine Tatsache, die man aushalten lernen muss."

Insbesondere, dass aus kunsttheoretischer Perspektive nachvollziehbar wird, dass theologisches Wissen nötig und hilfreich ist, aber eben kreativ inszeniert werden will, beleuchtet eine Studentin in ihrem Resümee:

> „Vor dem Seminar war ich geprägt von Aussagen verschiedener Pfarrer, die alle mehr oder weniger zum Inhalt hatten, dass man das im Studium Erlernte im Berufsleben nicht mehr brauchen kann, allem voran Sprachen und Exegese. Diese Aussagen wirkten immer sehr abschreckend und provozierten die Frage „Warum dann das alles?" Wenn ich nun aber auf

meine Predigtvorbereitung zurückblicke, stelle ich fest, dass ich ohne sprachliche und exegetische Kenntnisse den Textraum des Predigttextes nicht so weit hätte erschließen können. Ebenso erging es mir mit der systematisch-theologischen Annäherung. Ohne mein Studium hätte ich ein ganz anderes Verständnis an den Text herangetragen und andere Erkenntnisse heraus getragen. … Ich konnte erfahren, dass das, was mich immer vom Pfarrberuf abgeschreckt hat – die Tatsache, dass er nichts mehr mit dem Studium gemein hat – gar keine Tatsache ist. Ein Leben lang theologisch Nachdenken ist die Basis dafür, dass die kreative Kraft zum Predigen nicht nachlässt. Das lässt mich dem Beruf positiver entgegenschauen."

Die Freiheit, die in der Rede vom „offenen Kunstwerk" dem Phänomen Predigt zugestanden wird, irritiert viele zunächst, wird aber dann doch meist dankbar angenommen – spätestens wenn die Phase im Seminar beginnt, in der Gottesdienste miteinander gefeiert werden. Dann kommentieren viele, wie erstaunlich für sie sei, dass jeder Text, jede und jeder Predigende, jeder und jede Hörende eine Predigt anders pointiert. Ein Student schreibt:

„Wann ‚gibt man' sich schon mal an einem Sonntag drei Predigten zum selben Predigttext von unterschiedlichen Menschen hintereinander? Doch ich war erstaunt: Es hat mich nie gelangweilt, es hat sich nichts wiederholt – jedes Erlebnis war immer total anders. Das ist eigentlich ein wunderschöner Gedanke: Predigt als offenes Kunstwerk – das passt für mich aus allen Perspektiven. Vor allem aber habe ich mich und uns alle als aktive Hörende, als aktiv Beteiligte erlebt – nicht nur der Mensch auf der Kanzel, alle Anwesenden sind Teil des Geschehens."

Bereichernd finden viele, dass in der modernen Homiletik die leiblich-erfahrbaren Dimensionen eines Gottesdienstereignisses ernst genommen werden. Hier zeigt sich auch eine hohe Lernbereitschaft: Studierende üben gerne intensiv, eine gottesdienstliche Passage so zu sprechen, dass ihre Körperhaltung, Lautstärke, Mimik etc. stimmig sind. Ein Student schreibt:

„Für den Gottesdienstvollzug ist es wichtig, die Körpersprache ebenso wie die gesprochene Sprache zu beachten und bewusst einzusetzen – eine wohl ständig bleibende Lernherausforderung. Hier haben mir das Arbeiten mit den Anderen und die Feedbacks sehr geholfen. Vielleicht, hoffentlich kann man so etwas später im Beruf mit Kolleginnen und Kollegen auch weiter erleben."

Das Spielerische, Kreative, Narrative, das die moderne Homiletik so gerne stark macht, wird von Studierenden zwar interessiert zur Kenntnis genommen – aber in der eigenen Umsetzung nur selten gewagt. Oft sind die Vortragsmodi des Studiums penetrant eingeprägte Redeweisen. Ein Student markiert aber doch deutlich, dass bei ihm durch die Auseinandersetzung mit der neueren Homiletik überhaupt Lust geweckt wurde, andersartige Gestaltungsweisen für die Predigt im Sinne einer „anmutenden Sprache des Glaubens" zu erkunden. Er erzählt:

„Jetzt bin ich eben gerade in dieser Welt des Studiums – aber das Homiletische Seminar war wie ein Blick über den Tellerrand hinaus: Es gibt noch viel mehr als nur die theologischen Sprechweisen über den Glauben und auch mehr als nur das persönliche Formulieren – diese Sprachwelten der Predigt kann ich heute noch gar nicht wirklich ausüben, aber ich habe entdeckt, dass da viel zu entdecken ist …"

Als Dozentin sind mir die Diskurse der neueren Homiletik oft Inspiration und Anregung. Das Schlüsselwort der neueren Homiletik ‚Ästhetik', im Sinne von sinnlicher Wahrnehmung, verstehe ich als fortdauernde Ermunterung, gottesdienstliches Geschehen vielfältig zu beobachten und an der Wahrnehmungsfähigkeit von Predigenden, Predigthörenden und -texten zu arbeiten. Eine ästhetische Homiletik, die Predigen als Kunst versteht, drängt auf eine homiletisch-ästhetische Didaktik, geprägt von lebenslanger Lust an (selbst)kritischem theologischem Nachdenken über Predigtereignisse, an kreativem Experimentieren und geduldigem Üben. Die theologische Aus-, Fort- und Weiterbildung kann dazu dezidiert von der Kunstperspektive der neueren Homiletik profitieren.[62]

Außerdem ist besonders das räumliche Verständnis von Bibeltexten eine hilfreiche Vorstellung zur Predigtarbeit mit Studierenden. Sie ermutigt, sich aufmerksam und intensiv mit einem Text, seiner Wirkungsgeschichte und seinen gegenwärtigen Potentialen auseinanderzusetzen, ohne vorschnell vermeintlich sichere Glaubenssätze abstrakt als „auf Flaschen gezogene" Frömmigkeit auf die Kanzel zu zerren. Fast jeder Schritt im Homiletischen Seminar beginnt mit den Worten „wieder ein erneuter Perspektivenwechsel zur Erweiterung des Textraumes". Und dieses Bild vom Textraum hilft dabei zu verstehen, dass nicht ein Schritt den anderen ablöst, sondern dass alles, was die Studierenden unter Exegese, Systematik, Kirchengeschichte, Gemeinde- und Gegenwartsanalyse, Überlegungen zum Sonntag, aber eben auch zu Kunst und Zeitgeschehen am Predigttext entdecken, sich ansammeln darf, bis zahlreiche Beobachtungen wie Schmuck- oder Ausstellungsstücke den biblischen Textraum anfüllen. Kein exegetischer Skopus, kein systematischer Lehrsatz und keine homiletische Regel führen zu früh in die Enge, sondern jede scheinbar nebensächliche Idee wird kritisch gewürdigt – das hebt insbesondere das theologische Niveau. Außerdem steigert sich die Kreativität und Darstellungskraft der Teilnehmenden. Denn eine „lineare" theologische Aussage zu predigen, verführt oft zu einem nur abstrakten Vortrag. Aber einen angefüllten biblischen Textraum wie ein Reise- oder Museumsführer zu beschreiben und zu überlegen, wie man eine Gruppe von Menschen nun auf ausgewählte Schmuckstücke hinweisen will, oder wie eine Geschichte, ein Plot oder ein Prozess inszeniert werden kann, das bietet viel mehr Möglichkeiten. Vor dem leeren Blatt sitzt auf diese Weise kaum jemand mehr – vielmehr vor einem oft randvollen „homiletischen Tagebuch"[63], wie in einer Schatzkammer des biblischen Textraumes für hier und jetzt.

---

[62] Z.B. im Sinne dessen, was Martin Nicol sein „homiletisches Tanglewood" nennt: Ein bunter Workshop, bei dem Predigerinnen und Prediger unter inspirierender Anleitung von früh bis nachts Predigen ausprobieren können. Vgl. M. Nicol, Einander ins Bild setzen (Anm. 29), 151.

[63] Dies ist eine methodische Besonderheit des Homiletischen Hauptseminars an der Augustana-Hochschule: Zu Beginn erhält jeder und jede ein Tagebuch, in das der Predigttext in der Ursprache, der eigenen Übersetzung und der Lutherübersetzung eingetragen wird und das die Studierenden durch die Semesterwochen begleitet. Sie werden ermutigt, alle Gedanken zum Predigttext in diesem Büchlein zu

Überdies erscheint mir in der neueren Homiletik insbesondere die Wertschätzung der Predigt als *performativer* Ereignisraum bedeutungsvoll. Mit diesem Schlüsselgedanken zeichnet sich die Theoriebildung heute wie schon zu allen Zeiten dadurch aus, dass sie von der Predigt weiterhin nicht geringer denken will, als dass hier ein Geschehen stattfinden möge, das niemandes Lebenszeit verschwendet, sondern kraftvoll menschliche Wirklichkeit zu bewegen und zu verändern vermag.

notieren. Jenseits der Schreibtischarbeit erweitert sich auf diese Weise der Horizont der Predigtvorbereitung.

Moritz Fischer

Gottes Wort „im Rausch des Rituals"

Beobachtungen zur Performanz eines christlichen Wunderheilungsrituals in seiner Praxis durch transnationale Pfingstkirchen

1. „Herr, berühre sie mit deiner rechten Hand!"

Ein Prediger aus Afrika bereitet im Anschluss an seine Predigt, in der er „Die Heilung des blinden Bartimäus" (Mk 10,46–52) präsentiert hat, die versammelte internationale Gemeinde auf das anschließende „Wunderheilungsritual" vor. Ich zitiere eine Sequenz aus seiner Ansprache:

> „Gott wird jetzt herabkommen, um jeden von euch anzurühren … Ich bitte, dass keiner von euch mehr herumläuft. Öffnet nicht die Augen und vergleicht euch mit dem blinden Bartimäus. Euer Glaube wird euch so retten, wie er ihn gerettet hat …"

Der Prediger richtet als einziger seinen Blick nach oben und betet:

> „Vater, ich komme zu deiner rechten Hand … Zögere nicht mit deiner Heilung und dem Befreiungsdienst, den wir von dir erbitten. Berühre sie mit deiner rechten Hand. Trage ihre Krankheit hinweg. Allmächtiger Gott … es gibt keinen, der so barmherzig ist wie du. … Trage sie in deiner Barmherzigkeit, du, unser König."[1]

Es soll nun im weiteren Verlauf zur Heilung der anwesenden Kranken kommen. Viele der Teilnehmenden befinden sich offensichtlich in einem Zustand der „Trance". Dieser Eindruck legt sich nahe, wenn man die rhythmisch-schwingenden Körperbewegungen, die erwartungsvoll wirkenden Gesichtszüge und die glossolalischen Äußerungen (Zungengebet) vieler der Anwesenden wahrnimmt. Mit diesen Beobachtungen, die auf Feldforschung an „neueren" Pfingstkirchen zurückgehen, klingt bereits die allgemeine Erkenntnis an, dass Riten *transferielle Qualität* haben. Mein Blick richtet sich hier auf ein bestimmtes Heilungsritual, das in Gottesdiensten in vielen dieser Kirchen praktiziert wird. Letztere wurden in den vergangenen 50 Jahren mit rapide steigender Tendenz in erster Linie in der südlichen Hemisphäre, aber auch im globalen Norden gegründet. Allein für Deutschland geht man von ca. 1000 solcher Gemeinden aus. Die für uns hier relevante, weil exemplarische Kirche stammt aus Afrika. Sie wird „Nzambe-Ma-

---

1 Vgl. die Transkription von der DVD „Frankfurt.06" mit Ausschnitten von 00:00 bis 01.57 (produziert von Gemeinde-Barmherziger-Gott und in meiner Sammlung archiviert).

lamu“[2] genannt und ist nicht nur in Deutschland, sondern auch in anderen europäischen Ländern und in Nordamerika durch „Migrationsgemeinden“ vertreten.[3]

Im Hintergrund meiner Schlussfolgerungen steht die Frage nach der dort eingesetzten „Sprache des Glaubens“ sowie die Frage, wie diese sich durch Performanzen äußert. Ausgehend vom Beispiel einer öffentlichen pfingstlich-charismatischen Heilungsveranstaltung, die im November 2006 in Deutschland in Frankfurt a.M. stattfand, fragen wir: Wie kommt die im Fallbeispiel diagnostizierbare Ritualdynamik zustande? Welche Rolle spielt dabei die Performanz des biblisch bezeugten, von den Akteuren bewusst eingesetzten Gotteswortes? Ich werde die These entwickeln, dass es sich bei dieser Art von Ritualdynamik um einen Katalysator interkultureller, womöglich integrativer Prozesse handelt, der seine Wirkung an den am Ritual Beteiligten vor dem „Hintergrund“[4] des Sprechens und Handelns Jesu, auf das rekurriert wird, entfaltet.

Die Relevanz der folgenden Überlegungen sehe ich nicht zuletzt darin, dass sich diese pfingstlich-charismatischen Kirchen nicht länger als „Sekten“ qualifizieren lassen.[5] Zumindest ihrem Selbstverständnis nach ordnen sie sich, theologie- und missionsgeschichtlich gesehen, der reformatorischen bzw. protestantischen Konfessionsfamilie zu. Diese unabhängigen Pfingstkirchen mit Herkunft im globalen Süden, die überregional miteinander verflochten und transnational organisiert sind, sind häufig im zentralen und südlichen Afrika verbreitet und als „Migrationskirche“ in Amerika sowie in Europa vertreten. Mit ihrer Identität konstituieren sie sich durch transnationale Interaktionen. Sie bilden ein ganzes Segment der Pfingstbewegung, das sich bisher der Beobachtung entzog und das uns „vor unserer Haustür“ begegnet. Indem dessen Konturen hier im Falle des performativen Heilungsrituals erkennbar gemacht werden, werden auch etablierte Kirchen mit *ihrer* Theologie zur konstruktiven Auseinandersetzung herausgefordert.

Bevor ich die oben mit dem Zitat anklingenden Beobachtungen näher im vor-

---

2 „Nzambe-Malamu“ bedeutet „Gott ist gut“ und stammt etymologisch aus der Lingala-Sprache. Lingala ist eine Verkehrssprache, die im zentralen Afrika, speziell in den Ländern DR Kongo, Republik Kongo und Angola verbreitet ist.

3 Vgl. zur Geschichte dieser Kirche meine Habilitationsschrift, an der Augustana-Hochschule 2010 angenommen und inzwischen veröffentlicht: Moritz Fischer, Pfingstbewegung zwischen Fragilität und Empowerment. Beobachtungen zur Pfingstkirche Nzambe-Malamu mit ihren transnationalen Verflechtungen, Göttingen 2011.

4 Vgl. zur Bedeutung des „Hintergrundes“ in der Sprechakttheorie: John R. Searle, Intentionalität. Eine Abhandlung zur Philosophie des Geistes, Frankfurt a.M. 1991, 182–202.

5 Vgl. den Überblick zur „Pfingstbewegung“ als globalem Phänomen einschließlich ihrer Geschichte und ihrer Theologie: Allan Anderson, An Introduction to Pentecostalism: Global Charismatic Christianity, Cambridge 2004. Weitere Einführungen sind: Walter J. Hollenweger, Charismatisch-pfingstliches Christentum. Herkunft, Situation, Ökumenische Chancen, Göttingen 1997; Harvey Cox, Fire from Heaven. The Rise of Pentecostal Spirituality and the Reshaping of Religion in the Twenty-First Century, London 1996; Christoph Dahling-Sander u.a. (Hg.), Pfingstkirchen und Ökumene in Bewegung (ÖR.B 71), Frankfurt a.M. 2001; Stanley M. Burgess / Eduard M. van der Maas (Hg.), The New International Dictionary of Pentecostal and Charismatic Movements, Michigan 2003; Stanley M. Burgess (Hg.), Encyclopedia of Pentecostal and Charismatic Christianity, New York 2006.

letzten Abschnitt analysiere (5), erläutere ich skizzenartig die Theorie des *Ritualtransfers* (4). Letztere, die ich den Erwägungen dieses Beitrags zugrunde lege, stammt aus der Ritualistik[6] und wird in einem Sammelband unter dem Titel „Im Rausch des Rituals“ diskutiert.[7] In der Fachdebatte über den „Ritualtransfer“ wird danach gefragt, wie Rituale von einer Kultur in eine andere, von einem Ort an einen anderen und von einer Zeit in eine andere transferiert werden. Es geht um „Vorgänge der Kontextverschiebung von Ritualen“, die in der Regel zu „Änderungsprozessen“[8] führen. Dies gilt auch für das oben bereits anklingende Wunderheilungsritual, das in manchen „transnationalen Pfingstkirchen“ praktiziert wird. „Ritualtransfer“, wie er dort zu beobachten ist, steht häufig im Zusammenhang mit der Migration vieler der Gemeindeglieder, die sich dort zu Gottesdiensten und zu speziellen Gebetsveranstaltungen („all-night-prayers“, „prayer-camps“) versammeln. Der Transgress, den diese Christen, ausgehend von ihrer Herkunftskultur, hinein in eine sie aufnehmende Gesellschaft vollziehen, wird von mehreren Faktoren beeinflusst. Wir konzentrieren uns hier auf die Rolle der Religion und damit einhergehende Prozesse, die es näher zu analysieren gilt. Bevor ich zum Ritualtransfer im eigentlichen Sinne komme, gehe ich auf die Sprechakttheorie[9] und die Performativitätsforschung ein, ohne die ersterer kaum verständlich ist (3). Diesem Abschnitt schalte ich einen Absatz vor, der der Theorie des *embodiment* gewidmet ist: Der menschliche Leib ist rituallogisch eindeutig so etwas wie ein „Bindeglied“, besser eine „Kontaktzone“, die zwischen dem in der Predigt und im Gebet geäußerten „Wort“ im Zusammenhang der rituellen Performanz zu verorten ist, mit der die Gemeinde auf dieses Wort respondiert. Sie stellt das Wort, das sich so als dynamisch erweist, auf ihre Weise dar. Das Wort wird verkörpert, indem es in die Prozesse des leiblichen sowie sozialen Lebens schöpferisch integriert wird (2).

2. „Einverleibung“ und „embodiment“ der Sprache

Fragen wir nach der Verleiblichung der Sprache, wird sie als etwas identifizierbar, das sich, je nachdem negativ oder positiv, „verinnerlicht“, „verkörpert“, „verleiblicht“. Im anglophonen Wissenschaftsdiskurs, speziell in der Sozialanth-

---

6 Weltweit gibt es einen einzigen Lehrstuhl für Ritualistik/Ritualwissenschaft: „Religion and Culture, Wilfrid-Laurier-University, Waterloo/Canada“. Das Grundlagenwerk zur Ritualwissenschaft verfasste der Inhaber dieses Lehrstuhles: Ronald L. Grimes, Beginnings in Ritual Studies, Columbia ²1995.

7 Ursula Rao / Klaus Peter Köpping, Die „performative Wende“: Leben – Ritual – Theater, in: Dies. (Hg.), Im Rausch des Rituals. Gestaltung und Transformation der Wirklichkeit in körperlicher Performanz, Münster 2000, 1–31.

8 Vgl. den aktuellen Beitrag des Religionswissenschaftlers Michael Stausberg, Vor und nach der *middle passage*: Varianten des Ritualtransfers in der afroamerikanischen (Religions-)Geschichte, in ZfR 18 (2010): 39–69, hier 39.

9 John L. Austin, How to Do Things with Words (1961); dt.: Zur Theorie der Sprechakte, Stuttgart 1972; John R. Searle, Sprechakte. Ein sprachphilosophischer Essay, Frankfurt a.M. ⁴1990.

ropologie wird hier seit einigen Jahren das Konzept des „embodiment" bemüht.[10] Im Deutschen haben wir gegenüber dem englischen „body" den Vorteil, dass wir zwischen „Körper" und „Leib" unterscheiden. Der Begriff *Körper*, sprachgeschichtlich im lateinischen *corpus* verwurzelt, bezieht sich auf die strukturellen Aspekte menschlicher Physis. Diese wird verobjektiviert. Wir sprechen vom „Körper eines anderen" und bei einem Toten von seinem Körper (nie von dessen „Leib"). Im Gegensatz dazu bezieht sich *Leib* auf den lebendigen Menschen. Ich „bin Leib" und habe damit Gefühle, Empfindungen, Wahrnehmungen und Emotionen. Etymologisch gibt es die Verbindung vom neuhochdeutschen „Leib" zum englischen *life*, das im Altenglischen, Altfriesischen, Altsächsischen und Schwedischen mit *lif*, im Althochdeutschen mit *lib* und im Mittelhochdeutschen mit *lip* wiedergegeben wurde.[11] In der sprichwörtlichen Redewendung „mit Leib und Leben" klingt dieser sprachgeschichtliche Zusammenhang noch an. Mit dem Terminus „Leib" werden Vorstellungen konnotiert wie: eine lebendige „Person" zu sein, ein bewusstes „Selbst" zu haben, etwas „leibhaftig" zu erleben. Dagegen ist der „Körper" wie ein Gefäß oder ein Behälter, der erst zum Leben kommt, wenn er durch den Geist bzw. die Seele ge- oder erfüllt wird (vgl. das Englische „body", mit dem unser Wort „Bottich" sprachgeschichtlich verwandt ist).

Mit der Dialektik von „Körper" und „Leib" ist in etwa der Gegensatz zwischen σάρξ und σῶμα vergleichbar, um den im Neuen Testament die paulinische Anthropologie ringt. Dort wie bei *embodiment* bzw. „Verleiblichung" geht es nicht um scheinbar „objektive" *Sachverhalte*, die sich nach schlichten Kriterien falsifizieren ließen. Vielmehr konzentrieren wir uns mit der Theorie des *embodiment* auf *Prozesse*, die sich zunächst im „Subjekt" festmachen lassen und dessen ganzes Leben einschließlich der sozialen Vollzüge betreffen. Wir fragen damit nach der heilenden wie nach der zerstörerischen Macht, die jeweils von religiöser Sprache ausgehen kann. Diese hebt *per se* nicht nur kognitiv auf Bedeutungen ab. Religiöses Sprechen weckt im Zusammenhang von liturgischen Vollzüge Emotionen, es ruft beispielsweise Erregungszustände hervor, löst eine Katharsis aus oder berührt zumindest Gefühle. Dies geschieht durch ritualistische Wiederholungen und durch konkrete Inszenierungen. Diese knüpfen an Bekanntes an. Im Falle von Heilungszeremonien sollen dabei nicht nur physische Leiden eliminiert werden,

---

10 Vgl. zu den Konzepten von „Embodiment", welche teils in der neuesten Feminismus-, aber auch in der interkulturellen Pfingstkirchenforschung propagiert werden: Evan M. Zuesse, Art. Ritual, in: EncRel (E) XII (1987), 405–422; Simon Coleman, The Globalisation of Charismatic Christianity. Spreading the Gospel of Prosperity, Cambridge 2000, 117–142 („Words: from narrative to embodiment"); Thomas J. Csordas, Embodiment as Paradigm for Anthropology, in: Ethos 18 (1990), 5–47; Ders.: Language, Charisma, and Creativity. The Ritual Life of a Religious Movement, Berkeley 1997 mit dem Kapitel „Worship and Embodied Charisma" (108–114); Thomas Ots, The silenced body – the expressive *Leib*: on the dialectic of mind and life in Chinese carthartic healing, in: Thomas J. Csordas (Hg.), Embodiment and experience. The existential ground of culture and self, Cambridge 1994, 116–136; Allan Young, Bodily Memory and Traumatic Memory, in: Paul Antze / Michael Lambek (Hg.), Tense Past. Cultural Essays in Trauma and Memory, New York / London 1996, 89–102.

11 Vgl. Friedrich Kluge, Etymologisches Wörterbuch der deutschen Sprache, Berlin ^{23}1999, 511.

sondern persönliche Glaubenshaltungen eingeübt und krank machende „sündige" Strukturen, die etwa mit Alkoholabhängigkeit oder Gewaltausübung einhergehen, aufgebrochen werden.

Letztlich geht es bei dem englischsprachig *embodiment* genannten, noch sehr jungen Konzept in einer Vielzahl der Analysen um die Frage, wie aus dem „Körper" der „Leib" wird und umgekehrt.[12] Etwas kann „dynamisch vom Körper Besitz ergreifen" und sich dort „verleiblichen" (eher passive Rolle des Individuums) bzw. durch den Betroffenen selbst einverleibt werden (eher aktive Rolle des Individuums). Mir ist bekannt, dass in Teilen der neueren Embodiment-Forschung bewusst das, was man mit „Leib" bezeichnen kann, mit „Körper" identifiziert wird, um einem dualistischen Verständnis vorzubeugen, demzufolge „Körper" abwertende und „Leib" aufwertende Konnotationen erhält. Auch Friedrich Nietzsche, der mit der erste war, der ab 1881 auf den Begriff der „Einverleibung" kam und es sich zur Aufgabe machte, die Verhältnisse zwischen „Wahrheit" und „Macht" zu klären, ist vor einer solch dualistischen Betrachtungsweise nicht ganz frei. Er schreibt:

> „... die Triebe unterhalten als Fundament alles Erkennen, aber wissen, wo sie Gegner des Erkennens werden: in summa *abwarten*, wie weit das Wissen und die Wahrheit sich *einverleiben* können – und in wiefern eine Umwandlung des Menschen eintritt, wenn er endlich nur noch lebt, um zu erkennen."[13]

Hier gibt noch ein Optimismus den Ton an, der darauf hinausläuft, dass der Verstand das von den Trieben bestimmte Menschsein überwinden und ablösen müsse, um selbstbestimmt und angstfrei, dabei Macht ausübend, zu leben. Mir selbst geht es darum nachzuweisen, dass mit „Embodiment" – bzw. mit der vorsichtigen, keinesfalls manichäisch-dualistisch (miss-)zuverstehenden Differenzierung zwischen *Körper* und *Leib* – die menschlichen Erfahrungen gemeint sind, bei denen wir es mit Entgrenzung und mit Grenzüberschreitungen zu tun haben. Man denke an den Bericht des Paulus, dass er neben dem „im-Leib-zu-sein" das enthusiasmierende Erlebnis des „außerhalb-des-Leibes-zu-sein" gemacht habe (2 Kor 5,8f.). Hier kommen (Grenz-)Erfahrungen in den Blick, die von Liminalität bestimmt werden und sich nicht in empiristischer, biologistischer Weise auf

12 Vgl. den aktuellen Beitrag von Christian Strecker, „It matters!". Der Körper in der jüngeren neutestamentlichen Forschung, in: ZNT 27 (2011), 2–16. Viele *embodiment*-Forscher bevorzugen es, die Begriffe Körper/Leib gleichzusetzen und beide für auswechselbar zu erklären. Sie tun das, um so einer Begriffsverwirrung, die es im Deutschen im Unterschied zum Englischen geben könne, zu entgehen (1), die dualistischem Denken entspringende Unterordnung des *Körpers* unter den *Leib* zu vermeiden (2) und die Gefahr einer Verabsolutierung des Geistes zu umgehen (3). Wenn ich hier mit der im Deutschen möglichen begrifflichen Varianz, die die Begriffe *Körper* und *Leib* ermöglichen, spiele, dann um aufzuzeigen, dass es um liminale Spannungen und um Prozesse geht. Wer sich „leiblich" abgewertet erfährt und etwa sagt, er sei „körperlich krank", spricht im Deutschen eher vom „Körper". Doch möchte ich nicht dahin missverstanden werden, dass ich hier einem Dualismus das Wort rede. Das ist ganz und gar nicht der Fall. Es geht um psychosoziale Übergänge des „Subjektes".

13 Friedrich Nietzsche, Sämtliche Werke. Studienausgabe in 15 Bänden, hg. von G. Colli und M. Montinari, München 1980, Bd. 9, 495.

Phänomene reduzieren lassen, für die etwa nicht mehr Theologie und Kultur- wie Geisteswissenschaft, sondern die Hirnforschung zuständig sei. Mit den Selbstaussagen der Betroffenen, die durch die leibhaftige Präsenz des sogenannten „heiligen Geistes" die Aufwertung der eigenen Person im Sinne eines Kompetenz- und Machtzuwachses („empowerment") erfahren, thematisieren sie Bereiche, die subjektiv in einem „Zwischen" liegen, wo sich, über das Individuum hinausgehend, soziale „Kontaktzonen" verorten lassen, von denen etwa die paulinische Rede vom „Leib-mit-seinen-Gliedern" (1 Kor 12) berichtet.

Im Fall der vorliegenden Untersuchung kommen neben dem subjektiven Menschsein also die äußeren Sozialstrukturen in den Fokus – beide Bereiche sind ineinander verwoben und doch zu unterscheiden. Die teils traumatischen Erlebnisse von Migranten und Migrantinnen markieren Terrains, in denen Menschen leben, die auf der Flucht sind und sich in ihrer Suche nach Asyl im Zustand der Marginalisierung befinden. Sie erleben sich als Objekte unterschiedlicher soziopolitischer und religiöser Umstände, wie sie in vielen Staaten Afrikas vorherrschen. Und sie versuchen, sich in einer fremden Kultur neu zu verorten. Sie befinden sich damit inmitten von bestimmten physisch-psychisch-sozialen Übergängen. In Europa stehen sie häufig auch noch nach Jahren des Lebens hier unter „Kulturschock". Viele dieser Menschen befinden sich in einem chronischen Zustand der Desintegration. Sie fühlen sind körperlich, geistig und seelisch „krank", wie mir von ihnen immer wieder bestätigt wird. Meist werden gerade in solchen Krisen die bewährten kosmologischen und anthropologischen Konzepte, die aus den Herkunftskulturen stammen, weiterhin als Deutungsfolie bemüht. Maßgeblich bleibt die Unterscheidung zwischen sichtbarer und unsichtbarer Welt, der Glaube an gute Mächte wie die Engel und die Angst vor bösen Mächten wie den Dämonen.[14]

Die Laborsituation, die wir bei neopentekostalen christlichen Migranten und Migrantinnen aus Afrika vor uns haben, ermöglicht uns Einblicke in ihre Sprache des Glaubens, besser in ihr „Sprechen im Glauben". Letzteres weiß um die „Mächte und Gewalten", von denen das biblische Traditionsgut berichtet. Ihr Sprechen versteht, diese zu imaginieren und zu kontextualisieren – meist in einer Manier, die uns voraufklärerisch anmutet. Der damit verbundene Glaube sehnt sich danach, die „heilende Macht des Wortes" im Zusammenhang von Ritualen zu erfahren. Worte, die dabei an Menschen in der Not gerichtet werden, gelten nicht nur als „dahingesagt", erreichen sie doch häufig Menschen in Situationen der Unsicherheit, inneren Gebrochenheit und Marginalisierung. In dieser liminoiden Ohnmacht erfahren sich viele subjektiv viel weniger als „Leib", als dass sie sich mit ihrem „Körper im Schmerz" vorfinden, als Objekte, die körper-

---

[14] Der Begriff einer „Theologie der Performanz" ist für die Interkulturelle Theologie/Missions- und Religionswissenschaft m.E. neu. Auf der Website der Universität Paderborn ist in anderem Zusammenhang die Rede von „Praktischer Theologie *als* Performance" (Hvhg. M.F.), vgl.: www.uni-paderborn.de/…/personal/schroeter-wittke-harald/publikationen/ – 28k – (19.11.2007).

lich fragmentiert, sozial deklassiert und womöglich psychisch traumatisiert sind.[15]

Wenn nun Pastoren und christliche Heiler eine derartige Klientel bewusst im Sinne performativer Äußerungsakte an-sprechen, zielen sie mit ihrer spezifischen *Sprache des Glaubens* auf bestimmte Deutungen der narrativ vermittelten biblischen Botschaft mit ihren zahllosen Berichten von Heilungswundern. Diese werden durch die Mitglieder internationaler und neocharismatischer Pfingstkirchen in das „hier und heute" transponiert. Bei bestimmten Veranstaltungen und Gottesdiensten werden Heilungshandlungen explizit „im Namen Jesu" praktiziert und interaktiv inszeniert. Die Opposition von irdischer Existenz der Christusgläubigen und ihrer ersehnten himmlischen Heimat kommt in der paulinischen Perspektive, die unter dem Eindruck von Leiderfahrung steht und so in transnationalen Pfingstkirchen rezipiert wird, etwa in 2Kor 5,6–9 zur Sprache:

> *„6 So sind wir denn allezeit getrost und wissen: solange wir im Leibe wohnen, weilen wir fern von dem Herrn; 7 denn wir wandeln im Glauben und nicht im Schauen. 8 Wir sind aber getrost und haben vielmehr Lust, den Leib zu verlassen und daheim zu sein bei dem Herrn. 9 Darum setzen wir auch unsere Ehre darin, ob wir daheim sind oder in der Fremde, dass wir ihm wohl gefallen."*

Paulus bemüht hier unter Verwendung von ausgesprochenem Migrationsvokabular dreimal Begriffe, welche den mit dem Leben in der Fremde verbundenen Mangel bezeichnen: „heimatlos sein", „fremd sein", „auswandern". Die unerwünschte Existenz in einem als gebrochen erlebten *Leib*, der seiner Integrität beraubt ist, sehnt sich danach, „bei dem Herrn" („in Christus") zu sein, um sich ihm *einzuverleiben*, mit ihm *leibhaft* verbunden und so restituiert zu werden: *„Und wie jeder* (menschliche) *Körper besteht dieser Leib* (Christi) *aus vielen Teilen, nicht nur einem"* (1 Kor 12,14). Die Pfingstbewegung definiert sich in diesem Sinne als Kirche, der es um Entgrenzung geht: physisch-individuell, sozial, transkulturell, die Dimensionen Raum und Zeit umspannend.

„Verkörperte" bzw. „verleiblichte" (biblische) Sprache meint, dass es keine Sprache jenseits des raum-zeitlich situierten Vollzugs ihrer stimmlichen, schriftlichen oder gestischen Artikulation gibt.[16] „Es ist die Medialität der Sprache, die alle Vorstellungen, das Sprechen sei ein intentionales, intersubjektiv kontrollierbares Zeichenhandeln, zu kurz greifen lässt."[17] Das bedeutet, es „gibt" streng gesehen keine Botschaft ohne ihre stimmlich-leibliche Verkörperung. In ihrer Medialität liegt die vorprädikative Bedingung von Sprache begriffen.

15 Vgl. die hervorragende kulturgeschichtliche Studie von Elaine Scarry, Der Körper im Schmerz. Die Chiffren der Verletzlichkeit und die Erfindung der Kultur, Frankfurt a.M. 1992.

16 Vgl. Marvin Carlson, Performance. A Critical Introduction, London / New York 1996.

17 Sybille Krämer, Sprache – Stimme – Schrift: Sieben Thesen über Performativität als Medialität, in: Paragrana 7 (1998), 33–57, hier 39.

3. Ermächtigendes performatives Wort

3.1. „How to do things with words" (John L. Austin)

Für den hier zu untersuchende Fall mache ich mir die *Pragmatik* zu Nutze, eine Schulrichtung innerhalb der Linguistik. Was die Pragmatik auszeichnet ist, dass sie nicht nur den rhetorischen Gebrauch von Sprache, etwa hinsichtlich der eingesetzten Stilmittel untersucht. Man fragt vielmehr danach, welche Arten von *Sprachhandlungen* ein Sprecher einsetzt und *wie* er es tut, um Wirkungen zu erzielen. So formulierte John L. Austin (1911–1960) griffig, dass wir Antworten auf die Frage *How to do things with words?* suchen müssen. Es geht also ganz prinzipiell und wertfrei zunächst darum, „wie wir etwas mit Worten tun". Demnach sind Aussagen performativ, die nicht nur Handlungen beschreiben, sondern selbst Handlungen sind. Handlung und Äußerung konstituieren sich hier wechselseitig mittels ihrer Gleichzeitigkeit („Hiermit taufe ich dich auf den Namen …!") und mittels ihrer metaphorischen Kraft, bei der die Handlungsebene und die Inhaltsebene der Performanz sich wechselseitig konstituieren. Dabei haben besonders die von den Beteiligten bei dem zeremoniellen bzw. rituellen Akt mitgehörten Konnotationen des Gesprochenen eine entscheidende Funktion. „Austin stieß in der zeremoniellen Rede auf einen Sprachgebrauch, der sowohl die Idee der Sprache als eines Zeichensystems, das auf der repräsentationalen Differenz zwischen Wort und Sache basiert, wie auch die Idee von der Sprache als Instrument kommunikativer Verständigung unterminiert."[18] Gemeintes und Gesagtes, *significat* und *significans* fallen im Vollzug ineinander. John L. Searle etablierte als drittes Teilgebiet der Semiotik neben der Semantik und der Syntax die Pragmatik, welche sich mit ihren formaler Analyse zugrunde zu legenden „performativen" Normen und Regeln etabliert hat.[19]

Mit Paul Watzlawick ist ferner zu betonen, dass mittels der Pragmatik die verhaltensmäßigen *wechselseitigen* Wirkungen der Kommunikation thematisiert werden. Dies geschieht unter Berücksichtigung der Gestaltvielfalt von dynamischen Beziehungen und Wechselwirkungen.[20] Austin geht von der Erkenntnis aus, dass

---

[18] A.a.O., 40f.

[19] „Zur Aufstellung von Behauptungen, zur Erteilung von Befehlen oder zum Aussprechen von Bitten sind praktische Voraussetzungen zu berücksichtigen, die sie erst zu dem machen, was sie sind, wie: begründbare oder bestreitbare Überzeugungen, institutionelle Prozeduren oder sozial tolerierbare Fakten" (Dieter Mersch, Was ich meine, kann ich ausdrücken. Sprach- und Geistphilosophie bei John R. Searle, in: Ingeborg Breuer u.a., Welten im Kopf. Profile der Gegenwartsphilosophie, Bd. 3, Hamburg 1996, 141–153, hier 145). Vgl. auch John L. Searle, Was ist ein Sprechakt?, in: Horst Holzer u.a. (Hg.), Sprache und Gesellschaft, Hamburg 1972, 156.

[20] „So aufgefasst, gründet sich die Pragmatik auf die beobachtbaren Wechselwirkungen menschlicher Beziehungen im weitesten Sinn und ist damit der traditionellen Psychologie viel weniger verwandt als der Mathematik, die sich ja von allem Disziplinen am unmittelbarsten mit den *Beziehungen zwischen* und nicht der *Natur von* Entitäten befasst" (Paul Watzlawick u.a., Menschliche Kommunikation. Formen, Störungen, Paradoxien, Bern 1990, 22ff.).

wir mit sprachlichen Äußerungen etwas versprechen, drohen, warnen und das Verhalten anderer konkret beeinflussen, ja sie *expressis verbis* manipulieren können. Michel Foucault nützte solche Einsichten, um nachzuweisen, wie die Phänomene, die dem Leben des Menschen eigen sind, in die „Ordnung des Wissens und der Macht“, der Vernunft überführt werden können.[21] Macht gilt hiermit nicht als etwas, das neutral ausgeübt wird. Sie steht unter permanentem Missbrauchsverdacht. Die Frage, was das menschliche Leben insbesondere auszeichnet, wird in der *Postmoderne*, mit der wir es überraschenderweise auch bei der Pfingstbewegung zu tun haben, mehr und mehr abgelöst von der Frage nach der Verbesserungsbedürftigkeit des Menschen und nach der Wiederherstellung seiner Integrität, die nicht zuletzt von Krankheit angefochten wird.[22] Es geht in der Postmoderne um die Perfektionierung des Lebens. Damit kommt den welt-zerstörenden wie -schaffenden, den sinn-raubenden wie -konstituierenden Möglichkeiten von Sprache eine Sonderrolle zu. Sie kann durch Worte verletzen[23] und wiedergutmachen.

Die sprachphilosophische Erkenntnis des Linguisten Austin, dass „Sprechen“ und „Handeln“ in engstem Zusammenhang stehen, ist m.E. gerade für die Theologie von eminenter Bedeutung. Diese liegt im Hinweis begründet, dass die auf dem wechselseitigen Verhältnis zwischen Sprechen und Handeln beruhenden Zusammenhänge komplexer sind, als es eine simplifizierende Denkform wie die der herkömmlichen Logik beschreiben kann: Es ist hinlänglich diskutiert worden dass ein rein sprachlich bezeugter Glaube immer unter dem Vorbehalt steht, ein bloßes Lippenbekenntnis zu sein, bevor er nicht seine Glaubwürdigkeit erweist. Allerdings kommt bei dieser Sichtweise noch zu wenig zum Ausdruck, welche Dynamik bereits im Sprechen selbst liegen kann, wie wirkmächtig Sprache sein kann, indem sie sich *verkörpert* – ohne vorschnell nach „äußerlich erkennbarem“ Handeln zu schielen.

Innere Haltungen, Verhaltensmuster und Einstellungen, als die ich auch den Glauben bezeichnen möchte, werden durch konkrete Sprachen, durch Sprechen generiert. Glaube artikuliert sich in unterschiedlichen Sprachen und Sprechweisen. So ist Sprache als kommunikative Vermittlungsinstanz im Rahmen der Religionen maßgeblich dafür zuständig, sowohl Glauben darzustellen als auch zu ihm hinzuführen. Dies geschieht, formal betrachtet, etwa im religiösen Bekenntnis, in der Liturgie, in der Rezitation von heiligen Texten.

Im Folgenden geht es darum, der Dynamik auf die Spur zu kommen, die zwischen Sprechen und Glauben besteht. Dies kann gelingen, wenn die Dimension des Handelns in ihrem genuinen Abhängigkeitsverhältnis zum Sprechen und zum

---

[21] Vgl. Michel Foucault, In Verteidigung der Gesellschaft. Vorlesungen am Collége de France 1975/1976, Frankfurt a.M. 1996, 78–92.

[22] Vgl. Evelyn Hanzig-Bätzing, Entgrenzung als Bedingung gelingenden Lebens in der Postmoderne, in: Philosophisches Jahrbuch 107 (2000), 284–300.

[23] Vgl. Judith Butler, Hass spricht. Zur Politik des Performativen, Frankfurt a.M. 2006.

Glauben ernst genommen wird. Mithilfe der Sprechakttheorie von John L. Austin lassen sich Glaubensaussagen unterscheiden, die im Zusammenhang von sogenannten „illokutionären", und solche, die im Zusammenhang von „perlokutionären" Sprechakten stehen: „Der *illokutionäre* Sprechakt ist selbst die Tat, die er hervorbringt, während der *perlokutionäre* Sprechakt lediglich zu bestimmten Effekten bzw. Wirkungen führt, die nicht mit dem Sprechakt selbst zusammenfallen."[24] Um illokutionäre Sprechakte („Sie sind freigesprochen!") vom gesamten Sprachraum abzugrenzen, müsste untersucht werden, wie im Augenblick der Äußerung bestimmte Konventionen aufgerufen werden; wie und von wem die Person, die sie aufruft, dazu autorisiert ist; ob angemessene Umstände für die Äußerung vorliegen; und in welchen historischen – diachronischen sowie synchronen – Rahmen diese Äußerung hineingestellt wird, und *vice versa*, wie dieser Rahmen im Vollzug der Äußerung geschaffen und verändert wird.

Der Sprachphilosoph John Searle, ein Schüler Austins, machte dessen Theorie in einem Modell anschaulich.[25] Er erläutert sie mittels der Vorstellung von vier ineinander verschachtelten konzentrischen Kreisen.[26] Diese symbolisieren die folgenden ineinandergreifenden Dimensionen des Sprechaktes (hier von innen nach außen gehend aufgezählt): 1. Äußerungsakte (Worte), 2. propositionale Akte (Verweis auf andere Dinge), 3. illokutionäre Akte (Intention, in Interaktion zu treten) und 4. perlokutionäre Akte (Intention, Verhalten zu beeinflussen).

Alle vier Aspekte lassen sich anhand der Performanzen des Heilungsrituals in der weltweiten Pfingstbewegung historisch nachweisen. Wir konzentrieren uns hier nur auf die *perlokutionären* Akte. Es geht aber, um mit den hier vorgelegten Erwägungen über die von Searle hinauszugehen, im Falle der Pfingstbewegung nicht nur um die intentionale „Beeinflussung eines Verhaltens", wie es etwa im Falle eines perlokutionären Aktes geschieht. Vielmehr haben wir es bei dem jeweiligen sozial, zeitlich, räumlich und kulturell abzugrenzenden Beziehungsgeflecht der Pfingstbewegung mit einem komplexen, sozioreligiös zu beurteilenden Gebilde zu tun. Dieses entwickelt sich ständig weiter, indem es durch konkrete Prozesse gleichsam immer wieder aufs Neue hervorgebracht wird. Dazu gehören beispielsweise Gemeindegründungen, Migration oder evangelistische Aktivitäten, durch welche die eigene Identität sozusagen „wiedergeboren" werden soll. Eine derart vielschichtige Genese von Aktivität verdankt sich der Interaktion zwischen Einzelnen und bestehenden Institutionen sowie der Kooperation mit der vorgefundenen Gesellschaft. Hier werden Performanzen in der Intention inszeniert, das Verhalten der an ihnen beteiligten Interaktionssubjekte, die mehr sind als nur Empfänger im Zusammenhang eines Kommunikationsgeschehens, zu beeinflus-

---

[24] A.a.O., 11.

[25] Vgl. J.R. Searle, Sprechakte (Anm. 9), 38–78, und Ders., Intentionalität (Anm. 4), 225f.

[26] Vgl. die idealtypisch-schematische Darstellung zu Searles Sprechakttheorie unter: http://www.mediamanual.at/mediamanual/workshop/kommunikation/bedeutung/sprechakte01.php (09.09.2009).

sen, um in und zwischen ihnen Veränderungen zu bewirken. Es geht nicht nur um das von Menschen ausgehende performative Sprachhandeln, sondern auch um die implizit dahinter stehenden, sie tiefgründig prägenden Einstellungen, Haltungen und Wertvorstellungen, die jeweiligen vorausgesetzten biblisch bezeugten als heilig geltenden, ihrerseits die Akteure heiligenden und heilenden Handlungen. Von diesen ausgehend wird versucht, den Einzelnen und die Gemeinschaft interaktiv im visionären Vor-Blick weiterzuentwickeln.

Bei den pfingstlich-charismatischen, in der Regel international besetzten Massenveranstaltungen (*healing-crusades*, *miracles*, *mass-healing-campaigns*, *power-evangelism*) geht es tatsächlich um die positive Beeinflussung der ansonsten von vermeintlichen negativen Kräften dominierten Realität. Die Performanzen bedienen sich eines reichhaltigen liturgischen Sortiments: Zum Einsatz kommen traditionell-afrikanische Rhythmen, die zu christlichen Liedtexten erklingen, Lieder der klassischen Heiligungsbewegung, Tanz, Zungengebet, lange Predigten, Bekehrungsaufrufe und daran anschließende große Gemeinschaftsgebete, in denen Gottes Gegenwart über allen, die bedürftig sind, herabgefleht wird. Ziel ist, dass sich Gottes Wort im direkten Anschluss an seine Zitation und Verkündigung in konkreten Wundern, Heilungen, Zeichen, Prophetien und im wachsenden Wohlstand manifestieren möge. Wo der subjektive und kollektive Zustand der Fragilität vorherrscht, soll neue Energie strömen. Konkret: Der lahme, infolge eines Unfalls bzw. einer Verfluchung schlaff herabhängende Arm soll wieder von neuer Kraft erfüllt werden. Oder: Die Trockenzeit – ein ökologisches wie ökonomisches Desaster – möge von einer Phase neuen Regens abgelöst werden. Oder: Das vom Bürgerkrieg, Ausbeutung, Verfolgung, Vergewaltigung und Hunger gebeutelte Krisengebiet möge erleben, dass die betroffenen Völker zu echter Versöhnung finden.

3.2. Performativität der „Sprache des Glaubens"

3.2.1. Performanz und Resonanz des biblischen Wortes

Der Begriff „Performanz" umgreift einerseits das zu *verallgemeinernde* Moment der *Konstituierung* eines Phänomens, das vor dem Hintergrund von Traditionen, hier etwa in der Predigt des biblischen Wortes, *dargestellt* wird. Damit induziert der Terminus „Performanz" das Moment der jeweils *konkreten Präsentation*, mittels deren *Herstellung*, ausgehend von aktuellen Fragen, Platz frei geräumt wird für zukünftige Entwicklungen. In ihrer performativen Darstellung antworten die *vor* dem Podium, der Bühne oder der Kanzel Anwesenden auf die performative Herstellung, die auf dem Podium, der Bühne oder der Kanzel geschieht. Ähnlich der Vokabel *Resonanz*, die die aktive Erzeugung von Schwingungen und den Widerhall, das passive Erklingen beschreiben kann, vereinigt *Performanz* in sich die Aspekte der *Darstellung* und der *Herstellung*, des *Präsentiertwerdens* und des *Produzierens*.[27]

Die Begriffe *Performanz* (Partizip Präsens, als Aktionsbegriff, der einen engeren und konkreten Verständnisbezirk beschreibt) und *Performativität* (Partizip Perfekt, als Abstraktionsbegriff mit einem weiteren Verständnisradius, zur Beschreibung der konzeptionellen Verwirklichungsmöglichkeiten von Performanzen) bzw. das Adjektiv *performativ* sind dem Neuenglischen entlehnt. Dort werden mit dem Verb *to perform* Tätigkeiten bezeichnet wie „aufführen", „ausdrücken", „ausführen", „erlangen", „eine Angelegenheit vollenden", jemanden „mit einer Sache versehen", etwas „vollbringen" oder „fördern".[28] Maßgeblichen Anteil hat dabei die Ethnologie – verstanden als Kulturanthropologie im Sinne der im angloamerikanischen Wissenschaftsdiskurs so genannten *social anthropology* – u.a. mit der Rede von der *ritual performance*. Victor Turner (1920–1983), britischer Sozialanthropologe und Kulturtheoretiker, brachte den Begriff Ende der 1950er Jahre ins Gespräch:

> „*Performance* stammt vom mittelenglischen *parfournen*, später *parfourmen*, das auf das altfranzösische *parfournir – par* („gründlich") plus *fournir* („ausstatten") – zurückgeht, deshalb hat *Performance* nicht unbedingt die strukturalistische Implikation der *Formgebung*, sondern eher den prozessualen Sinn von ‚zur Vollendung bringen' oder ‚ausführen'."[29]

Von diesem Grundwort *performance* wurde nun ein immer wieder verändertes Konzept abgeleitet, dem sich verschiedene kulturwissenschaftliche Fachbereiche wie die Linguistik, die Medien- und die Theaterwissenschaft, die Soziologie, die Ritualtheorie und schließlich auch die Theologie mit jeweils unterschiedlichem Interesse zuwandten und es für ihren Bedarf weiterentwickelten. Die Attraktivität des Konzeptes von Performanz lässt sich daran erkennen, dass es den interdisziplinären Diskurs zwischen den genannten Wissenschaften stark befruchtet.[30]

Performative Äußerungen sind dabei immer präsentisch und affirmativ. Sie verändern dadurch, dass sie ‚geäußert' werden, Zustände in der sozialen Welt. Sie tun das, indem sie das performativ-faktisch konstituieren, was sie vermeintlich „nur" sprachlich-dramatisch-liturgisch hervorbringen. Derartige Äußerungen tun das in der Regel so, dass sie die „soziale Welt" mittels eines höchst komplexen Prozesses mit der „religiösen Sphäre" in Kontakt bringen (vgl. das „Ja-Wort" bei der Eheschließung). Prozesse, die zu solcher Kontaktaufnahme bzw. zur Transfor-

---

27 Hiermit beziehe ich mich auf Überlegungen, die auf den Austausch mit Christian Stecker zurückgehen. Vgl. Christian Strecker, Performative Welten. Theoretische und analytische Erwägungen zur Bedeutung von Performanzen am Beispiel der Jesusforschung und der Exorzismen Jesu, Habil.-Schrift Neuendettelsau 2002.

28 Vgl. F. Kluge, Etymologisches Wörterbuch (Anm. 11), 621.

29 Victor Turner, Vom Ritual zum Theater. Der Ernst des menschlichen Spiels, Frankfurt a.M. 1989, 143.

30 Vgl. den interdisziplinären Sonderforschungsbereiches „Kulturen des Performativen" an der Freien Universität Berlin: http://www.sfb-performativ.de/seiten/text_gesa.html (15.07.2007).

mation von Identität führen, lassen sich somit nachzeichnen, indem man nicht nur ihre niedergeschriebenen Liturgien, sondern ihre tatsächliche Praxis analysiert:

> „*Aufführen* (perform) heißt nicht so sehr, eine einzelne Tat oder Handlung ausführen, als *vielmehr einen in Gang befindlichen Prozess vollenden*. Ethnographien [resp. *Religiographien*; M.F.] als Theaterstücke *aufführen* heißt dann, uns ethnographische Daten in ihrer ganzen Fülle von Handlungsbedeutungen vor Augen zu führen. Der kognitive Reduktionismus erschien mir immer als eine Art Dehydrierung des sozialen Lebens. Gewiss lassen sich Strukturmuster erkennen, doch die Wünsche und Gefühle, die persönlichen und kollektiven Ziele und Strategien, auch die situationsbedingten Verletzlichkeiten, Überdrüssigkeiten und Fehler gehen bei dem Versuch zu objektivieren verloren, was eine aseptische Theorie des menschlichen Verhaltens zur Folge hat, die im Grunde auf ‚wissenschaftlichen', an mechanischer Kausalität orientierten Glaubensgrundsätzen des 18. Jahrhunderts basiert."[31]

3.2.2. Performanz: Ein brauchbares Theorem für die Theologie?

Bemerkenswert ist, dass sich der Performanz-Begriff in den letzten zehn Jahren im Fachbereich der Praktischen Theologie bzw. der Religionspädagogik größter Beliebtheit erfreut. Betrachtet man entsprechende Publikationen und aktuelle Forschungsprojekte, gehört er dort zu den aktuellen Leitbegriffen.[32] Das hier auf Religionsästhetik, Liturgiewissenschaft, Gottesdienstraum, Spieltheorie und Religionsunterricht angewandte Theorem hat meist die Praxis im Blick. Es geht, um einige Stichwörter zu nennen, um Performanz als „Darstellung", „Verkörperung" bzw. „Verleiblichung", „Aufführung", oder die Kategorie wird genannt im Zusammenhang von Themen wie „Körperlichkeit" versus „Leiblichkeit", „Kunst", „Rhythmus", „Embodiment", „Performanz vor dem Bild" oder „Performanz und religiöse Praxis".[33] In der aktuellen akademischen Philosophie findet sich die einschlägige Rede von der Performativität, so z.B. bei Dieter Mersch (Fachbereich Medienwissenschaft der Universität Potsdam). Es geht darum, die Zusammenhänge von Ereignis und Aura und die radikale Transformation der Kunst vom

---

[31] V. Turner, Vom Ritual zum Theater (Anm. 29), 143f. Zu bedenken ist allerdings, dass es der hier zitierte „späte" Turner zunehmend an der heuristisch wichtigen inhaltlichen Unterscheidung zwischen sozialanthropologischer, religiöser, theologischer und religionswissenschaftlicher Dimension im Blick auf die sog. *performance* vermissen lässt.

[32] Thomas Klie (Fachbereich Praktische Theologie an der Theologischen Fakultät der Universität Rostock) nennt auf seiner Website als einen seiner Forschungsschwerpunkte die „Formen zivilreligiöser und liturgischer Performanz (Spieltheorie)".

[33] Vgl. Thomas Klie / Silke Leonhard (Hg.), Schauplatz Religion. Grundzüge einer Performativen Religionspädagogik, Leipzig 2003, 7–16. Vgl. Thomas Klie, Performativer Religionsunterricht, in: Loccumer Pelikan 4/2003, 171–177; Hanna Roose, Performativer Religionsunterricht zwischen performance und Performativität, in: Loccumer Pelikan 3/2006, 110–115; Silke Leonhard, Wie lernen und lehren wir Religion? Zum Stil des (Performativen) Religionsunterrichts, in: Stil als Zeichen. Funktionen – Brüche – Inszenierungen, Beiträge des 11. Intern. Kongresses der Deutschen Gesellschaft für Semiotik (DGS), 24.–26. Juni 2005 an der Europa-Universität Viadrina, Frankfurt a.d.O. 2006. Siehe auch: www.sw2.euv-frankfurt-o.de/downloads/dgs11/index.htm (18.11.2007).

Werkhaften zum Performativen[34] zu verstehen, um die sich auch Jürgen Habermas' Theorie des Sozialen bemüht, wenn sie zwischen Arbeit und Interaktion einerseits und Kommunikation anderseits unterscheidet.[35]

3.2.3. Performanz und Performativität

Performanzen (englisch *performances*) sind zu verstehen als die Aufführung oder der Vollzug von Handlungen. „*Performanz* (als Fähigkeit eines Sprechers ... als ein sprachliches Tun, ein Handeln mit Worten; als Vollzug, Aufführung oder Inszenierung) scheint immer ein autonom agierendes Subjekt vorauszusetzen im Unterschied zur *Performativität.*"[36] Performativität bestreitet gerade die Vorstellung eines autonomen, intentional souverän handelnden Subjektes, über das sie hinausblickt. Sie nimmt kulturelle Prozesse in den Blick, in die ein kollektives Interaktionssubjekt involviert ist.[37] Mittels der Analyse konkreter Performanzen hingegen lassen sich die Aspekte der Herstellung und der Darstellung, des Produzierens und des Präsentiertwerdens nachzeichnen. Dabei bedingen sich die aktional-enger ausgerichtete Frage der *Performanz* nach der Theatralik, nach der Inszenierung als solcher und die nach der Effektivität ausgerichtete Frage der *Performativität*, der es auch um Abstraktion vom Konkreten geht, gegenseitig. Mit der Rede vom interaktiven Äußerungssubjekt wird die willkürlich getroffene Unterscheidung zwischen „kollektiver" bzw. interpersonaler und „subjektiver" Identität da überwindbar, wo sie die zu erkennenden Zusammenhänge eher verschleiert, anstatt sie deutlich zu machen. Gut verdeutlicht in diesem Zusammenhang Dieter Mersch, was die auf binäre oder dialektische Logik abzielende Definition des Äußerungssubjektes verunmöglicht:

> „Die Andersheit des Anderen erweist sich als jener *‚Zug', der Bezüge setzt, ohne sich ‚als solcher' zu zeigen. Er entzieht sich der Bestimmung.* Die performative Setzung bezeichnet folglich *ein Geschehen, das sich aus solchem Entzug ereignet.* "[38] „Der Vollzug der konkreten, kontextualisierten *Performanz* als Wiederholung erst bringt das Allgemeine, die *Performativität* hervor."[39]

---

34 Vgl. Dieter Mersch, Ereignis und Aura. Untersuchungen zu einer Ästhetik des Performativen, Frankfurt a.M. 2002; Ders. / Jens Kertscher, Performativität und Praxis, München 2003.

35 Vgl. Jürgen Habermas, Technik und Wissenschaft als Ideologie, Frankfurt a.M. 1976, 62ff., sowie Ders., Theorie des kommunikativen Handelns, 2 Bde., Frankfurt a.M. 1982.

36 Gerald Posselt, Katachrese. Rhetorik des Performativen, München 2005, 56.

37 Vgl. den Soziologen und Interaktionsforscher Erving Goffman, Wir alle spielen Theater, München 1983 (engl. 1959); Ders., Encounters, Indeanapolis 1961. Zum Beitrag E. Goffmans zur Performativitätsforschung vgl. Constanze Bausch, Die Inszenierung des Sozialen. Erving Goffman und das Performative, in: Christoph Wulf / Michael Gröhlich / Jörg Zirfas (Hg.), Grundlagen des Performativen, Weinheim/München 2001, 203–225.

38 Dieter Mersch, Ereignis und Respons. Elemente einer Theorie des Performativen, in: Ders. / Jens Kertscher (Hg.), Performativität und Praxis, München 2003, 69–94, hier 92 (Hvhg. M.F.).

39 G. Posselt, Katachrese (Anm. 36), 56. 230f.

Der Einzelne (bzw. das Kollektiv) „erlebt“ Performanzen viel weniger bewusst, als dass er sie mit seinem Leib, mit seinen Gedanken, seinen Sehnsüchten, seinen Empfindungen, seinen Gefühlen sowie mit seinen Glaubensüberzeugungen selbst auf dreierlei Weisen mitkonstituiert: Im öffentlich-pluralen Miteinander (1), im aktual-prozesshaften Handeln durch die Wiederholung (2) und auf der Ebene des leiblich-sprachlichen Erlebens durch die eigene Präsenz (3). Damit sind drei der Eckpunkte bezeichnet, die für Performativität/Performanz wesentlich sind: das Forum einer *Öffentlichkeit*, die *Wiederholung* und die *Einverleibung*. Jeweils stehen dabei die Leiblichkeit und die Sprachlichkeit des Menschen in einer gewissen, nicht aufzulösenden Spannung.

3.3. „Communitas“, „flow“ und „Globalisierung von unten“

Victor Turner versteht unter der *Communitas*, die sich hier im kollektiven Interaktionssubjekt konstituiert, ein „wesenhaftes Wir“, eine „Gemeinschaft Gleichgesinnter“, die sich ebendort bilden kann, wo „Sozialstruktur nicht zu finden ist. [...] Liminalität, Marginalität und Inferiorität sind Eigenschaften der Communitas, und ohne diese Dialektik von Anti-Struktur und Struktur, von Communitas und Sozialstruktur kann [...] keine Gesellschaft auskommen. Sie birgt in sich die potentielle Möglichkeit zur Veränderung und Neuerung.“[40] Der *flow* spielt bei allen performativen Riten eine bedeutende Rolle.[41] Als einer der herausragenden Vertreter der Ritualforschung wurde in den 1970er Jahren der ungarische Psychologe Mihaly Csikszentmihalyi (geb. 1934) mit dem „flow“-Begriff in Chicago bekannt.[42]

Dieser facettenreiche Diskurs zeugt von der Wechselseitigkeit der Prozesse, welche zwischen Nzambe-Malamu und den verschiedenen weltweiten Kontexten bestehen, mit denen sich diese Kirche im Austausch befindet. Um das „Fluide“ („Liquide“) des Phänomens der Globalisierung zu beschreiben, bemüht Ulrich Beck, mit soziopolitisch justiertem Blick auf die Globalisierung, das Konzept der „Kosmopolitik“ und betont:

> „Da die Metapher des ‚Stromes‘ und des ‚Fließens‘ so eingängig ist, ergibt sich die Frage, ob ‚Ströme‘ (oder ‚Netzwerke‘ ...) ... unabhängig von nationalen, transnationalen und politisch-ökonomischen Strukturen sein können. ... Manchmal wird Transnationalismus begrenzt auf *Kosmopolitisierung von unten*, auf Aktivitäten von Migranten, soziale Bewegungen und Gruppen, die Netzwerke und Lebensformen über Grenzen hinweg aufbauen und mit Leben füllen.“[43]

---

[40] Rolf Gehlen, Art. Liminalität, in: HrwG 4, Stuttgart 1998, 60.

[41] Vgl. zum „flow“ die inhaltsverwandten Begriffe „schöpferische Leidenschaft“ aus der Reformpädagogik von Kurt Hahn und „Polarisation der Aufmerksamkeit“ von Maria Montessori.

[42] Mihaly Csikszentmihalyi, Das flow-Erlebnis. Jenseits von Angst und Langeweile: im Tun aufgehen, Stuttgart 1987.

[43] Ulrich Beck, Der kosmopolitische Blick oder: Krieg ist Frieden, Frankfurt a.M. 2004, 124 (Hvhg. M.F.).

Was ist die besondere Funktion des *flow* beim Kulturtransfer und wie kommt er dabei zustande? Und: Ist er künstlich oder echt? Die Frage ist falsch gestellt, ob beim flow-Erlebnis das „Gespielte" das „Echte" ist oder umgekehrt. Der an einem performativen Ritual mit transkultureller Qualität Teilnehmende überwindet im Idealfall die dualistische Perspektive. Indem er die Rolle des Kranken und zu Heilenden spielt, imaginiert er sich selbst. Das eine schlägt in das andere um. Als „vielleicht deutlichstes Anzeichen von *flow* ist das Verschmelzen von Handlung und Bewusstsein"[44] zu nennen. Ein Mensch im flow-Erlebnis hat keine dualistische Perspektive. Er ist sich zwar seiner Handlung bewusst, nicht aber seiner selbst.

Damit ist dieses Konzept passgenau dazu geeignet, die inhaltliche Bedeutung liminaler Riten zu erschließen. Wenn V. Turner im Zusammenhang der Bedeutung der *Communitas*, welche in unserem Zusammenhang eine interkulturelle, transnationale und multikonfessionelle ist, sich auf die Kategorie des flow-Erlebnisses beruft, dann aus folgendem Grund: Die Krise und die Bewältigung der Krise bei Schwellen- und Umwandlungsriten liegen nahe beieinander; die Krankheit und die Heilung von der Krankheit in der auf Liminalität angelegten Inszenierung beim performativen Heilungsritual auch. Die *Anti-Structure* der *Communitas* ist Ausdruck eines subversiven sozialen und kulturellen Potentials. Habitusformen, die auf dem durch Migration, Globalisierung und religiöse Transformationen dominierten Feld erworben wurden, werden performativen Prozessen unterworfen.[45]

4. Ritualtransfer

4.1. Ritualtransfer und Transnationalität

„Im Rausch des Rituals" ist der illustrative Titel einer Aufsatzsammlung zum Thema „Ritualdynamik". In kulturwissenschaftlicher Sicht widmen sich die Autoren auch der Frage des Ritualtransfers.[46] Rituale werden hier als bedeutungs-

---

44 M. Csikszentmihalyi, Das flow-Erlebnis (Anm. 42), 61.

45 In dieser Debatte ist es daher lohnend und spannend, neue Anregungen aufzunehmen, die sowohl aus Asien als auch aus Afrika kommen: So hat der indische Kulturwissenschaftler Arjun Appadurai das Thema eingebracht unter dem Titel „Grassroot Globalization and the Research Imagination", nachzulesen in der Zeitschrift: Globalization 2 (2000), 1–19. Dort arbeitet Appadurai den der „Globalisierung von unten" eigenen *flow* heraus und knüpft an Victor Turners Theorien an (a.a.O., 5f.). Vgl. Appadurais Monographie: Modernity at Large – Cultural Dimensions of Globalization, Minneapolis 1996, wo er betont: „From the perspective advanced here globalisation itself is a deeply historical, uneven, and even *localizing* process" (a.a.O., 17). Der ghanaische Theologe Kwame Bediako spricht ebenfalls dezidiert von *Globalisierung von unten* („globalisation ‚from below'") in: Ders., Africa and Christianity on the Threshold of the Third Millenium: the Religious Dimension, in: African Affairs 99 (2000), 303–323, hier 314.

46 U. Rao / K.P. Köpping (Hg.), Im Rausch des Rituals (Anm. 7).

offene transformative Performanzen definiert. Unter anderem zeigen die aus den weltweiten Kulturen und ihren Religionen angeführten Beispiele, dass die Rolle des „Performers", des Ritualleiters, sehr wichtig ist. Durch seine Fähigkeit zur Verfeinerung des bloßen, der „Welt" angehörenden *Körpers* zum seiner und des Wirkens Gottes durch den heiligen Geist bewussten *Leib* sollen „die ‚Urkräfte' der menschlichen *Persona* zugänglich gemacht werden, die in der Performanz dann auch im Zuschauer geweckt werden können"[47]. Dabei darf die Aufmerksamkeit nicht nur der Resonanz der Ritualteilnehmer auf das Geschehen, in das sie involviert sind, gelten. Es genügt auch nicht, sich auf bestimmte Körpertechniken, durch die etwa die Wirklichkeitswahrnehmung angeregt und verändert werden soll, zu konzentrieren oder danach zu fragen, wie Trancen herbeigeführt werden. Die identitätsstiftende Effektivität einer Performanz als einer die „Welt" und den „Glauben" konstituierenden Kraft hängt darüber hinaus maßgeblich von der Kodierung des Rahmens ab, in dem sie stattfindet.

Es geht aber nicht nur um die *Performanz* als einer Ermöglichungsbedingung des Sprechens in Bezug auf den Glauben, sondern um die *Performativität* religiöser Sprache. Die Antwort auf die Frage, wie sich Performanzen strukturell als konstitutiv für die Ermöglichung des Glaubens erweisen, lautet: Performative Äußerungen tun, was sie sagen, und zwar im Ereignis des Sprechens. Sie sind nicht nur konventional, sondern *rituell*. Rituale bauen als religiöse Basishandlungen auf sieben Konstanten auf: 1. Einleitung; 2. Charakter der Wieder-Holung; 3. das Wort (Mythos); 4. Öffentlichkeit mit festgelegtem Ablauf; 5. Vermittlung ethischer Normen/Werte (implizit und explizit); 6. Transzendenzbezug durch religiöse Basishandlungen; 7. Symbolträger als vielschichtige Aggregate, welche mittels des Analogiegesetzes durch Bündelung von Analogien zustande kommen.[48]

Die Äußerungen funktionieren als Äußerungen dabei nur, wenn sie in Form eines *Rituals* auftreten.[49] Das bedeutet, dass sie in der Zeit *wiederholbar* sind und damit ein *Wirkungsfeld* aufrechterhalten, das sich nicht auf den Augenblick der Äußerung selbst beschränkt. Dieses Wirkungsfeld ist im vorliegenden Fall von Nzambe-Malamu durch seine Mehrdimensionalität charakterisiert. Diese wird ersichtlich in interkultureller (transkultureller), in synchroner (geschichtlicher) und in diachroner (aktualer) Perspektive. Es hat somit eine Netzwerkstruktur, die sich durch Anschlussstellen auszeichnet, welche in diese drei unterschiedlichen „Richtungen" weisen. Der illokutionäre Sprechakt vollzieht die Tat *im Augenblick* der Äußerung. Da dieser Augenblick jedoch ritualisiert ist, handelt es sich niemals bloß um einen einzelnen Augenblick. Der *ritualisierte Augenblick* stellt

---

47 U. Rao / K.P. Köpping, Die „performative Wende": Leben – Ritual – Theater (Anm. 7), 13.

48 Vgl. Theo Sundermeier, Was ist Religion?, München 1999, 85ff.

49 Rituale unterliegen stets strukturellem Wandel, kontextuellen Änderungen und sind per se dynamisch. Die in der emischen Perspektive vorhandene Wahrnehmung der Unveränderbarkeit von Ritualen bleibt trotz solcher etisch festzustellenden Änderungen zumeist erhalten.

vielmehr eine kondensierte Geschichtlichkeit dar: Er überschreitet sich selbst in die Vergangenheit und in die Zukunft, insofern er ein Effekt vorgängiger und zukünftiger Beschwörungen der Konvention ist, die den einzelnen Fall der Äußerung konstituieren und sich ihm zugleich entziehen.

Das hier zu verhandelnde Thema wird konkretisiert durch Feldforschungen in pfingstlich-charismatischen Migrationsgemeinden der Kirche Nzambe-Malamu. Ihr kultureller Hintergrund liegt im zentralen Afrika in der Demokratischen Republik Kongo und in Angola. Durch Migration und Gemeindeneugründungen kommt es in Europa zu Überlappungen mit der hiesigen Kultur in ihrer säkularen wie in ihrer christlichen Variante. Im Zusammenhang ihrer transkulturellen Praxis öffnen sich die Diasporagemeinden Nzambe-Malamus und anderer, aus Afrika stammender Kirchen immer mehr auch für Mitglieder aus dem deutschen Kulturkreis. Der damit einhergehende Ritualtransfer ist speziell im Zusammenhang von pfingstlich-charismatischen Heilungsgottesdiensten als dynamischer Faktor erkennbar. Im folgenden Abschnitt wird, ausgehend von einem Heilungsritual bei der Kirche Nzambe-Malamu, das am 1.11.2006 in Frankfurt a.M. stattfand, eine Variante der Interkulturalität des Christentums als Beispiel für religiöse Globalisierung erkennbar. Öffentliche, Aufsehen erregende Heilungsgottesdienste erhalten ihre attraktive Dynamik nicht zuletzt durch ihre ritualbildende Sprache.

„Ritualtransfer" beinhaltet einen Wechsel eines Rituals oder einzelner Ritualelemente in einen anderen oder veränderten Kontext. Transferprozesse, in deren Verlauf auch die Möglichkeit des Vergehens und der Neuerfindung von Ritualen eingebettet ist, laufen sowohl im gegenwärtig festgelegten Raum als auch unter Berücksichtigung der Perspektive der Zeit ab. Dies impliziert im Falle von Migration, Globalisierung, Multikulturalität und weltweiter Vernetzung religiöser, individueller und sozialer Identitäten und ihrer Institutionalisierung sowohl die Erfahrung von Verlust als auch die von Gewinn durch „Re-Invention bzw. Invention, die Rezeption und die Transformation von Ritualen"[50]. Die Änderung des Kontextes bedingt Modifikationen der ritualimmanenten Dimensionen. Kontextaspekte können sich dabei gegenseitig beeinflussen, was besonders bei interkulturellen Ritualtransfers der Fall ist. Besonders bei dem dynamischen Diskurs, der von multikonfessionellen und multisozialen Bedingungen im Zusammenhang der Migrationsbewegungen mitbestimmt wird, spielt religiöse Identität eine prominente Rolle.

---

[50] Robert Langer / Dorothea Lüddeckens / Kerstin Radde / Jan A.M. Snoek, Ritualtransfer, in: Robert Langer / Raoul Monika / Michael Ursinus (Hg.), Migration und Ritualtransfer, Frankfurt a.M. 2005, 23–34.

4.2. *Kontextaspekte*

Kontextaspekte sind definiert als empirisch beobachtbare und kulturwissenschaftlich beschreibbare Felder, die stets miteinander und mit dem Ritual als solchem in Wechselwirkung stehen: Dazu zählen Medien, in denen das (Prä-)Skript bzw. die Ausführung des Rituals gefasst sind; ferner das geographisch-räumliche, das kulturelle, das religiöse, das politische, das ökonomische, das soziale und das geschlechtsspezifische Umfeld sowie die Trägergruppe des Ritualtransfers und ihre Zusammensetzung. Die historischen Zusammenhänge der genannten Felder untereinander bilden den historischen Kontextaspekt des Rituals in synchroner Hinsicht.[51]

4.3. *Ritualimmanente Aspekte*

Nicht alle ritualimmanenten Aspekte müssen sich im Zusammenhang von Transferprozessen im Falle reziproker Wechselwirkungen gleichermaßen verändern: das „Skript“, die Performanz und ihre Performativität, die Ästhetik, die Struktur, die Tradierung als Transmission und somit als Katalysator bei der Synchronisierung von inneren und äußeren Inhalten, die Intention, die (Selbst-)Referentialität, die Interaktion, die Kommunikation, die (psychologische bzw. soziale) Funktion, die Medialität, die Symbolik und schließlich die Bedeutung, welche die Ritualteilnehmenden dem Ritual zuschreiben.[52]

4.4. *Die Ebene der Teilnehmenden*

Es geht um die aktiv sowie die passiv Teilnehmenden (Akteure/Rezipienten) und die diesbezüglich wahrnehmbaren Machtstrukturen. Ersichtlich wird der unterschiedliche Grad der Involvierung der Teilnehmenden. Es gibt, vergröbernd gesagt, die Hauptakteure und den „Chor“; und dann den „unsichtbaren“ Teil der Gemeinschaft, welcher nicht direkt vor Ort ist, aber doch „partizipiert“ und Einfluss auf Ritual und Ritualgestaltung nimmt.

4.5. *Liminalität als kulturtechnische Erzeugerin von Performanzen*

Victor Turners doppeltes Verdienst war es, Arnold van Genneps Konzept der Übergangsriten (1909) von traditionalen, verwandtschaftlich organisierten Gesell-

[51] Vgl. a.a.O., 24f.
[52] Vgl. a.a.O., 25f.

schaften auf Gesellschaften zunehmender Spezialisierung und Komplexität bzw. auf Formen sozialen Wandels zu übertragen. Dabei hat er die mittlere der drei rituellen Phasen bzw. Einzelriten aus van Genneps Systematik (I. Trennungsriten; II. Schwellen- bzw. Umwandlungsriten; III. Angliederungsriten) herausgestellt und als zwei Phasen zwischen der ersten (I. Bruch) und letzten Phase (nun IV. Reintegration/Anerkennung) beschrieben, nämlich als *Krise* (II.) und *Bewältigung* (III.). Dieses soziale Drama, das er auch als „latenten Bestandteil der ästhetischen Darstellungsform des Bühnendramas“ wiedererkannte, diagnostizierte er nun als die wesentliche, das „Drama des Lebens“ mitbestimmende soziokulturelle Innovation. Er beschrieb Letztere (vor allem mit den beiden mittleren rituellen *liminalen* Phasen) als transformierende Kulturtechnik, die, besonders im Spiel bzw. im subkulturellen Freizeitverhalten (das rituell *Liminoide*), leicht erkennbare, aber viel tiefer im menschlichen Bedürfnis verwurzelte soziokulturelle Strategien sind.

Die dabei hervorgerufenen Dynamiken helfen, Statusübergänge welcher Art auch immer zu bewältigen und zu steuern, wobei stets Machtverlust und Machtzuwachs eine Rolle spielen. Wie Werner Kahl[53] die These weiterentwickelt, dass ein erzählter Wunderbericht seine innere Dynamik durch eine Bewegung von einem Mangel hin zu seiner Überwindung erfährt, so, meine ich, kommt der Transfer bei sich meist auf liminale Verhältnisse beziehenden Ritualen nicht zufällig zustande. Es sind Menschen oder soziale Gruppen, die sich infolge ihres (geringen) Alters, sozialer oder geschlechtlicher Unterprivilegiertheit oder wegen anderweitiger ethnischer oder ökonomischer Ausgrenzung als Marginalisierte erleben. Sie lassen sich als Subjekte auf Rituale ein, welche transferielle Inhalte transportieren.[54]

---

53 Werner Kahl, Miracle Stories in their Religious-Historical Setting, Göttingen 1994, 45f. Kahl bezieht sich hier auf das narrative Schema der französischen Schule A. J. Greimas' (Elemente einer narrativen Grammatik, in: Heinz Blumensath (Hg.), Strukturalismus in der Literaturwissenschaft, Köln 1972, 47–67), welches vierteilig ist und von Hendrikus Boers (Neither on This Mountain Nor in Jerusalem. A Study of John 4, Atlanta 1988, 9) für das Neue Testament erschlossen wurde. Es wurde durch W. Kahl ergänzt durch einen vorangestellten fünften Aspekt mit der Frage nach den Funktionen des narrativen Programms: *I. Functions of Narrative Performances* (Leitmotive des Wunder-*Narratives*, herzuleiten von der Wundererzählung); *II. Lack* (Subjekt in Spannungszustand befindlich hinsichtlich eines Objekts, das Mangel hervorruft); *III. Preparedness* (ein anderes Subjekt, ausgerüstet mit dem Willen und der Kraft, dem ursprünglichen Mangel mittels *Performanz* Abhilfe zu leisten); *IV. Performance* (Subjekt greift aktiv ein mittels *Performanz*, um die ursprüngliche Mangelsituation umzudrehen); *V. Sanction* (Beurteilung der Bereitschaft, das Ergebnis der *Performanz* anzuerkennen). W. Kahl verdeutlicht: „The Narrative Schema helps to *identify* the phases in the flow of the narrative by locating them in an overall structure. It should be noted that only one of these phases represents the statement of an *action* (performance), and all the others are, strictly speaking, statements of a *circumstance* (lack, preparedness, and sanction)“ (a.a.O. 46). Nicht übersehen werden sollte m.E. aber, dass auch diese *Umstände* unabdingbare, weil Voraussetzungen schaffende Bedingungen für Performanzen sind. W. Kahl räumt ein, dass dieses Schema sehr rudimentär ist und entsprechend der jeweiligen Wundererzählung mit ihrem Narrativ entsprechend ihrer Komplexität erweitert und modifiziert werden muss, bei gleichbleibender Grundstruktur (a.a.O. 47f.). Vgl. auch Erhardt Güttgemanns, Einleitende Bemerkungen zur strukturalen Erzählforschung, in: Linguistica biblica 23/24 (1973), 2–47.

54 Statt von „Mangel“, der die negative Seite der Motivation bezeichnet, spricht Gayatri Chakavorty Spivak im Gefolge von Karl Marx und in Abgrenzung zu Deleuze und Guattari von „Begehren“, in: Can the Subaltern Speak? Postkolonialität und subalterne Artikulation, Wien 2008, 19.24.

5. Ritualtransfer im Wunderheilungsgottesdienst

Bei dem Fallbeispiel, von dem mehrfach die Rede war, müssen wir uns auf eine kurze Sequenz aus der Predigt beschränken. Zuvor gehe ich auf die Kontextaspekte ein (5.1.), um dann die ritualimmanenten Aspekte und die Rollen des Performers und der Teilnehmenden zu untersuchen (5.2.) und ein kurzes Resümee zu ziehen (5.3).

5.1. Das Setting des Wunderheilungsgottesdienstes

Die eventartige, längerfristig geplante und angesetzte Veranstaltung fand im ekklesiogenen Beziehungsgeflecht von Nzambe-Malamu statt. Zum Rahmen des Heilungsgottesdienstes: In dem öffentlichen, von Nzambe-Malamu angemieteten Veranstaltungsort, dem „Saalbau Titus-Forum" in Frankfurt a.M., waren ca. 500 Personen versammelt. Bei den Anwesenden handelte es sich, was ihre Herkunftskulturen angeht, um ca. 400 Personen mit afrikanischem, 50 mit deutschem und 50 mit anderweitigem ethnischen Ursprung. Fast alle haben in Deutschland ihren Hauptwohnsitz und stammen aus den 17 Nzambe-Malamu-Gemeinden, die zwischen Stuttgart und Berlin und zwischen Trier und Nürnberg verstreut liegen. In der Herkunft der Teilnehmer spiegelt sich die Internationalität der deutschen Nzambe-Malamu wider, zumal der Anteil an Deutschen und anderen Europäern sowie Asiaten und Lateinamerikanern mit etwa 20% nicht unerheblich ist.

Für die Teilnehmenden an diesem für transnationale Kirchen relativ typischen internationalen Gottesdienst bestand der Einstieg im „Lobpreis" und damit im Angebot zur rituell geförderten Loslösung aus ihrem alltäglichen sozialen, kulturellen, ethnischen und ökonomischen Kontext. Der durch Lobpreislieder, Bands, Chöre sowie einen Vorsänger geschaffene akustische, emotionale und durch leibliche Resonanzen gebildete „rhythmische Raum" lässt erkennen: Hier geht es um die Erzeugung einer bewusst anvisierten „interkulturellen Trance" oder zumindest um die Begegnung mit dem Thema der „Loslösung von dieser Welt, von den als negativ erlebten Mächten, die dein Leben regieren wollen" mittels Lobpreis und Liedern. In allen beobachteten und analysierten Ritualen werden die Teilnehmenden in subtiler (nicht ausgesprochener) Weise eingeladen und ermuntert, einen Zustand physischer und emotionaler Grenzenlosigkeit zu erreichen.

In einem vorbereitenden Teil des Gottesdienstes in Frankfurt a.M. erkennen wir ein Angebot, emotional in einen Zustand der Trance zu gelangen. Hiermit wird eine transkulturelle Situation herbeigeführt. Dazu animiert u.a. das Singen von afrikanisch-deutschem hybriden Liedgut. Aus Afrika stammende Teilnehmende erfahren einen Wechsel, wenn die ihnen bekannten Rhythmen in den deutsch-europäischen Kontext hinein transferiert werden, indem ihre mitgebrachten Liedtexte teils in das Deutsche übersetzt werden, in das Idiom der so genannten Aufnahme- oder Mehrheitsgesellschaft. Auf der anderen Seite können Deutsche bzw. deutsch sprechende Nichtdeutsche hinüberwechseln in die exotische Welt afrikanischer Rhythmen und Tänze, und sie können sich willkommen oder zumindest mit der im Gottesdienst anwesenden „multikulturellen Mehrheitsgesellschaft" verbunden fühlen. Die Gemeinde wird unterstützt durch rituelle Techniken, wie das Hin- und Herbewegen des Körpers, das Singen unter der Führung des Chores und die Reaktion auf den starken Rhythmus der Trommeln, die synchron zum menschlichen Herzschlag ertönen, der wiederum durch die Schnelligkeit der Trommeln beschleunigt wird. Es ist ihnen möglich, mit Hilfe der Liedtexte, die per Videoprojektor auf eine Leinwand über der Bühne projiziert werden, mitzusingen oder, ohne stimmlichen Ausdruck, im Sitzen oder Stehen und rhythmisch mit der Melodie mitzuschwingen.

Moderne Techniken werden zusammengebracht mit unterschiedlichen traditionellen Elementen und verbinden sich zu einem hybriden Kunstwerk. Dahinter verbirgt sich wohlgemerkt kein bewusster Konstruktionsplan. Das Ganze verläuft eher intuitiv oder aus einer Mischung von aktiv getroffenen Entscheidungen und Reaktionen, mit denen auf bestimmte Impulse respondiert wird. Die Teilnehmenden mögen dabei die Grenzen ihres Alltagslebens und ihre Situation, die von der frustrierenden und emotional kalten Anonymität der westlichen Städte, Fabriken, U-Bahn-Stationen und Einkaufszentren geprägt sein mag, vergessen. Sie – und auch die deutschen Teilnehmenden, die ähnlichen Schmerz und ähnliche Frustrationen in ihrem Leben erfahren mögen – können sich so loslösen von ihrem dunklen Alltagsleben. Sie werden im Verlauf des Loslösungsritus einerseits bewusst isoliert und andererseits zusammengeschweißt zu einem neuen gemeinschaftlichen Gefüge, dem man in seiner Identitätskonstruktion „körperliche" Eigenschaften zusprechen kann: Sie werden zu einer fragilen interkulturellen „Einheit auf Zeit", in der die Erfüllung unterschiedlicher mitgebrachter Wünsche und Sehnsüchte erwartet wird, wie sie bei Krankheit, Arbeitslosigkeit, Spannungen in der Ehe oder Familie, oder durch die Entfremdung in einer fremden Gesellschaft auftreten.

5.2. Analyse der Heilungsveranstaltung

Die Predigt hält der Kirchenführer und Erweckungsprediger Apostel Simao Lutumba, eigens aus Angola angereist, auf Portugiesisch.[55] Dies geschieht mit zweifacher Übersetzung, die, Satz für Satz, jeweils in Lingala und in Deutsch erfolgt:

> „Gott wird jetzt herabkommen, um jeden von euch anzurühren … Ich bitte, dass keiner von euch mehr herumläuft. Öffnet nicht die Augen und vergleicht euch mit dem blinden Bartimäus. Euer Glaube wird euch so retten, wie er ihn gerettet hat …"

[55] Vgl. die Transkription von der DVD „Frankfurt.06" mit Ausschnitten von 00:00 bis 01.57 (Anm. 1).

Der Prediger richtet als einziger seinen Blick nach oben und betet:

„Vater, ich komme zu deiner rechten Hand … Zögere nicht mit deiner Heilung und dem Befreiungsdienst, den wir von dir erbitten. Berühre sie mit deiner rechten Hand. Trage ihre Krankheit hinweg. Allmächtiger Gott … es gibt keinen, der so barmherzig ist wie du. … Trage sie in deiner Barmherzigkeit, du, unser König.“

An die Teilnehmenden gewandt fährt er fort:

„Bewege deinen Körper … Bewege deine Beine … Bewege deine Arme … Bewege deine Beine … Bewege deine Arme … Bewege deine Beine … Bewege deine Arme. Wenn du taub oder stumm bist, sollst du dem Hören oder Reden in dir nachgeben … Er *hat* deine Krankheiten weggenommen!“

Die Predigt über Mk 10,45ff. präsentiert eine Heilung Jesu, bei der ein Blinder *pars pro toto* für alle Erkrankungen physisch, aber auch psychisch, spirituell und sozial restituiert wird. Wenn die am Wunderheilungsritual Teilnehmenden aufgefordert werden, die „Augen zu schließen“, dann identifizieren sie sich mit dem Blinden. Blindheit ist dann die Metapher für sämtliche anderen Erkrankungen, an denen sie leiden. Mit ihrem Öffnen der Augen sind sie eingeladen, einen Glaubensakt zu vollziehen, mit dem sie die Befreiung von ihren jeweiligen Leiden imaginieren.

Folgende Details fallen bezüglich des *Performers* (derjenige, der die Performanz erzeugt), hinsichtlich der *Übersetzer* und im Blick auf die interaktiv *Teilnehmenden* (diejenigen, die als „Resonanzboden“ auf die Performanz respondieren) auf:

Performer: Beide Hände hoch erhoben, Augen geschlossen, im Vollzug des Sprechens und Betens ganz leicht seitlich, rhythmisch hin und her schwingender Oberkörper. Zunächst werden die *Hände auf erkrankte Körperpartien gelegt.* Am Ende des Gebetes dreimal „Amen!“. Dann werden die Hände mit abrupter Bewegung weggenommen und in Orante-Haltung erhoben. In dieser Bewegung liegt für mich eine nicht nur angedeutete, sondern vollzogene Öffnung des Menschen als „Person“ für etwas ihm von außen her zuströmendes Neues bzw. das Abschütteln des belastenden, Verkrampfung und Krankheit mit sich bringenden Alten. Animation des Predigers zu Laufbewegung auf der Stelle, Arme zu lockern etc.: Motivation für die „Gelähmten“ bzw. Behinderten.

Übersetzer: durch einen angolanischen Pastor ins Lingala und durch eine deutsche Pastorin ins Deutsche. Beide stehen links und rechts neben dem Prediger an gesonderten Stehpulten. Alle drei befinden sich auf einer relativ hohen Bühne und sprechen in Mikrophone. Durch die bewegliche Kameraeinstellung und durch Filmschnitte ist das Publikum, aus dessen Perspektive man zunächst auf die Bühne blickt, sichtbar, und der Betrachter wird mit einbezogen. Im stimmlichen Ausdruck passen sich die Übersetzerinnen teils dem eher ruhigen Tonfall Lutumbas an, teils scheinen sie das, was er sagt, zu verstärken – vielleicht um die Unsicherheit, die dem Kirchenführer zumindest anfänglich anzusehen war, zu überspielen. An den Übersetzern fallen aber keine weiteren eigenen Akzentsetzungen in Sprache, Ausdruck, Gestik oder Mimik auf.

Teilnehmende: Die meisten haben die Augen konzentriert geschlossen, viele stehen, manche schwingen mit dem Oberkörper und werden animiert, vom Redner auf der Bühne vorgeführte Bewegungsmuster zu imitieren bzw. parallel mitzuvollziehen. Es kommt nach dem Abschluss seiner Predigt, die in einem geradezu beschwörenden Tenor kulminiert, zu lang anhaltendem Applaus. Nahezu alle vollziehen sämtliche Bewegungen, besonders die Auflegung der Hand auf den eigenen Körper, unmittelbar mit oder geben der ausgelösten Dynamik zeitversetzt nach. Es geht tatsächlich darum, sich die Kraft Gottes, den heiligen Geist, von dessen Präsenz man im aktuellen Raum-Zeit-Kontinuum ausgeht, *einzuverleiben*. Die *Communitas* ist von ihrer Zusammensetzung her gemischt, was Alter, Geschlecht und ethnische Herkunft betrifft. Auch die gemeindlichen Funktionsträger lassen sich teils an ihrer betont festlichen Kleidung, teils durch Aufgaben, die sie während der Performanz als Saalordner oder Animateure übernehmen, von den nur scheinbar „passiv" Teilnehmenden unterscheiden. Die Zusammensetzung der versammelten Gemeinden bestand aus ca. 75% Afrikanern, 20% Deutschen, wenigen Asiaten und Lateinamerikanern sowie Menschen osteuropäischer Sprachen und Herkünfte. Das Heilungsritual im weiteren Sinn schließt damit ab, dass die „Geheilten" auf die Bühne gebeten werden, um vor den Anwesenden selbst von ihrer wundersamen Wiederherstellung Zeugnis zu geben.

5.3. Fazit

Öffentliche Heilungsveranstaltungen dieser Art sind nichts anderes als die konsequente Fortführung des pfingstkirchlichen Programms der *healing-performances*. Letzteres ist multidimensional und hat theologische, ekklesiologische, missionarische und natürlich thaumaturgische Aspekte. Dabei bezieht es den jeweiligen individuellen sowie den kollektiven Leib der Teilnehmenden mit ein. Die Aufrufe durch die heutigen Evangelisten und Prediger, Jesu heilende Macht für sich im Glauben in Anspruch zu nehmen, finden in der Regel im direkten Zusammenhang von Predigt und Lehre statt. Die Predigt des Wortes bringt den „call" hervor, der eindeutig auf die „response" der beteiligten Gemeinde, ihre Resonanz hin ausgelegt ist. Nicht etwa ein vermeintlich mirakulöses, durch Handauflegung etc. gestütztes „magisches" Handeln[56] des *Performers* ist als maßgebliche Kraft der Performanz zu bestimmen. Das ganze Verfahren hat eine innere Logik, die wir verfolgen und verstehen können. Unser Blick erkennt ein interaktives komplexes „Äußerungssubjekt". Es umfasst alle Teilnehmenden: den Performer und die

---

56 Bernd Kollmann, Jesus und die Christen als Wundertäter. Studien zu Magie, Medizin und Schamanismus in Antike und Christentum, Göttingen 1996, 55f.

Gemeinde in ihrer Leiblichkeit, in der sie gemeinsam auf das in der Predigt imaginiert dargestellte Heilungshandeln Jesu antworten und es im „Hier und Jetzt" herstellen. Wunderheilungsrituale sind narrativ und mit der Wortverkündigung verknüpft, ja gelten als einer ihrer Aspekte unter mehreren.[57] Sie sind nur im Zusammenhang der gesamten performativ-rituellen, hier gottesdienstlichen Handlung und ihrer Logik zu verstehen.[58]

6. Desiderat einer interkulturellen „Theologie der Performanz"

Zum Transfer des pfingstlich-interkulturellen Heilungsrituals trägt besonders seine Synchronisierung und seine Diachronisierung zum jesuanischen bzw. zum apostolischen Raum-Zeit-Kontinuum bei. Indem es so imaginiert wird, wird eine gewisse Unmittelbarkeit zu den biblisch bezeugten Geschehnissen und den Akteuren, die dort ihre Rollen spielen, hervorgerufen. Dabei bedient man sich gezielt des performativen Sprachhandelns. Es bezeugt Glauben nicht nur, sondern erweckt ihn. Es scheint: Christlicher Glaube spricht damit nicht nur transhistorisch und translokal, sondern auch transkulturell. Auf einige Aspekte einer möglichen „Theologie der Performanz" sei im Zusammenhang interkulturell-theologischer Theoriebildung hingewiesen. Dabei geht es um theologische Reflexionen zu den nicht-westlichen kulturellen Dialekten des Christentums und die Frage nach ihrem Bezug zur ökumenischen Debatte.

Das Denken in der Kategorie der Performativität ermöglicht es, diese Dialekte nicht nur mechanistisch als anzuwendende Grammatiken oder als Regelsysteme zu verstehen, sondern als Sprechweisen, denen eine performative Dynamik zu eigen ist, welche etwa in Ritualen nachvollziehbar ist. Um diese zu verstehen, ist

---

57 Vgl. die historisch und ritualwissenschaftlich ausgerichtete Studie: Birgit Meyer, Translating the Devil. Religion and Modernity among the Ewe in Ghana, Edinburgh/Trenton/Asmara 1999.

58 Wo hier, religionswissenschaftlich gesehen, die Grenze zur „Magie" liegt, bzw. ob wir uns bereits auf ihrem Boden bewegen, ist für mich bisher nach allem, was ich beobachtet habe, nicht eindeutig. M.E. ist sie eher beweglich: Prediger und Teilnehmende an der Performanz befinden sich manchmal innerhalb, manchmal außerhalb dieses Sektors. Es ist gerade dieses Changieren zwischen traditionellen und modernen Weltbildern und Denksystemen sowie der Einsatz ihrer jeweiligen Sprache und Symbolik, der bezeichnend ist. Insofern hat Ninian Smart mit seiner Definition Recht: „Magic might be defined as formulaic performative procedures undertaken directly to influence the world. It represents an impersonalization of performatives to change the world, not through personal relations but through manipulations" (Dimensions of the Sacred, Berkeley 1996, 36). Zugleich ist Smarts Magie-Definition zu modifizieren, um auf die hier untersuchten Performanzen anwendbar zu sein: Der Abbau von „manipulativem Handeln" erfolgt im Prozess der Christianisierung im Changieren zwischen persönlicher Beziehung und symbolischem, zeichenhaftem Handeln unter Verweis auf die Bedeutung des *Glaubens*. Dies wird im Zusammenhang der Wiederherstellungs-Wundererzählungen Mk 8,22–26 bzw. Mk 10,46–52 und ihrer Performanz mittels des Narrativs der Blindenheilung durch Apostel Manuel Lumamba in Frankfurt a.M. im November 2006 besonders virulent. Es handelt sich gerade auch bei personalisierten Performanzen um „Magie". Ihre charakteristische Grundstruktur besteht in einer „kommunikativen Einheit und Gleichzeitigkeit des Kosmos und aller in ihm wirksamen Kräfte" (Otto Böcher, Dämonenfurcht und Dämonenabwehr, Stuttgart 1970, 169).

es hilfreich, im Unterschied und in Abgrenzung zu anderen, monokausalen, essentialistischen Vorstellungen von „Welt“ von einem polylogen bzw. pluriformen, offenen, sich ständig erneuernden Weltwissen auszugehen. Es dient dazu, die prinzipielle Performativität von Welt zum Vorschein zu bringen.

Vielleicht wäre es berechtigt, dies bei der Rede von Gott als Schöpfer mitzudenken. Walter J. Hollenweger hat darauf hingewiesen, dass man den Glauben an Wunder und den göttlichen Schöpfungsakt, also den dritten und den ersten Glaubensartikel, in engstem Zusammenhang sehen müsse. Man könnte ergänzen, dass beides per se als „performativ“ zu verstehen sei: die *Schöpfung* (das rituelle Präsentieren) und die *Vollendung* bzw. Heil(ig)ung (das Produzieren im Ritual). So erhält auch die Rede von der *creatio continua Dei* einen performativen Charakter. Dieser erstreckt sich auf die performative Restituierung der vom zeitlich-räumlichen Ende begrenzten Welt in ihrer Neuschöpfung durch Gott.

Die Erfahrung physischer Heilungen bei speziellen Veranstaltungen, das Erleben psychischer Wiederherstellung, etwa durch Trancen, und die zwischenmenschliche Versöhnung von Gegnern auf der sozialen Ebene, etwa durch überschwänglich erlebte Einheitserfahrungen, sind solche Veränderungen, zu denen es mithilfe der Protagonisten von pfingstlichen Veranstaltungen bei den Teilnehmern kommen soll. Wie alle Kirchen sind Pfingstkirchen in der Regel „performativ“, ja, sie sind es auf ihre Weise vielleicht sogar noch mehr als andere. Eine nur schwer zu setzende Grenze gilt es zu beachten, wenn wir die Virulenz der Performativität von Pfingstkirchen erörtern: Es geht darum, inwieweit der Einsatz von Performanzen zur *„Auferbauung des Leibes Christi“* (Eph 4,15f.) dient oder inwieweit es sich um Demagogie und Machtmissbrauch handelt, indem bei Veranstaltungsteilnehmern suggestive Gefühle erzeugt werden, um sie eigenen Interessen folgend zu manipulieren. Die Grenze zwischen redlicher Verkündigung und fundamentalistischen, unter unlauteren Motiven praktizierten rituellen Inszenierungen ist für Außenstehende nicht leicht bestimmbar. Sie darf als Kriterium kritischer Anfragen nicht aus dem Blick geraten, muss aber letztlich von den Betroffenen selbst beantwortet werden.

Ohne die Erinnerung an das „Kreuz Christi“ als Chiffre für Marginalisierung, Ungerechtigkeit, Ausbeutung und Ausgrenzung bzw. als Synonym für den „Stachel im Fleisch“ würde der pfingstlich-charismatischen Theologie etwas Entscheidendes fehlen: die direkte, vom Leid und vom Erleben des Mangels ausgehende Motivation, sich der Kraft der Auferstehungsbotschaft auszusetzen. Ohne den vertrauenden Bezug zum Zentrum der Botschaft des Christentums würde jede Deutung von erfahrener Heilung von Krankheiten, würde jede geschenkte Bewahrung vor diversen, als dämonisch identifizierten Mächten zu einem egoistischen Unterfangen. Beides, Leid und Erlösung, stehen nicht nur „in Jesus Christus“ in einer lebendigen, aus Wechselwirkungen hervorgehenden und prozesshaften Beziehung. Indem sich Jesus *kenotisch* voll und ganz als Mensch mit seinen Mitmenschen identifiziert, verkörpert er das „Wort Gottes“ nicht nur, sondern predigt es. Gottes „Wort wird Fleisch", es wird lebendig und von Menschen auf der ganzen Welt mündlich weitergegeben und leiblich-performativ verkündigt. Dies geschieht nicht zuletzt, wenn es zum „Rausch des Rituals" kommt.

Susanne Breit-Kessler

„Und Gott sprach …“

Kommunikation des Evangeliums in der Mediengesellschaft

„Und Gott sprach …“

Kommunikation ist so alt wie die Welt selbst, den Anfangsworten der Bibel zufolge noch älter. Durch Kommunikation bildet Gott seine Welt. Indem er spricht, wird das Angesprochene wirklich, bekommt seinen Ort und Zusammenhang, seinen Sinn. Nichts Lebendiges existiert ohne Kommunikation. Der permanente Austausch von Informationen ist Eigenschaft des Lebens, angefangen bei den Kleinstorganismen der „Ursuppe“ bis hin zu hoch entwickelten Säugetieren und Menschen späterer Evolutionsstadien. „Am Anfang war das Wort und das Wort war bei Gott und Gott war das Wort“ (Johannes 1,1), heißt es schließlich unüberbietbar beim Evangelisten Johannes. Dieses Wort wird Fleisch, gewinnt Gestalt, setzt sich in seiner Herrlichkeit allergrößter Sympathie, manch Indifferenz und zugleich auch Missverständnissen aus.

Verstehen will gelernt sein

Nicht alle können an jeder Kommunikation teilhaben und teilnehmen. Es gibt verschiedene Kommunikationskosmen. Faszinierende Walgesänge, mit denen sich die schwimmenden Kolosse meilenweit über den Kurs verständigen, und das Gekreische der Affen, die sich nach dem Warnruf ihres Anführers in höhere Baumregionen zurückziehen, sind zwei verschiedene Verstehenswelten. Unterschiedlich sind ihre Sprachen, ihre Kommunikationsformen. Unterschiedlich sind ihre Lebenswelten, ihr Instinkt, ihre Intelligenz der Selbsterhaltung. Wobei ich gar nicht weiter fragen will, wer den Affen macht – oder sich dazu – und wer den schlauen Wal gibt. Die Formen, sich zu verständigen, sind einfach verschieden – ob behende-elegantes Geschöpf oder scheinbar behäbiger Gigant, je nachdem, in welchen Sphären man sich gerade bewegt.

Kommunikation neu entdeckt?

Über menschliche Kommunikation redet es sich leichter, wenn die eben angedeuteten Einsichten im Gedächtnis sind. Erst recht, wenn es um Kommunikation im kirchlichen Kontext geht. In den vergangenen Jahrzehnten konnte man zur eigenen Verblüffung den Eindruck gewinnen, schöpferische Kommunikation wäre eine erst jüngst gemachte Entdeckung des interdisziplinären Gesprächs der Theologen mit Soziologinnen, Kybernetikern und Kommunikationswissenschaftlerinnen. Der Ruf nach „neuer Kommunikation" galt als zeitgemäß, begleitet vom Verlangen, durch ungewohnte Kommunikationswege und -medien möchten Kommunikationsverhalten und -prozesse, mehr noch: die kommunizierenden Menschen selbst „neu" werden. Ein Trugschluss, dem nur mit Ent-Täuschung beizukommen war.

„Man kann nicht nicht kommunizieren"

Die Lektüre der Bibel schärft Realitätssinn. Kommunikation ist ganzheitliche Verständigung, in der Beziehungen und soziale Kontexte ebenso eine entscheidende Rolle spielen wie Lebensgeschichten, erfahrungsbedingte Wahrnehmung, Erwartungshorizonte und Sprachcodes. Immer gilt, dass man „nicht nicht kommunizieren" kann (Watzlawick). Biblisch gesprochen: Nur in der Unterwelt, im Reich der Toten, ist Kommunikation erstorben. Solange der Mensch lebt, solange kommuniziert er. Anders als Tiere kann er Kommunikation absichtsvoll gestalten, verändern, seinen Kommunikationsradius ausweiten oder verengen, Kommunikationspartner wechseln. Aber er vermag nicht ohne Kommunikation zu sein. Jeder Mensch kommuniziert mit sich selbst und reflektiert darin Eindrücke seiner Mitwelt, die ihrerseits die Existenz des Menschen reflektiert.

Nonverbale Kommunikation

Jeder Mensch kommuniziert mit anderen Menschen. Durch das, was einer, was eine sagt oder nicht sagt, verbal und nonverbal, durch Töne und Schweigen, mit Mimik und Gestik, mit Handlungen und durch unterlassenes Tun, verhält er, verhält sie sich zu anderen Menschen, teilt sich mit und positioniert sich in Nähe oder Distanz. Jesus, der Christus, kommuniziert sehr intim auch mit Spucke und Dreck, wenn es sein muss, weil es heilsam sein soll. Er arbeitet mit Händen und Füßen, mit Stimmungen – achten wir also auch die nonverbale frohe Botschaft und erinnern uns an Nietzsches Ermunterung, bessere Lieder zu singen und erlöster auszusehen, damit Menschen wie er an unseren Erlöser glauben lernen könnten. Ein Teil dessen, was in Kommunikationsprozessen geschieht, ist den Beteiligten unbewusst, wirkt aber dennoch nachhaltig.

Kommunikationsrezepte?

Höchst komplex ist jedes Unterfangen, Kommunikation systematisch zu erfassen, zu definieren, zu erklären, erst recht: zu planen. Rezepturen und Anweisungen sind stets mit Vorsicht zu genießen, vor allem dann, wenn sie funktional angelegt sind und vorgeben, Kommunikation zielführend verwirklichen zu können. Dafür gibt es vielfältige Beispiele: angefangen bei Kommunikationsgurus, die mit aufpeitschenden Wiederholungen Hallen voller Jungmanager zum Kochen bringen, bis hin zu unzähligen Kommunikationsratgebern in Buch- und CD-Format, die Strategien für Büro und Alltag anpreisen, und der, ich wage es zu sagen, Unsitte, per PowerPoint-Präsentation einen an Schlichtheit nicht mehr zu überbietenden Satz an die Wand zu werfen – in der irrigen Meinung, die Zuhörenden wären intellektuell nicht in der Lage, sich aus dem Primatenstatus zu erheben.

Differenzierung tut not

Das Grundmuster „Wenn du dies und das tust, dann führt dich deine Kommunikation zum Erfolg“ ist gleichermaßen simpel wie problematisch. Kommunikation, die den anderen Menschen zum Objekt macht, das wie gewünscht reagieren möge, ist bloße, uncharmante Verführung. Dass sie nicht selten „funktioniert“, weil sich Menschen funktionalisieren lassen, ist traurige Wahrheit, aber keine Legitimation. Den Anderen, die Andere als Subjekt seiner, ihrer Kommunikation zu respektieren, ihn oder sie gut lutherisch als eigenständig denkendes, redendes und handelndes Subjekt ernst zu nehmen, ergibt sich aus der Achtung des, der anderen als Ebenbild Gottes. Einfache Rezepte sind verdächtig. Differenzierte Reflexion über Kommunikation dagegen ist notwendig und heilsam.

Kommunikation menschlich und göttlich

Alle nur erdenklichen Grundsituationen von Kommunikation lassen sich in den Geschichten, Gebeten, Gleichnissen, Liedern und Briefen der Bibel nachlesen. Das Besondere daran ist, dass die Kommunikation des Menschen mit sich selbst und anderen, einzeln oder in der Gruppe, in Glück oder Scheitern, in Not oder Zufriedenheit, transparent ist für die Kommunikation Gottes mit ihm – auch dann, wenn Gott explizit gar nicht zur Sprache kommt. Und umgekehrt: Jegliche Kommunikation mit Gott, jede Anbetung, jeder Lobpreis, jede Klage hat implizit den Menschen und seine Sehnsucht, Mensch zu sein, zum Thema. Beides ist untrennbar miteinander verwoben. Der Mensch lebt vor Gott. Gott ist lebendig für den Menschen. Biblisch ist Kommunikation Teilhabe an dieser Korrespondenz, die den Menschen und die gesamte Schöpfung umfasst.

Kommunikation als Wesen der Kirche

Kommunikation als Thema der Kirche ist weit mehr und anderes als „Verständigung“ im Sinne eines gelingenden Informationsaustausches, bei dem sich Kommunikationspartner über die Bedeutung eines bestimmten Datensatzes einigen. Solche Kommunikation wäre lediglich eine Frage der Vereinbarung bzw. der Programmierung. Kommunikation als Thema der Kirche meint, dass Menschen als Subjekte ihres Lebens befähigt werden, ihr Selbst- und Weltbewusstsein und ihre Gestaltungskompetenz weiterzuentwickeln und diese Kompetenz für sich selbst und für die Gemeinschaft verantwortlich zu nutzen. Nicht zufällig hat Kommunikation sprachgeschichtlich zu tun mit „Communio“ (Gemeinschaft) und Kommunion (Teilhabe am heiligen Abendmahl). Kirche, weil und sofern sie um Gottes willen den Menschen dienen will, ist ihrem Wesen nach Kommunikation.

Widersprüchlichkeiten

Wer sich bemüht, „in the mission of the Lord“, im Auftrag des Herrn – wie es in einem meiner Lieblingsfilme, den „Blues Brothers“, heißt – das Evangelium in die Welt zu tragen, muss sich Gedanken machen, wie die Welt aussieht. Leben ist geprägt von Ambivalenzen: Tradition bricht ab, Menschen sehnen sich nach Kommunikation. Wir haben Prachtboulevards und schicke Einkaufspassagen, Armut und Wohnungslosigkeit nehmen zu. Die Erfahrung von allerlei Auftrieb und Durcheinander begegnet dem Wunsch nach Beständigkeit. Menschen leben alleine und wollen das oft auch, gleichzeitig wächst das Bedürfnis nach einer bergenden Gruppe. Übereinstimmung mit sich, mit der Familie, den Freunden muss kombiniert werden mit anderen Lebensformen, die einem zunächst fremd erscheinen.

Aushalten

Auch die Sehnsucht nach Eindeutigkeit trifft auf einen Supermarkt weltanschaulicher Möglichkeiten. Die Liste der Widersprüchlichkeiten ist lang. Es ist eine Herausforderung, sie alle in die eigene Lebensgeschichte und in die Reflexionen über den Zusammenhalt in unserer Gesellschaft packen zu müssen. Aber „die Wahrheit liegt im Widerspruch“, hat der österreichische Feuilletonist Egon Friedell gesagt. Wer Widersprüche ausblendet, auch und besonders in der Mediengesellschaft, beraubt sich der Chance, an ihnen zu wachsen und eine eigene, realistische Lebenswahrheit zu finden, ein diskutables Wertesystem und Zukunftsvisionen zu entwickeln. Unsere Kirche, die auf der Eindeutigkeit und der Pluralität des Evangeliums basiert, bietet viele Rituale, über die die Grunddimensionen individuellen und gemeinsamen Lebens angesprochen werden können.

Kirchliche Kommunikation als „Sprachschule der Freiheit“

Wir dürfen uns freuen an Sakralräumen und dem klar strukturierten Lauf des Kirchenjahres, an Gottesdiensten und geprägten Gebeten, Liedern und Bekenntnissen, an flexiblen und überzeugenden Kasualformen. Unsere kirchliche Tradition bietet einen Schatz an Kommunikationserfahrung und Kommunikationspraxis, der ständig weiterentwickelt, überdacht und ergänzt wird. *Ecclesia semper reformanda*. Grundanliegen ist, menschliche Situation und göttliche Präsenz so aufeinander zu beziehen und zu „kreuzen“, dass Lebensperspektiven möglich werden. Kirchliche Kommunikation soll „Sprachschule der Freiheit“ sein: Wir sollen „das Spiel von der Verheißung Gottes so inszenieren, dass Freiheit möglich wird“, sagt der Theologe Ernst Lange, die Situation des Menschen und die Verheißung Gottes miteinander „versprechen“.

Perspektiven öffnen

Kommunikation hat lebensdienliche Perspektiven zu eröffnen oder jedenfalls zu suchen. Das gilt für alle Kommunikationsfelder in der Kirche, auch für die einer kirchlichen Hochschule. Ob es sich um Kommunikation zwischen hauptamtlich Mitarbeitenden handelt oder um Kommunikation zwischen Ehrenamtlichen, ob es um mündliche oder um mediale Kommunikation von Pfarrern und Pfarrerinnen mit Gemeindegliedern geht, ob die jeweilige Situation vom Seelsorgeauftrag oder vom Öffentlichkeitsauftrag der Kirche bestimmt wird, immer ist danach zu fragen, wie Kommunikation zu gestalten ist, um den zuversichtlichen „Blick nach vorn“ für alle Beteiligten zu ermöglichen. Es geht auch im Umgang mit und bei der Präsenz in den Medien nicht um Selbstdarstellung einzelner Personen und Institutionen, sondern immer um die vitale Vermittlung der Rechtfertigung allein aus Gnaden.

Moderne Kanzeln

Kirche hat die Aufgabe, zu verkündigen, zu bilden, zu informieren und Seelsorge zu betreiben – nicht allein in Gebäuden der Kirche, sondern auch außerhalb. In früheren Jahrhunderten hat man große Summen in die Pracht von Kirchenbauten gesteckt – sicher nicht ausschließlich *ad maiorem gloriam Dei*, zur Ehre Gottes, sondern auch, um diese Bauten attraktiv für die Gläubigen zu machen. Heute ist es sinnvoll, die Verkündigung in den Medien und die Öffentlichkeitsarbeit finanziell gut auszustatten, denn hier hat Kirche ein unvergleichliches Forum, um Menschen aller Altersstufen, Geschlechter und Milieus anzusprechen. Es gibt keine Schwellenangst, man kann abschalten, man kann aktiv werden und anrufen oder schreiben. Nur *en passant* bemerkt: Regelmäßiger Umgang mit Journalistinnen und Journalisten hat durchaus missionarischen Charakter.

Einige Zahlen

Fast eine halbe Million Menschen (490 000) hören jeden Sonntag die evangelische Morgenfeier im Bayerischen Rundfunk, weitere 590 000 die katholische (Zahlen von 2009; der Unterschied könnte darauf zurückgehen, dass die Katholiken heuer den besseren, weil früheren Sendetermin haben; nächstes Jahr ist das wieder umgekehrt). Etwa 150.000 lauschen der täglichen Sendung „Auf ein Wort" (2009: 80 000 auf „Bayern 1", 70 000 auf „Bayern 3"). Das Internet, die modernste aller Kanzeln, wird ebenfalls erfolgreich von unserer Kirche genutzt. Unsere Online-Seelsorgerin (Pfarrerin Kringel) zählt 1200 bis 1400 Anfragen pro Jahr – mit steigender Tendenz. Vor drei Jahren (2006) waren es noch 700 Anfragen, das bedeutet also eine nahezu hundertprozentige Steigerung! Online-Seelsorge wird gesucht bei Fragen zu Freundschaft und Partnerschaft, allgemeinen Fragen zu Kirche und Kasualien, besonders der Taufe und der interreligiösen Ehe. Daneben spielen persönliche Probleme wie Alkoholabhängigkeit, Verlust des Arbeitsplatzes, Trennung und Scheidung eine große Rolle. Jugendliche, Mann und Frau bleiben anonym und bekommen die „Erste Hilfe", die sie brauchen. Unsere Webseite *www.bayern-evangelisch.de* wird derzeit rund 7700 Mal am Tag abgerufen (Mittelwert 2009: 7686 Page Views, „Seitenaufrufe" pro Tag).

Exkurs: Kasualien in den Medien (Winnenden, Bad Reichenhall)

Seelsorge in Alltag und Notfall gehört zum Kernauftrag unserer Kirche. Diese unsere Expertise wird gesucht und erwartet. Es wird darüber berichtet – bei landesweit erschütternden Ereignissen wie dem Amoklauf in Winnenden oder dem Einsturz der Eissporthalle in Bad Reichenhall. Wie sich Kirche in solchen Extremsituationen verhält, welchen Beistand sie bieten kann, wird genau beobachtet und im gelungenen Fall unvergleichlich hoch geschätzt. Im Vordergrund steht die zwischenmenschliche Seite kirchlicher Seelsorge im eigentlichen und besten Sinne. Das ist auch bei Kasualien so, die unter großer öffentlicher Anteilnahme stattfinden. Unsere Gesellschaft pflegt ihre Menschlichkeit auch und besonders bei den Abschieden, die genommen werden müssen. Übertragung oder Bericht von einem Trauergottesdienst, der viele bewegt, kann Ermutigung dazu geben, eigene Verluste zu beklagen: Gerührt von der Trauer anderer lässt sich über eigenes Leid weinen. Die „Unfähigkeit zu trauern" kann überwunden und Empathie für leidende Nächste und Ferne entwickelt werden.

Merkmale des Medienmarktes – und wie die Kirche damit umgeht

Der moderne Medienmarkt ist zunehmend durch die Tendenz zur *Personalisierung* (Transport eines wichtigen oder sperrigen Themas über eine populäre Persönlichkeit), *Emotionalisierung* (Darstellung einzelner Betroffener) und *Dramatisierung* bestimmt. Dazu kommt die *Beschleunigung* von Produktionsprozessen: Hörfunk und Fernsehen gehen direkt auf Sendung, produzieren live vor Ort. Auch Zeitungen werden extrem viel schneller hergestellt als früher.

Mit den genannten Tendenzen tut sich die Kirche, zumal unsere evangelische, nicht immer leicht. Die *Personalisierung* ist in unserer Kirche auch aus theologischen Gründen nicht unbedingt erwünscht. Bundesweit stehen derzeit nur wenige Gesichter für die evangelische Kirche in Deutschland. Das „Priestertum aller Gläubigen" ist unter den Bedingungen der Mediengesellschaft allerdings nicht einfach zu vermitteln. Die *Emotionalisierung* gelingt der Kirche besser. Hier besteht jedoch die Gefahr, dass stereotype, eher abschreckende Emotionalisierungsmuster angewandt werden. Für die *Dramatisierung*, also die vereinfachende, einseitige, verzerrte, aufbauschende Darstellung ihrer Botschaft kann sich die Kirche nicht hergeben. Ich bin freilich überzeugt, dass größere Leidenschaftlichkeit, stärkerer Eros im Vertreten der eigenen Sache Menschen zum Glauben motivieren kann. Was schließlich die *Beschleunigung* der Produktionsprozesse angeht, haben kirchliche Mitarbeitende oft Schwierigkeiten mit kurzfristigen, hektischen Anfragen von Medienvertretenden. Mit den rasanten, gelegentlich oberflächlichen medialen Produktionsbedingungen sind kirchliche Mitarbeitende eher selten vertraut.

Lebender Palmkübel?

Man kann es sich als Kirchenvertreterin oder -vertreter bei medial beachteten Anlässen – scheinbar – leicht machen, indem man den lebenden „Palmkübel" spielt – so hat Theologe Rudolf Bohren über die „Kasualien als missionarische Gelegenheit" gespottet. Das verfehlte die geistliche Aufgabe jedoch ebenso sehr, wie der anderen Versuchung zu erliegen, undifferenziert-einseitig aufzutreten. Unsere Aufgabe besteht meines Erachtens nicht darin, tagespolitische Patentrezepte zu verteilen, sondern die in unserem Glauben begründeten, für die Situation relevanten Werte ins Bewusstsein zu heben.

Die berichtenden Medien registrieren genau, wie glaubwürdig die Lage von Repräsentanten der Kirche wahrgenommen wird. Es ist wie bei anderen Kasualien auch: Wenn eine Ambivalenz, ein Vorbehalt in der Kasualansprache – sei es Hochzeits-, Trauerpredigt oder großer Festakt – behutsam freilich, aber für die Betroffenen verständlich beim Namen genannt wird, kann das Erleichterung wirken. Bleibt ein Zwiespalt tabuisiert und verschwiegen, vermag er erst recht sein untergründiges Spaltpotential zu entfalten.

Um Himmels willen Klartext!

Die entscheidende Frage bei kirchlicher Verkündigung in den Medien lautet: Wer ist beteiligt, an wen muss gedacht werden? Die Berichterstattung in den Medien zieht den Kreis der Adressaten viel weiter. „Integrale Amtshandlungspraxis“ nannte Joachim Matthes 1975 im Nachgang zur ersten EKD-Mitgliedschaftsstudie die Herausforderung, bei Kasualien die unterschiedlichen Beteiligten einzubeziehen. Klartext mit Glaubwürdigkeit und Einfühlsamkeit ist von uns gefordert. Dann wird aufgehorcht und in den Medien berichtet, was wir zu sagen haben.

Das Vertrauen und damit auch die Erwartungen, die in die Kirche gesetzt werden, sind nach wie vor hoch. Man traut den Vertretenden der Kirche zu, Worte zu finden, wo Worte fehlen, Trost auszusprechen, wo fassungslose Trauer herrscht. Niemand sonst wird in existenziellen Nöten so hoffnungsvoll „angefordert“ wie Theologinnen und Theologen. Vorgefertigte Worthülsen würden höchstens verärgerte Abwehr auslösen. Zurückhaltung ist geboten mit allzu schnellen, allzu letztgültig behaupteten Antworten auf existenziell aufgebrochene Theodizee-Fragen.

Es wird jedoch zu Recht erwartet, dass sie sich den Fragen nach dem Warum, nach dem Sinn stellen; nicht ausweichen, sondern nach dem suchen und aussprechen, was im Namen Gottes Halt geben kann. Wir sind nach wie vor gefordert als Expertinnen und Experten für die rechten Worte und rechten Gesten zur rechten Zeit (Tracy Chapman: „The right words at the right time“), für Rituale und Zeichen, die Gedanken und Gefühlen Ausdruck und Richtung geben können.

Gehaltvolles Schweigen

Dazu kann „gehaltvolles Schweigen“ gehören – die bewusste Entscheidung, in einer strittigen Frage auf Worte zu verzichten. Gehaltvolles Schweigen der Kirche – als Ausdruck von Nicht-Eingreifen in ein fremdes Amt, von Ratlosigkeit, Erschütterung oder Scham – kann in seltenen Fällen legitime Gestaltungsform kirchlicher Kasualpraxis sein. Es kann in Ausnahmefällen der alltäglichen medialen Aufgeregtheit ruhige, kraftvolle Stille entgegensetzen. Solches Schweigen muss da sein, muss den Raum erfüllen, damit es unüberhörbar wird und wirken kann. Meist jedoch muss gesprochen werden.

Maßstab für Glaubwürdigkeit

Glaubwürdigkeit misst sich daran, ob sich Kirche als über den Fragen schwebend geriert oder ob sie sich hinein begibt in „des Dorfes und der Stadt Getümmel“, wie es in Goethes Faust heißt, wissend um ihre eigenen Verstrickungen. Auch in der Kirche gibt es Sparkurse und Stellenreduktionen. Auch Kirchenleute, Christenmenschen fliegen und wollen mobil sein. Auch wir profitieren von wissenschaftlichem Fortschritt. Die Überzeugungskraft und Plausibilität kirchlicher Worte auch bei Kasualien ist abhängig davon, ob die Kirche selbst mit gutem Beispiel vorangeht, ob sie zumindest Zeichen für alternatives Verhalten setzt. Partei zu ergreifen ist glaubwürdig erst möglich, wenn dies Konsequenzen im eigenen Verhalten zeitigt – und nicht nur andere des falschen Verhaltens bezichtigt werden: „Denn nach welchem Recht ihr richtet, werdet ihr gerichtet werden; und mit welchem Maß ihr messt, wird euch zugemessen werden. Was siehst du aber den Splitter in deines Bruders Auge und nimmst nicht wahr den Balken in deinem Auge“ (Matthäus 7,2f.)?

Die Frage nach dem Welt- und Menschenbild

Kirche ist bei medienwirksamen Kasualien weder dekoraktiver Palmkübel noch Patentrezeptlieferantin. Kirche kann in den Situationen, in denen nach Begleitung gefragt wird, aufmerksam machen auf gegenwärtige und absehbare Herausforderungen und Problemlagen. Sie kann akute Fragen aufgreifen und versuchen, die richtigen Fragen zu formulieren, Themen neu ins Bewusstsein zu heben und die Horizonte aufzuzeigen, vor denen Antworten gefunden werden können. Sie kann und muss beim Namen nennen, was die Komplexität einer Kasualsituation bestimmt: Ambivalenzen, Strittiges, Unabsehbares, Unfassbares.

Wenn wir dafür Worte und Formen finden, kommen wir in den modernen Medien vor mit der Botschaft des Evangeliums, die wir zu verkündigen haben. Die bleibende Brisanz dieser Botschaft wird gerade dann sichtbar, wenn je und je aktuelle Tendenzen und Trends des öffentlichen und politischen Lebens auf das ihnen innewohnende Menschen- und Weltbild befragt werden. Klartext mit Glaubwürdigkeit und Einfühlsamkeit, damit meine ich: Konzentration auf die Wahrheit Gottes für den Menschen und die Wahrheit des Menschen vor Gott.

Kulturell attraktiv kommunizieren

Die Kirche will und soll teilnehmen an den gesamtgesellschaftlichen Verständigungsprozessen und sie will und soll ebenso allen menschlichen Fragen, Sorgen und Hoffnungen einen gebührenden Platz in ihrem Gesamtprogramm einräumen. Das ist keine Anbiederung, wie es mancherorts voreilig behauptet wird, sondern ihre Pflicht und Schuldigkeit. Bei der zahlreichen Konkurrenz sowohl in Zeitung, Radio, Fernsehen und Internet gelingt das nur mit Programmen und Inhalten, die zum Ziel nicht eine schnelle Proselytentaufe haben. Es gelingt nur mit Programmen und Inhalten, die die Vermittlung vielfältiger, kulturell-religiös ansprechender Themen anstreben, die Lesende, Hörende und sogenannte User/innen nicht zu einem zu berieselnden Objekt degradieren, sondern mit geistlich-theologischem Eros anstecken, mit-, hin- und fortreißen.

Mediale Evidenzprobe

Damit bin ich bei dem „Wie" der Vermittlung dessen, was die Kirche zu sagen hat. Biblisch-Theologisches sollte im tiefsten Sinne des Wortes „im Zentrum" stehen, die Mitte bilden, auf die hin und von der her wir uns konzentrieren. Es muss deutlich sein, wer da spricht und warum. Täglich unternehmen wir es alle, vor allem auch die, die es mit Journalismus und Öffentlichkeitsarbeit zu tun haben, mit Medienkonsumierenden zu kommunizieren, die nichts als selbstverständlich annehmen. Schon gar nicht die christliche Botschaft. Ich halte die Evidenzprobe, der wir uns ständig unterziehen müssen, für manchmal anstrengend, immer herausfordernd, und immer sehr heilsam. Nichts lüftet die eigenen theologischen Gedanken so sehr durch, wie nachdenklich-skeptische Fragen der Zeitgenossen.

Zeitgemäß und aktuell

Ernst Bloch sagt: „Wir sprechen und wollen das, was gemeint ist, aussagen. Daherreden als solches spricht zwar auch, doch sagt nichts aus." Neben der Ästhetik des Gesungenen, Gesagten oder Geschriebenen spielt Zeitgemäßheit und Aktualität eine wichtige Rolle, sollen die verschiedenen kirchlichen Lebensäußerungen nicht nur vernommen, sondern auch angenommen werden. Es ist deshalb eine Sprache zu sprechen und zu schreiben, die nicht mehr die Sprache Kanaans ist. Eine, die verstanden werden kann von rechts und von links, die dazu anregt, nachzudenken und bedächtig Gedachtes in die Tat umzusetzen. Sie verzichtet auf den Gestus der absoluten Besserwisserei, der für jede Form von Kommunikation tödlich ist. Eine solche Sprache verliert nichts von den unaufgebbaren Inhalten, auf die Journalisten und Verkündigende zu achten haben.

Was kann Kirche mit ihrer Kommunikationsarbeit leisten?

Es gehört zu den wesentlichen Zielen kirchlicher Kommunikationsarbeit, existentielle Erfahrungen am allgemein einsichtigen Phänomen aufzuweisen sowie bislang versteckte Gedanken und Gefühle namhaft zu machen und zu thematisieren (Lebensbewältigung). Kirchliche Kommunikation versucht, Katastrophen und Schicksalsschläge so weit wie möglich aufzufangen und in einen größeren Horizont zu stellen (Kontingenzbewältigung). Sie hat etwas zu sagen, was andere nicht in petto haben, was nicht in deren Argumentationsfiguren enthalten ist: Sie kann neue Informationen zur Erhellung einer Situation liefern, Maßstäbe bieten zu deren Beurteilung und Richtlinien entwerfen für adäquate Handlungsmöglichkeiten. Es geht nicht darum, etwas „darüber hinaus“ zu sagen im Sinne von metaphysischem Zuckerguss, sondern „daneben“, als transzendent-immanente Anregung, als geistvolle Alternative zu allzu irdischen Dümpeleien. Durch den gen Himmel erhobenen Zeigefinger wird nichts wichtig, was wir sagen – die Bedeutung muss selbstevident sein.

Ferner zielt die kirchliche Kommunikationsarbeit darauf ab, zur Diskursivität anzuregen, dazu, die Würde des anderen ernst zu nehmen, auch die des Gegners. Kein moralinsaurer denunziatorischer Klassen- oder Personenkampf! Der Kirche ist aufgetragen, durch ihre öffentlichen Äußerungen zur Solidarität mit Schwachen zu motivieren und auf (Soll-?)Bruchstellen im gesellschaftlichen Zusammenleben hinzuweisen. Schließlich ist die kirchliche Kommunikation darauf ausgerichtet, individuelle Erfahrungen in einen Gesamtzusammenhang zu bringen und zu einem Weltbild zu ordnen. Was Menschen in ihrer Umwelt sehen und erleben, ist christlich zu interpretieren.

Sehnsucht nach Antwort

Gerade in den Medien ist die Frage nach der Wahrheit, nach Recht und Grenzen der Hierarchien, nach dem Einfluss von Macht und Geld von großem Interesse. Da ist die Kirche gefragt, da kann sie kompetent etwas sagen, wenn sie sich darum bemüht. Schulmeisterei und anmaßendes Prophetentum will niemand mehr. Aber treffende und relevante Antworten werden sehr wohl erwartet und wahrscheinlich auch mehr erhofft, als wir vermuten. Weder die Welt noch die Medien sind in dem Sinn säkular, dass sie der Kirche einfach ablehnend gegenüberstünden. Ich halte es eher mit der Gegenthese: Die Welt ist nicht ohne Religion, aber Theologie und Kirche sind oft ohne Welt. Robert Musil hat einmal gesagt: „Man kann seiner eigenen Zeit nicht böse sein, ohne selbst Schaden zu nehmen.“

Kirchliche Kompetenz in einer medialen Welt

Die Kirche sollte sich als Institution präsentieren, die auf einem soliden geistlichen Fundament nicht ruht, nein, sondern sich bewegt; die Kompetenz zur positiv-konstruktiven Lebensführung und -bewältigung besitzt; in der Konfliktbearbeitung beherrscht wird; in der Lösungspotentiale für die Krisenfälle des Lebens bereit stehen (Diakonie!) und die die Frage nach Wahrheit im persönlichen wie im gesellschaftlichen Leben wach hält.

Kirche muss sich in Zukunft als Institution erweisen, die die Krisenfälle und die ganz alltägliche Lebensgestaltung konstruktiv – einfallsreich und konkurrenzfähig

– begleiten kann. Ich wünsche mir eine Kirche, die keine Scheu vor Presse, Hörfunk und Fernsehen hat, ob öffentlich-rechtlich oder privat. Ich hoffe für die Zukunft auf eine Kirche, die die Medien als unverzichtbaren Bestandteil einer demokratischen Kultur anerkennt, auf deren Mitarbeitende nicht geringschätzig herabsieht, sondern sie achtet, und die die ihr eingeräumten Zeilen und Zeiten klug und professionell nutzt.

Kommunikation des Evangeliums

Evangelium heißt „Frohe Botschaft" – das Adjektiv „froh" wird mitunter vernachlässigt. Das Wort schließt in sich eine Charakterisierung ein, die das Ziel kirchlichen Handelns bestimmen muss: eine Kommunikation des Evangeliums, die Glauben und Leben dient. Die Kirchen haben die Aufgabe, den Zeitgenossen die frohe Botschaft von Jesus Christus glaubwürdig und lebensnah zu vermitteln. Das schließt jede selbstgewählte Nischenexistenz von vornherein aus und nötigt zu inhaltlich eindeutig bestimmter öffentlicher Präsenz. „Ich schäme mich des Evangeliums nicht" (Römer 1,16) ist Leitwort einer Kirche, die sich zum Glauben, seinem Inhalt und seiner Bedeutung äußert. Die Kommunikation des Evangeliums bringt die Liebe Gottes zum Menschen zur Sprache. Sie schafft Verständigung untereinander und baut Brücken zwischen denen, die getrennt sind.

Wie wir sprechen, was wir sind

„Ich schäme mich des Evangeliums nicht", dieses Pauluswort ist in besonderer Weise Maßstab der Sprache derer, die Kirche vertreten. Nicht allein wovon, sondern auch wie wir sprechen, zeugt davon, wes Geistes Kinder wir sind. In den letzten 10 bis 15 Jahren ist es in der Kirche da und dort zur Gewohnheit geworden, sich einer Sprache zu bedienen, wie sie vornehmlich von Unternehmensberatungen und Managern verwendet wird. „Kunden", „Ressourcen", „Zielgruppen", „Angebots-Cluster", „Vollzeitäquivalente" und Ähnliches mehr: Mit solcher Begrifflichkeit wird bewusst oder unbewusst insinuiert, Kirche sei quasi ein Unternehmen, dem es vornehmlich auf Marktanteile im religiösen Business ankommen müsse. Alles eine Frage professioneller Organisation?

Wes das Herz voll ist …

Je länger, je mehr halte ich diese Entwicklung des Denkens und Sprechens in der Kirche für fragwürdig. Sprache prägt und verwandelt auch dann, wenn wir es uns selbst nicht eingestehen. Es ist ein himmelweiter Unterschied, ob ich vom Vertrauen auf Gottes Liebe und Gnade spreche oder von Alleinstellungsmerkmalen der Kirche. Es ist ein himmelweiter Unterschied, ob wir von der Gemeinschaft der Getauften sprechen, denen in Wort und Sakrament Gottes Gegenwart zugesagt ist, oder von Kundenbindung. Es ist ein himmelweiter Unterschied, ob wir daran glauben, dass Christus der Herr der Kirche ist, uns in seine Nachfolge ruft und seinen Beistand bis ans Ende der Welt verheißt, oder ob wir die Zukunft der Kirche durch Strukturreformen und Finanzmanagement sichern zu können meinen. „Wes das Herz voll ist, des geht der Mund über“ (Matthäus 12,34).

Remember Barmen

Es ist vernünftig, sich darüber Gedanken zu machen, wie wir verantwortungsvoll mit dem umgehen, was uns anvertraut ist. Die klugen Jungfrauen, die im Gleichnis Jesu ausreichend Öl mitnehmen und deshalb zu später Stunde nicht im Finstern sitzen (Matthäus 25), sind biblisches Vorbild. Es kann also nicht falsch sein, wenn wir uns im Gespräch mit Verantwortlichen in Politik und Wirtschaft kundig machen, ob und wie dort die Lampen gefüllt werden. Dennoch: Die Theologische Erklärung der Bekenntnissynode von Barmen vor 75 Jahren hat uns ins Stammbuch geschrieben: „Wir verwerfen die falsche Lehre“, so die sechste These, „als könne die Kirche in menschlicher Selbstherrlichkeit das Wort und Werk des Herrn in den Dienst irgendwelcher eigenmächtig gewählter Wünsche, Zwecke und Pläne stellen“. Daraufhin immer wieder auch die Sprache zu überprüfen, ist notwendig.

Verständlichkeit, Transparenz und Offenheit

Verständigung gelingt, wenn sich kirchliche Kommunikation Sprachformen bedient, die allgemein verständlich sind und Partizipation erlauben, die sich nicht allein Eingeweihten erschließen, sondern Kommunikationshilfen offerieren, die den Zugang zu unserem Glauben eröffnen. Ich betone das: Es geht um den Zugang zum Glauben. Die Glaubwürdigkeit von Kommunikation hängt im Übrigen ganz erheblich davon ab, dass nicht heimlich kirchliche, institutionelle Ziele verfolgt werden. Es sollte immer deutlich sein, welche Absichten, Interessen, Erwartungen bei kirchlicher Kommunikation „mitmischen“. Versteckte Kommunikation auch mit der Öffentlichkeit, zu der wir ja alle selbst gehören, frustriert und demotiviert dann, wenn Menschen ausgeschlossen sind. Diese Menschen werden das irgendwann ihrerseits mit versteckter oder verweigerter Kommunikation, mit Desinteresse beantworten.

Wertschätzung und Profil

Wie kommt (sich) der einzelne Mensch mit seiner Individualität vor? Kommunikation, in der alle „gleich“ vorkommen, wird niemandem gerecht. Nur differenzierte, eigens auf die jeweilige Situation und die jeweiligen Kommunikationspartner hin ausgerichtete Kommunikation wirkt ansprechend. Je klarer die inhaltlichen Schwerpunkte kirchlicher Arbeit kommuniziert werden, desto deutlicher wird überdies ihr Profil erkennbar. Kommunikation, die alle erdenklichen Themen vermischt, gleichgültig und gleichzeitig traktiert, ist nichtssagend. „Wenn ihr nicht mit deutlichen Worten redet, wie kann man wissen, was gemeint ist? Ihr werdet in den Wind reden“. Das sagt der Apostel Paulus (1. Korinther 14,9). Es ist unsere Aufgabe, mit der Öffentlichkeit so zu kommunizieren, dass sie weitergebildet wird. Der Kulturverlust ist allenthalben schon groß genug.

Gefragt: Kompetenz

Es gehört zur christlich-realistischen Weltsicht, dass Menschen sich selbst verfehlen und an anderen schuldig werden können. Wir müssen mit darauf achten, dass auch in den Medien Menschenwürde respektiert und gesellschaftliches Zusammenleben gefördert wird. Dazu gehört, Augenmerk auf marginalisierte Einzelne und Gruppen zu richten, zur Solidarität mit denen zu motivieren, die Beratung, Begleitung brauchen, Gesprächsforen für Streitpartner einzurichten. Die Entwicklung neuer Kommunikations- und Informationstechniken verlangt kompetente Kommentare und Entscheidungen. Kirchliche Medienpädagogik vermittelt Einsicht in die Chancen und Gefahren alter und neuer Medien. Sie macht fähig, Orte in und außerhalb der Medien zu entdecken, an denen menschliche Kommunikation möglich ist – und Alternativen zum Medienkonsum wahrzunehmen.

Konfirmation zur Eigenständigkeit

Jeder Christenmensch hat als Ebenbild Gottes Verantwortung für sein Leben zu übernehmen und für das Miteinander in Gesellschaft und Staat. Wie diese Verantwortung im Einzelnen aussieht, muss jeder und jede für sich nach seinem, ihrem Gewissen überprüfen. Generell lässt sich sagen, dass wir auch in Zukunft diakonische Aufgaben zu erfüllen haben sowie einen Beitrag zu Bildung und Kultur leisten sollten. Wir sind mitverantwortlich für die ethischen Grundhaltungen in dieser Gesellschaft und für ihre politische Entwicklung. Wir sollten dazu ermutigen, dass die einzelnen Christen eigenständig mitdenken und tun, was sie nach gewissenhafter Prüfung für richtig halten.

Aufgaben

Aufgabe der Kirche ist die Kommunikation eines Menschenbildes, das nicht modischen Idealvorstellungen von Fitness, Leistung und Erfolg huldigt, sondern dem ganzen Leben auch mit Schwächen und Vergänglichkeit Raum gibt. Das impliziert etwa die klare Absage an alle Forderungen nach Legalisierung der Tötung auf Verlangen sowie der organisierten Beihilfe zum Suizid. Es kann individuell nachvollziehbar sein, wenn Menschen in bestimmten Situationen den Sterbewunsch äußern. Auf diesen Ausdruck des Leidens darf aber eine verantwortungsbewusste Gesellschaft nicht so reagieren, dass sie das Leiden entsorgt, indem sie die Tötung der Leidenden organisiert.

Sowohl demographische Veränderungen als auch zunehmende Finanzierungsprobleme im Gesundheitswesen lassen befürchten, dass der gesellschaftliche Druck wachsen wird, jene zu beseitigen, die Pflegekosten verursachen. Solchen Tendenzen muss die Gesellschaft um ihrer Humanität willen widerstehen. Generell stehen Pflege und Zuwendung zu anderen Menschen heute vielfach unter dem Verdikt der Wirtschaftlichkeit. Diese Sicht ist zutiefst inhuman. Wie wir in dieser Gesellschaft mit den Schwächsten und denen, die sich um sie kümmern, umgehen, ist ein Zeichen entweder einer Kultur der Barmherzigkeit oder aber einer gnadenlosen Unmenschlichkeit.

Zum Schluss die Wahrheit

Kirche muss die Frage nach Wahrheit im persönlichen wie im gesellschaftlichen Leben wach halten. Es ist nicht immer leicht, den Tatsachen ins Auge zu schauen. Gelegentlich braucht es Zeit, sich der Wahrheit zu stellen, sie zu erkennen, ihr die Herzenstür zu öffnen und sie in die eigene Lebensgeschichte zu integrieren. Aber, so Martin Luther, „soll man die Wahrheit gar nicht predigen und durch solches Stillschweigen schlechthin alle Menschen zum Teufel fahren lassen? Wer kann oder will das auf sich laden? Wer ein frommer Christ ist, der denket nach diesem Leben ewig zu leben und anderen Leuten auch dazu zu helfen, der muss sich wahrlich auch als ein Christ erweisen, sagen, worauf sein Sinn geht und der Welt anzeigen, wie sie die breiten Straßen zur Hölle und zum ewigen Tode gehet. Tut er das, so hat er die Welt erzürnet und den Teufel am Halse" (Martin Luther zu 1. Petrus 2,20–25). Die Auseinandersetzung mit der Wahrheit, das Vertrauen auf ihre Dynamik und ihre Verkündigung in der Öffentlichkeit mögen erheblicher Reflexion und geistlicher Mühe bedürfen – doch lieber dem (eigenen) Satan die Laune verdorben und manchen Zeitgenossen die Suppe versalzen, als auf den Himmel verzichtet, der diesseits und jenseits wirklich wahr ist.

Autorinnen und Autoren

Oberkirchenrätin Susanne Breit-Keßler
Regionalbischöfin im Kirchenkreis München

PD Dr. Moritz Fischer
Wissenschaftlicher Assistent für Interkulturelle Theologie, Missions- und Religionswissenschaft an der Augustana-Hochschule, Neuendettelsau

Dr. Martin Fritz
Wissenschaftlicher Assistent für Systematische Theologie an der Augustana-Hochschule, Neuendettelsau

Dr. Regina Fritz
Wissenschaftliche Assistentin für Systematische Theologie an der Augustana-Hochschule, Neuendettelsau

Matthias Hopf
Wissenschaftlicher Assistent für Altes Testament an der Augustana-Hochschule, Neuendettelsau

Dr. Konstanze Kemnitzer
Wissenschaftliche Assistentin für Praktische Theologie an der Augustana-Hochschule, Neuendettelsau

Akademischer Oberrat Dr. Markus Mülke
Dozent für Klassische Philologie an der Augustana-Hochschule, Neuendettelsau

Dr. Klaus Neumann
Wissenschaftlicher Assistent für Neues Testament an der Augustana-Hochschule, Neuendettelsau

Prof. Dr. Peter L. Oesterreich
Lehrstuhlinhaber für Philosophie an der Augustana-Hochschule, Neuendettelsau

Andreas Nehring
Simon Tielesch (Hrsg.)

Postkoloniale Theologien

Bibelhermeneutische und kulturwissenschaftliche Beiträge

2013. 360 Seiten. Kart.
€ 39,90
ISBN 978-3-17-022552-7

ReligionsKulturen, Band 11

Dieser Band führt zunächst in die Entwicklungsgeschichte und gegenwärtige zentrale Positionen der postkolonialen Theologie ein. Daran anschließend werden die wichtigsten Aufsätze aus den letzten Jahren erstmals in deutscher Übersetzung publiziert, um Studierenden und allen Interessierten den Zugang zu dieser theologischen Richtung zu erleichtern.

Judith Gruber

Theologie nach dem Cultural Turn

Interkulturalität als theologische Ressource

2013. 258 Seiten. Kart.
€ 36,90
ISBN 978-3-17-022963-1

ReligionsKulturen, Band 12

Gruber stellt zunächst in historischen Skizzen den Weg zur interkulturellen Theologie dar, um dann eine fundamentaltheologische Interpretation im Rahmen einer Theologie nach dem Cultural Turn zu entwerfen: Interkulturalität, postkolonial als Raum der Differenz und Raum der Absenz entworfen, wird zu einer theologischen Ressource.

W. Kohlhammer GmbH · 70549 Stuttgart
Tel. 0711/7863 - 7280 · Fax 0711/7863 - 8430